Aprendendo a voar

Instituto Phorte Educação
Phorte Editora

Diretor-Presidente
Fabio Mazzonetto

Diretora-Executiva
Vânia M. V. Mazzonetto

Editor-Executivo
Tulio Loyelo

Aprendendo a voar

Manual de treinamento básico
Piloto de avião

Edgard O. C. Prochaska

5ª edição
Revisada e atualizada

Phorte editora
São Paulo, 2011

Aprendendo a voar: manual de treinamento básico – piloto de avião

Rua Treze de Maio, 596
Bela Vista – São Paulo – SP
CEP: 01327-000
Tel./fax: (11) 3141-1033
Site: www.phorte.com.br
E-mail: phorte@phorte.com.br

CIP-BRASIL. CATALOGAÇÃO-NA-FONTE
SINDICATO NACIONAL DOS EDITORES DE LIVROS, RJ

P956a
5.ed.

Prochaska, Edgard O. C.
Aprendendo a voar: manual de treinamento básico – piloto de avião / Edgard O. C. Prochaska. - 5.ed. revisada e atualizada. - São Paulo: Phorte, 2011.
240p.: il.

Inclui bibliografia
ISBN 978-85-7655-319-9

1. Aviões - Pilotagem. 2. Aeronáutica. I. Título.

11-1085. CDD: 629.13252
CDU: 629.7.072

24.02.11 25.02.11 024755

Impresso no Brasil
Printed in Brazil

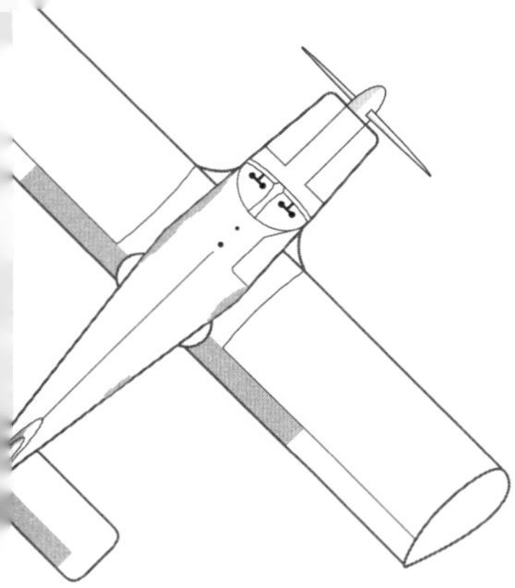

Prólogo

Aprender a voar é um privilégio concedido a poucos, seja pelas necessidades socioeconômicas envolvidas ou em função do alto grau de aptidão física e mental exigida. Adquirir esse dom torna o piloto apto a desempenhar um ato do qual poucos seres humanos são capazes. Respeitar essa possibilidade que a vida deu fará de você realmente alguém diferente: um aviador! Para tanto, será necessário que você encare essa atividade com seriedade e dedicação.

O aluno piloto aplicado de hoje será o aviador confiável e seguro de amanhã.

Isso significa que você deve se preparar com disciplina e afinco, desde seus estudos teóricos até seus treinamentos mais avançados em avião. Este manual almeja ajudá-lo a cumprir sua meta de estudo. Sua finalidade objetiva será trazer a você as descrições das manobras de treinamento de voo, para que possa entender o que se passa no avião. No entanto, em sua parte inicial, serão apresentados conceitos básicos e conhecimentos gerais que procuram proporcionar uma visão geral do avião, do meio onde este se desloca, das leis que regulamentam seu voo, do porquê de acontecer o fenômeno e como se deve conduzi-lo ou operá-lo no espaço. Ao final, não poderíamos deixar de transmitir algo sobre prevenção de acidentes e segurança de voo, visando a alertá-lo para o que é realmente perigoso em aviação.

Elaboramos este manual ao perceber as dificuldades de jovens alunos do curso de piloto privado quando queriam saber mais sobre as manobras de voo, pouco tendo onde estudar e pesquisar. Procuramos não nos tornar excessivamente acadêmicos, evitando propositalmente as fórmulas matemáticas e os gráficos geométricos. Não que eles sejam supérfluos. Pelo contrário, o estudo amplo e profundo dos conhecimentos técnicos e da teoria de voo contribuem para uma pilotagem correta e segura. Mas são matérias para livros diversos e inerentes aos cursos teóricos de aviação, não cabendo agregá-las em um manual de pilotagem elementar, como instrução de pré-voo.

Com este manual acreditamos poder ajudar o estudante de aviação em seus treinamentos e contribuir de alguma forma para nossa aviação civil.

Este livro é dedicado

... a todas as águias
de todos os lugares ...
em todos os tempos ...

*Edgard O. C. Proehaska**
Campo de Marte, 1983.

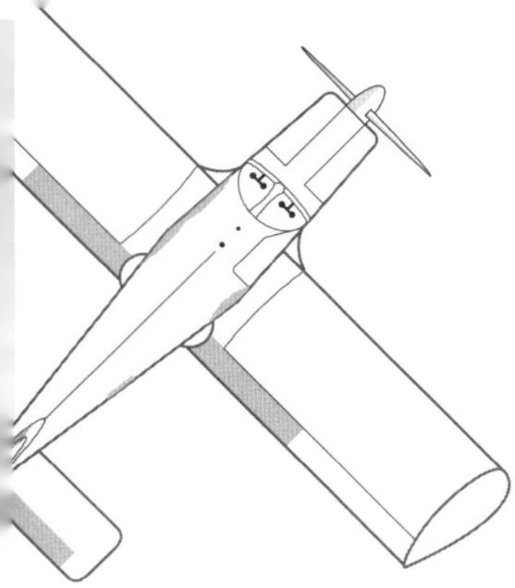

Voar!

Aos animais irracionais, basta-lhes existir em seu período de vida – como sempre foi geneticamente –, pois que em seus cérebros não afloram ânsias de se destacar dentre seus semelhantes ou experimentar sensações para as quais seus corpos não foram talhados. Um cavalo galopa nas pradarias, assim como um peixe nada nos fluidos submersos e certas aves voam, seguindo desígnios simples e transcendentes.

No entanto, para grande parte dos seres humanos nunca bastou o quinhão normal de possibilidades que a natureza permite. Se lhes faltam músculos adequados, garras, guelras ou asas, eles as inventam e fabricam. Quando querem muito correr, usam rodas e motores. Ou quando fundas águas penetram, valem-se de engenhos submarinos e escafandros.

Já para imitar os pássaros e erguer-se bem acima do solo até além das nuvens, desenvolvem hélices, máquinas, turbinas e asas. Aí, então, voam! Não como os pássaros, mas simplesmente como homens. Homens denominados aeronautas, aviadores ou, simplesmente, pilotos. Pilotos de avião, helicóptero, balão, planador, asa voadora: leves, pesadões ou ultraleves, não importa.

Se são profissionais alguns, muitos o fazem por lazer e outros por espírito guerreiro, sendo parecidos entre si ou não. Mas, sem dúvida, todo homem do ar tem algo em si que o une a todos os demais de seu gênero, pouco importando se a máquina que controla em voo seja usada para pulverizar lavouras, transportar pessoas, cuspir fogo ou divertir um público terráqueo, extasiado com o exibir de suas evoluções acrobáticas. É algo indefinível que liga todos os aviadores entre si – espécie de encantamento talvez – quem sabe um tanto de sexto sentido a irmaná-los como pássaros da mesma família.

Voar é basicamente pilotar uma máquina especial, consideradas apenas a inteligência e técnica humanas. Mas não será só isso, com certeza, pois se misturam a cada instante êxtase prazeroso e temores repentinos, causados por essa mistura de metais, combustíveis, óleos, mostradores, turbilhões, pressões, ventos, granizo, chuvas, escuros, claros, suavidades e brutalidades eventuais.

Voar também traz as visões de paisagens e gentes apequenadas em conjunto distante. Envolve técnica e aventura, mescladas em vórtice que atordoa o piloto com a alternância das horas rotineiras e minutos tensos e críticos a espicaçar seus sentidos.

Voar é como droga que vicia e causa incurável dependência.

Voar é amar o avião, seu cheiro, seu mistério, seu comportamento, bom e mau. É também viver ligado aos campos de aviação, seus procedimentos e habitantes peculiares.

Voar é deixar-se unir por elos invisíveis às máquinas e aos irmãos do ar.

Voar não é somente para os pássaros!

Sumário

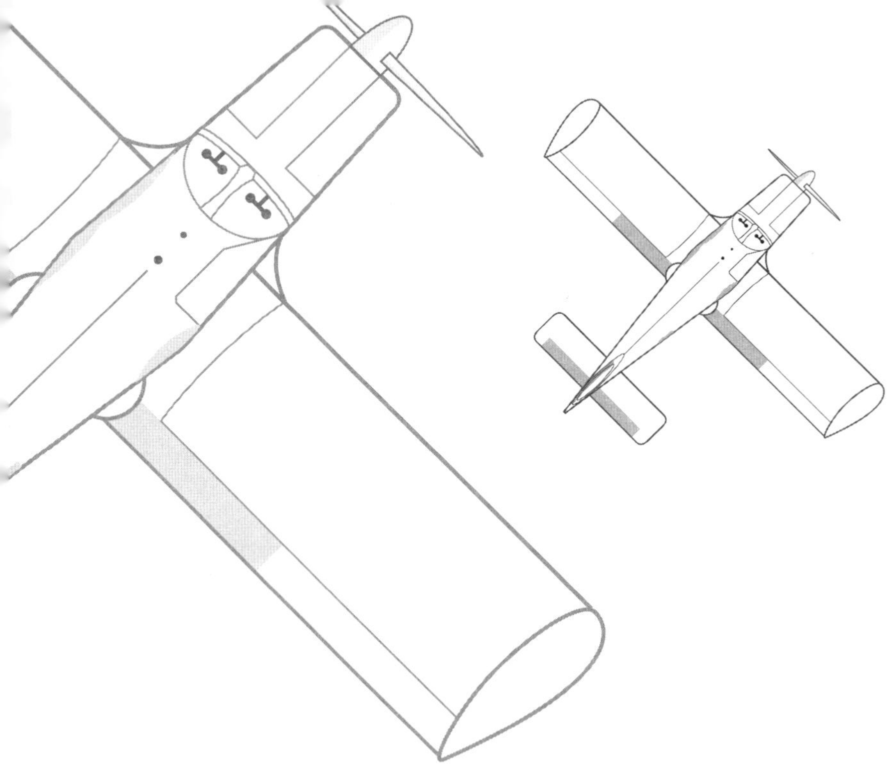

1 Generalidades básicas sobre aeronáutica

Podemos definir a aeronáutica de uma forma bem simples: dizendo ser ela o ato de navegar pelo ar empregando um equipamento capaz de conduzir e ser dirigido pelo aeronauta ou piloto.

Os aparelhos usados na prática aeronáutica são diversos, em seus princípios físicos e formatos, para conseguir elevar-se no ar, decolando e deslocando-se no espaço, navegando, e depois descer em outro ponto da terra, seu destino, efetuando o que se denomina pouso. Fazem parte do conjunto de engenhos voadores desde os balões, os dirigíveis e os planadores, até os helicópteros e os aviões.

Em nosso caso, interessa a referência somente aos aviões, pois esse será o engenho que você aprenderá a pilotar.

O avião é um aparelho capaz de erguer-se no ar por sua própria força, trafegar pelo fluido atmosférico e pousar de volta à terra de forma controlada e segura. Também é chamado de aeronave, equipamento de voo ou, simplesmente, equipamento. O avião e o homem que o manobra – o aviador ou o piloto – são os elementos essenciais dessa modalidade, historicamente recente, de atividade humana: a aviação.

Na atualidade, no entanto, para que um voo de avião possa ser realizado com segurança, além da máquina voadora e do piloto capaz de conduzi-la, será necessária a presença de toda uma vasta infraestrutura aeronáutica. Esta é constituída por pistas de pouso, hangares de manutenção, sistemas de comunicação, fontes de abastecimento, centros de previsão meteorológica e órgãos de controle de voo. Toda uma vasta coletividade de profissionais especializados labutam em funções diversas, ligadas ao voo do avião, e são, em suma: técnicos, mecânicos, meteorologistas, escriturários, instrutores, bombeiros, despachantes, guardas de campo, abastecedores, operadores de radar e controladores de voo.

1.1 Preparo de um voo

O preparo de um voo começa no solo e, geralmente, longe do avião. Seu voo poderá ser preparado em casa, ao estudar previamente a manobra que irá praticar, ou então ao planejar e preparar cuidadosamente a rota da navegação que irá perfazer. Da mesma forma, *as informações sobre as condições do tempo terão de ser obtidas previamente*. Será necessário verificar como está e, preferivelmente, poder prever como estarão essas condições meteorológicas, desde o aeródromo de partida, durante o trajeto até o aeródromo de destino e naqueles que foram escolhidos como alternativa. Seu voo será feito em *condições meteorológicas visuais* (VMC) e conduzido dentro das *regras de voo visual* (VFR). Isso significa que o avião terá de manter-se dentro das seguintes condições, simultânea e continuamente:

a) voar entre o nascer e o pôr do sol (visual diurno);
b) existir condição de visibilidade de voo (visão horizontal e oblíqua do piloto) de, no mínimo, cinco quilômetros;
c) permanecer, no mínimo, a 1.500 metros horizontalmente e a 1.000 pés, verticalmente de nuvens ou formações meteorológicas de opacidade equivalente;
d) manter referência visual vertical com o solo, de modo que as formações meteorológicas não obstruam mais da metade da área de visão do piloto, a partir da altura em que ele estiver.

Em síntese, isso quer dizer que, para voar em condições visuais, você deverá ter perfeita visibilidade horizontal e vertical, sem ter sua visão obscurecida por nuvens ou nevoeiro e podendo pilotar o avião com referência ao horizonte da terra. Toda vez que um piloto perde contato visual com o solo, horizontal e verticalmente, penetra em condições de voo não visual. Se ele não estiver treinado e o avião equipado com instrumentos, não poderá seguir voando no que denominamos *voo instrumental*. Terá de buscar outra rota, ou então retomar e pousar. As condições de voo sem visibilidade externa podem levar um piloto *não treinado* a sofrer desorientação espacial e perder o controle sobre o avião, eventualmente com consequências fatais.

Devemos lembrar que faz parte do preparo inicial e planejamento do voo e de o piloto verificar se está levando todos os documentos necessários: particulares e do avião.

1.1.1 Preparo do avião

Inicialmente, o avião deverá ser abastecido e é necessário verificar o nível do óleo lubrificante do motor. Sempre é aconselhável haver um excesso ou sobra de gasolina para o voo em questão, contando-se com acontecimentos imprevistos, como desorientações ou ventos desfavoráveis: No entanto, é regulamento aeronáutico para o voo visual que o mínimo combustível a ser carregado seja suficiente para o voo desde o aeródromo de partida até o destino, somado a um tempo de voo que seria necessário para atingir um aeródromo de alternativa e mais 45 minutos de voo (A + B + C + 45 min).

1.1.2 Inspeção de pré-voo

O piloto é responsável pela inspeção prévia do voo. Para tanto, terá a bordo da aeronave as denominadas listas de verificações ou *check-lists*. Nessas listas constam todos os itens necessários ao preparo e inspeção pré-voo do avião, como será visto em capítulo adiante.

1.1.3 Plano de voo e notificação de voo

Uma vez pronto o avião, é necessário que o piloto dê notícia de sua intenção e planejamento ao órgão que controla a saída e chegada das aeronaves no aeródromo. Isso é obrigatório em todos os aeródromos que possuam órgãos de controle.

Quando um voo for local (dentro da área terminal da região), será feita uma *notificação de voo*. Essa notificação exige poucas informações do piloto. No entanto, se o voo for de navegação mais extensa, para além dos limites da área terminal, é obrigatório preencher um plano de voo. Nesse plano inscrevem-se informações para o serviço de controle de tráfego aéreo, visando à supervisão da saída e chegada da aeronave. Isso quer dizer que, a partir da hora da decolagem do avião, será contado um tempo estimado de chegada no destino inscrito no plano. Se após determinado tempo esse avião não chegar, ou não avisar pelo meio de que disponha que mudou seu destino ou cancelou a chegada, será acionado automaticamente todo um serviço de busca e salvamento, inicialmente procurando o avião na rota prevista.

Em síntese, num plano de voo são inscritas as seguintes informações:

- prefixo do avião (ex.: PT-IZN);
- tipo de equipamento de radionavegação existente a bordo;
- tipo de avião (ex.: P28);
- regras de voo (VFR);
- aeródromo de partida e hora prevista de decolagem;
- aeródromo de destino e tempo de voo até ele;
- Rota pretendida;
- aeródromos de alternativa;
- velocidade do avião e altitude que manterá em rota;
- nome do piloto e do proprietário do avião;
- número das pessoas a bordo;
- autonomia;
- equipamentos de sobrevivência disponíveis;
- cores predominantes do avião;
- código do piloto em comando (Anac).

Os planos de voo são feitos em terra, nas chamadas *salas de tráfego*. Estas são identificadas por uma placa externa, conformadas por um fundo amarelo e tendo no centro a letra "C" em preto. Um plano de voo pode também ser alterado em voo, por meio de radiofonia, com o órgão de controle da área que estiver sendo sobrevoada.

Em alguns aeroportos a notificação pode ser feita por telefone em ligação para torre de controle.

Os planos de voo com mensagem são encerrados quando a aeronave pousar completamente *na pista à qual se destinava*.

1.1.4 Posições críticas

Para efeito de controle do voo, existem *denominações numéricas* para as diversas *posições básicas* de uma aeronave, no solo ou no tráfego do aeródromo, chamadas *posições críticas*.

▪ *Posição 1*

Avião estacionado no pátio, dentro da área de estacionamento, pernoite ou hangaragem, denominada área de movimento.

Na posição 1, o piloto pede e aguarda autorização para acionar motor e movimentar o avião no solo (taxiamento, ou rolagem), dirigindo-se a outra parte do aeródromo ou para tomar posição junto à pista, antes da decolagem. Nessa posição, será informado ao piloto o número da pista em uso e a pressão atmosférica do momento, em hectopascals. Na posição 1, o piloto comunica ao controle de solo ou torre (pela radiofonia) seu destino de voo, notificações para voo local dentro do terminal ou plano de voo para o aeródromo de destino. Em certos aeródromos, nessa posição também é fornecido ao piloto o código do transponder.

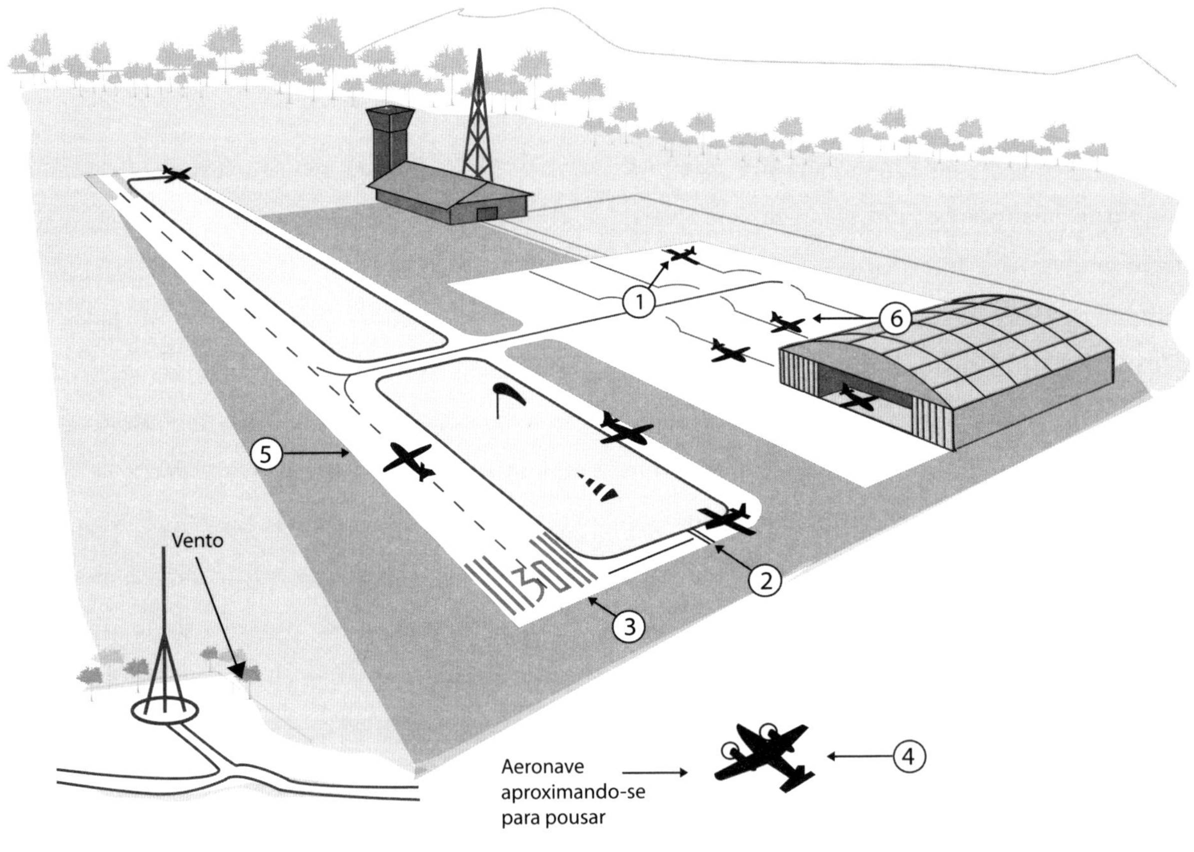

Figura 1.1: Aeródromo.

▪ Posição 2

É a posição que o avião ocupa numa faixa lateral à pista de decolagem, aguardando autorização para tomar posição na cabeceira da pista e decolar ou manter posição. Na posição 2, ou *posição de espera*, é feito o *check* pré-decolagem, seguindo-se os itens da lista de verificações. Essa é a verificação final antes do voo propriamente dito. Uma vez feito o *check* de cabeceira, como também é chamado, o piloto chamará a torre e acusará:

– Na posição de espera. Pronto!

O avião deverá ficar afastado da pista cerca de 50 metros, se não houver marcas de limite no solo, e num ângulo de 90º com o eixo da pista. De qualquer forma, em aeródromos maiores, geralmente existem marcas pintadas de amarelo (faixas), que servem para orientar o taxiamento dos aviões. Na posição de espera, será informado ao piloto a direção e a intensidade do vento reinante.

▪ Posição 3

Na posição 3, o avião estará na cabeceira da pista, alinhado com o eixo da mesma.

Os números de cabeceira são os equivalentes à direção magnética da pista, cortando-se o último zero. Exemplo: pista 05 equivale à direção do eixo da pista na direção magnética de 050°. O lado oposto da mesma pista (+ 180°) será a cabeceira 23, que equivale à direção magnética 230°. A pista em uso é aquela mais conveniente para o pouso e a decolagem. O controlador, ao orientar o piloto, dirá:

– Pista em uso...

Em seguida virá o número (direção magnética abreviada) da cabeceira. Exemplo: no Campo de Marte as pistas são 12 (120º) e 30 (300°).

Se o piloto não recebeu autorização para "alinhar e decolar", quando na posição 2, aguardará na posição 3 a autorização necessária.

Quando o aeródromo não possuir torre de controle, o piloto deverá observar cuidadosamente a área de pouso, para verificar se não existe outra aeronave no circuito, em procedimento final de pouso. Somente após certificar-se de que a reta final de pouso está livre, poderá tomar posição e decolar. Mesmo assim, deverá comunicar sua posição e intenção, pela frequência livre usada na área. Em tal caso, será seguro observar a cabeceira contrária e verificar se não existe aeronave tomando posição ou vindo para pouso. As fases de decolagem e pouso são as mais críticas, nunca havendo exagero em olhar bem toda a área envolvida.

▪ Posição 4

Posição do avião em voo, aproximando-se do aeródromo para pousar. Nessa posição, é dada a autorização para pouso ou o número de sequência de pouso.

▪ *Posição 5*

Para o avião que acabou de pousar e ainda está sobre a pista. Nessa posição é comunicada a hora de pouso e, se houver controle, a autorização para taxiar, atingindo o estacionamento pelas vias de acesso à pista, denominadas *interseções*.

▪ *Posição 6*

Quando o avião estiver parado, de volta à área de estacionamento.

1.1.5 Decolagem

A corrida sobre a pista, para alçar voo (decolar), chama-se *corrida de decolagem*. Após decolado o avião, este manterá o alinhamento da pista, voando ainda 300 metros nesse alinhamento, após ultrapassado o final oposto dela. Essa distância chama-se *reta de decolagem*.

1.2 Tráfego

Chama-se *tráfego* a toda trajetória de voo descrita por um avião. *Tráfego de aeródromo* é uma trajetória que o avião descreve ao abandonar ou se aproximar do aeródromo. Chama-se também *circuito de tráfego*.

Os tráfegos são padronizados, e toda aproximação ou abandono de aeródromo deverá seguir essas trajetórias preestabelecidas. Todo tráfego feito em aeródromos que não possuam torre de controle deverá, obrigatoriamente, ser feito pelo padrão geral.

A saída será em frente ou com curva de 45º, sempre para a esquerda.

A aproximação visual de um aeródromo será feita sempre a 1.000 pés AGL (do inglês *above ground level* = acima do nível do terreno), isto é, 1.000 pés acima da altitude da pista.

A entrada de circuito padrão será feita num ângulo aproximado de 45° com a pista, em direção ao ponto médio dela, tendo-se a pista sempre à esquerda em relação à cabeceira em uso.

"Cabeceira" ou "pista em uso", será a extremidade desta, para a qual orienta-se o pouso. Este será feito contra o vento reinante, sempre que possível, ou tendo-o pelo través (de lado). Para tal fim, o piloto observará a direção do vento, examinando a posição da biruta ou referências, como a direção de fumaças de chaminés ou queimadas, se não tiver informações de controle (torre ou rádio) ou pela frequência livre de coordenação avião-avião.

Ao acercar-se da pista, numa distância aproximada de 1.000 metros, o piloto manterá seu avião voando paralelamente a ela; estará na *perna do vento*. Após ultrapassar a cabeceira da pista onde irá pousar em aproximadamente 1.000 metros, fará curva à esquerda, para entrar na porção do circuito denominada *perna base*.

Ao aproximar-se do prolongamento visual da pista, irá girando o avião, encaixando sua proa com o alinhamento da pista em uso. Estará então na *reta final* ou, simplesmente, *final*. Num aeródromo controlado, será nessa posição (*final*) que obterá autori-

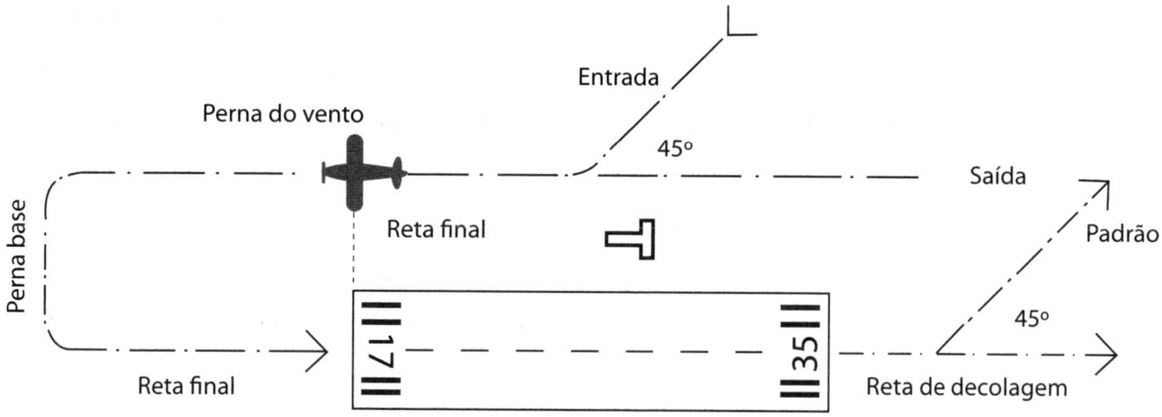

Figura 1.2: Perna de pouso e decolagem em procedimentos padrão. A pista em uso é a 17.

zação para pouso, com informação sobre direção e intensidade de vento. Poderá, eventualmente, também, ser instruído a arremeter, o que equivale a dizer que não deverá pousar naquele momento, devendo iniciar um voo ascendente, porém, sempre seguindo o alinhamento da pista, até o final da reta de decolagem, obedecendo, então, as instruções do controle ou fazendo nova entrada no circuito de tráfego.

Para reentrar no circuito de tráfego e retomar a perna de vento, a curva de abandono da reta de decolagem deve ser mais fechada, ou seja, feita numa trajetória de 90°. A altitude para iniciar essa curva poderá ser a mínima, de 500 pés, devendo o avião ir ganhando altitude até 1.000 pés, quando estiver novamente na perna do vento, para novo circuito de pouso.

Num aeródromo não controlado, o piloto ou aluno solo deverá arremeter seu avião sempre que tiver dúvidas quanto à segurança do pouso.

Descrevemos as saídas e aproximações de circuito padrão. No entanto, existem aeródromos cujas circunstâncias geográficas ou fatores operacionais dependentes obrigam a circuitos não padronizados e característicos desses aeródromos. Deve o piloto cientificar-se das cartas de aproximação e pouso dessas localidades (CP).

Nesses campos de pouso, os circuitos específicos devem ser seguidos à risca. Tais são, por exemplo, os casos dos aeroportos de São José dos Campos, Santos, Campo de Marte (SP), Jacarepaguá e Santos Dumont (RJ).

Em alguns aerodrómos são estabelecidas altitudes minimas de segurança a fim de evitar conflito de trajeto com helicópteros.

1.3 Atenção em voo

O piloto voando em *condições visuais* é responsável pela sua separação em distância *vertical e horizontal* de outra aeronave. Deve, portanto, manter-se atento o tempo todo, principalmente quando está saindo ou chegando a uma zona de tráfego de aeródromo. Sua prevenção, ao examinar a área que irá penetrar, vai estender-se também às aves, principalmente urubus, que estejam voando à sua frente. O choque de um avião com um urubu pode causar danos sérios ao avião e até mesmo ferimentos graves a seus ocupantes.

Embora o que escrevemos possa parecer cômico, você irá perceber rapidamente, na prática, o quanto os urubus podem ser tidos como "aviação inimiga".

Com relação à prevenção de colisões entre aeronaves, em voo visual, alguns regulamentos específicos são adotados, tais como:

- estabelecimento de corredores aéreos de tráfego em condições visuais (corredores visuais) para saída, chegada a aeródromos ou para cruzamento de determinadas áreas. Esses corredores também são denominados rota especial para avião (REA);
- comunicação por rádio para cruzar zonas de aeródromo ou cruzamento sobre aeródromo;
- manobras específicas para desvio entre aeronaves em nível de colisão;
- manutenção de altitudes predeterminadas para voo em rota, de acordo com os rumos seguidos.

Esses quatro itens são descritos mais detalhadamente em livros de regulamentos de tráfego aéreo, com os quais o piloto deverá estar familiarizado.

A atenção visual ao espaço frontal e lateral de penetração do avião deverá ser constante e redobrada quando nas áreas de tráfego dos aeródromos. Lembre-se de que existem outros aviões no ar. Alguns pilotos são distraídos ou podem não estar vendo você por conta de efeitos ópticos luminosos.

Seu avião está equipado com transceptor, por meio do qual você deverá ir comunicando sua posição e intenção à torre ou em frequência livre (também denominada Unicom) às outras aeronaves nessa frequência e que estejam voando na área (transmissão às cegas).

No entanto, muitos aviões de treinamento não possuem rádio, o que é frequente em escolas menores, baseadas em aeródromos sem torre, de localidades do interior. Os pilotos podem não ter ligado seus rádios na mesma frequência ou eles podem estar em pane. *Nesses casos, o vasculhar visual da área ainda é a melhor prevenção de colisões.*

Como se usa dizer na gíria aeronáutica: "Fique de olho vivo e pescoço mole". Um especial cuidado deverá ser tomado durante o voo ascendente, pois sua visão frontal ficará prejudicada pela atitude do avião. Nessa atitude, o painel e o nariz do avião encobrirão uma boa faixa do horizonte à sua frente. Nesse caso, o piloto deverá descrever curvas suaves de um lado para o outro – curvas em "S" – para que possa cobrir visualmente a área à sua frente.

Corredores visuais, ou *rotas especiais para avião* (REA), são determinados trajetos estipulados para voo visual, em terminais de movimento aéreo intenso, para ordenar o fluxo de tráfego, sem que haja interferência com o circuito de tráfego ou de aproximação com aeródromos vizinhos. Existe uma carta de tráfego com os corredores visuais para o aeródromo do Campo de Marte, estabelecida para não haver interferência com as áreas de aproximação dos aeroportos de Congonhas e Guarulhos.

Sempre que formos cruzar *uma zona de tráfego de aeródromo* (ATZ), será necessário chamar pelo rádio a torre de controle desse aeródromo, no mínimo estando a cinco minutos de tempo de voo desse local. Nessa chamada solicitam-se: a aproximação para o pouso; o cruzamento da área do aeródromo, ou, eventualmente, o cruzamento sobre o aeródromo. A altitude mínima para cruzar sobre um aeródromo é de 1.500 pés AGL, ou a altitude instruída pelo controle do aeródromo.

Para cruzamento de uma zona de aeródromo provido de órgão de controle, o controlador instruirá o piloto, autorizando-o, ou não, à passagem pela vertical desse aeródromo; ou então instruindo o piloto sobre qual setor deste deve ser cruzado ou onde deve ser feita a aproximação para o pouso.

Para a aproximação ou cruzamento de zonas de aeródromos desprovidos de torre ou rádio, a comunicação de posição e intenção será feita pela frequência livre (frequência de rádio de coordenação entre aviões sobrevoando a mesma área) usada na área.

Um outro detalhe que o aluno piloto já deve saber de início é o seguinte: todo avião que se aproximar de um aeródromo onde funciona um órgão de controle de aproximação (APP) deverá fazer sua chamada inicial na frequência desse controle, e não na da torre. No caso de São Paulo, temos o Controle São Paulo. Se a intenção do piloto for aproximar-se da zona de tráfego de Congonhas ou de Marte, deverá antes chamar o controle da terminal de São Paulo ou Controle São Paulo.

Evidentemente, estas são *informações iniciais* que você está recebendo. Durante o curso teórico e também por parte de seu instrutor de pilotagem você receberá as lições complementares.

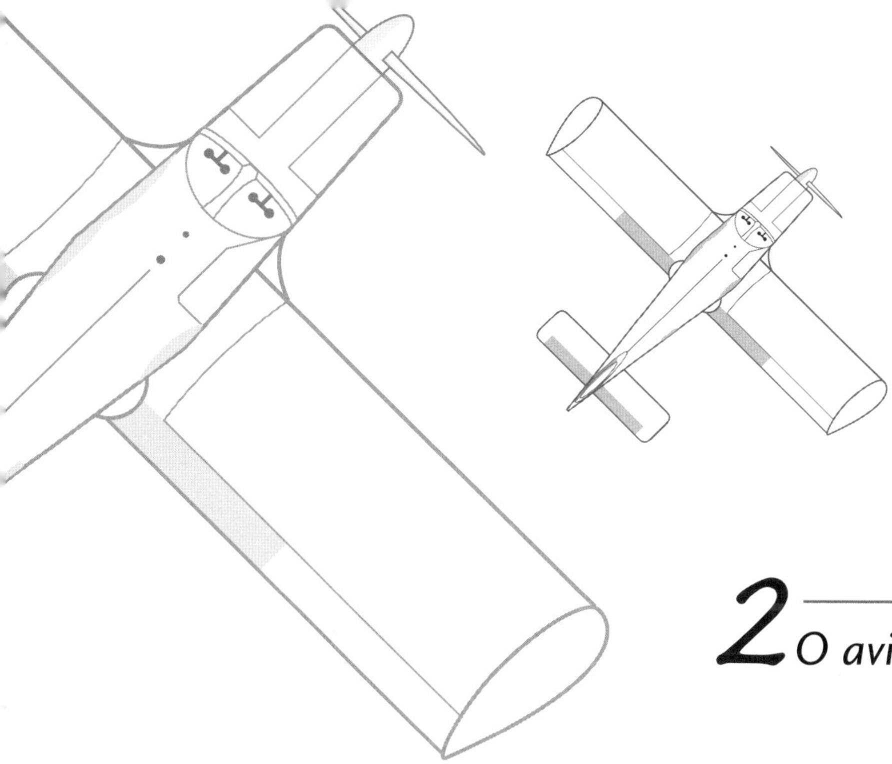

2 O avião – partes componentes

O avião é um tipo de aeronave capaz de deslocar-se através do ar atmosférico, por seus próprios meios, ou seja, pela sua própria força motriz.

Será tracionado pela hélice ou impulsionado pelo jato de sua turbina, mantendo-se no ar graças ao equilíbrio entre o jogo de forças aerodinâmicas que agem sobre suas estruturas. Para entender melhor essa máquina, iremos, de forma sucinta, analisar as partes que a compõem. Examinemos o seguinte esquema:

- Avião
  - Estrutura
    - Asas
    - Fuselagem
    - Empenagem
    - Superfícies de controle
    - Carenagens etc.
  - Grupo motopropulsor
    - Motor
    - Hélice
  - Sistemas
    - Sistema do trem de pouso
    - Sistema de comando dos controles
    - Sistema de ignição
    - Sistema de instrumentos indicadores
    - Sistema de alimentação de combustível
    - Outros sistemas

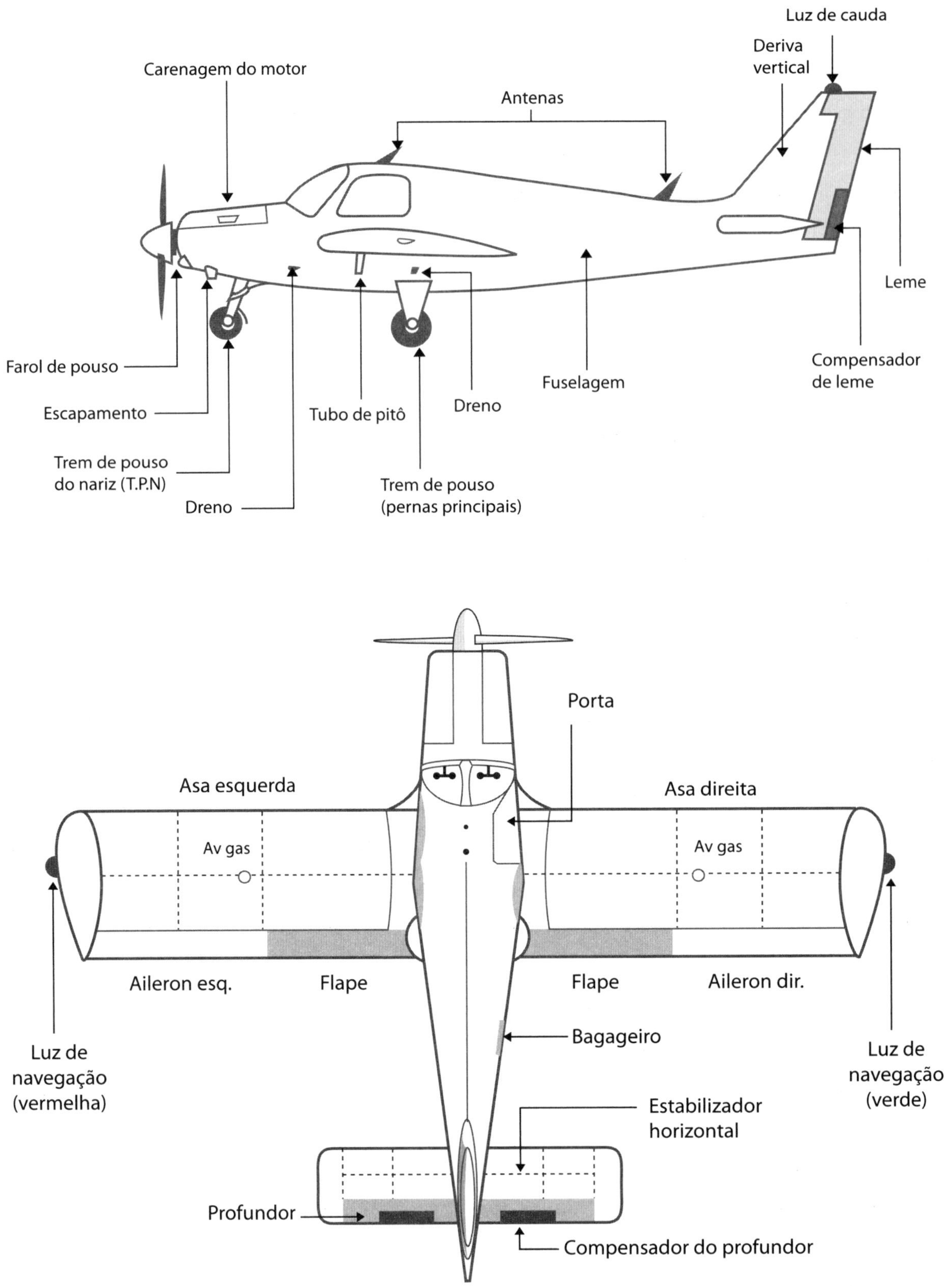

Figura 2.1: O avião – partes componentes.

2.1 A estrutura

É o avião propriamente dito; ela é constituída pelas asas, empenagem e fuselagem – sobre ela acoplam-se o motor e hélice e os sistemas necessários ao desempenho do voo (Figura 2.1).

2.1.1 As asas

As asas são os planos horizontais fixados em cada lado da fuselagem.

Quando somente num plano, fazem definir o avião como monoplano. Estando fixadas na parte inferior da fuselagem, são tidas como pertencentes a um avião de asa baixa. As asas dividem-se em duas partes – uma de cada lado: asa esquerda e asa direita. Os lados esquerdo e direito de um avião são estabelecidos em relação à posição do homem dentro da cabine de comando e olhando para a frente, pelo para-brisa.

Aerofólio – É o nome dado a qualquer parte da estrutura do avião capaz de produzir reações aerodinâmicas com o ar e, portanto, passível de concorrer para a sustentação do mecanismo no espaço aéreo. As asas são aerofólios, pois a função delas é permitir a sustentação do avião em meio à massa de ar.

Para permitir o desenvolvimento do fenômeno da sustentação em voo, as asas de um avião básico possuem formato apropriado, ou seja, são mais abauladas na parte superior e planas na parte inferior. Veja, na Figura 2.2, o corte de perfil de uma asa (aerofólio) e note suas características:

- A parte anterior, arredondada, chama-se *bordo de ataque* (AT).
- A parte posterior, afilada, chama-se *bordo de fuga* (FU).
- A parte superior denomina-se *extradorso* (EX).
- A parte inferior denomina-se *intradorso* (IN).
- A linha que une o bordo de ataque ao bordo de fuga (linha geométrica teórica) recebe o nome de *corda da asa* (CR).

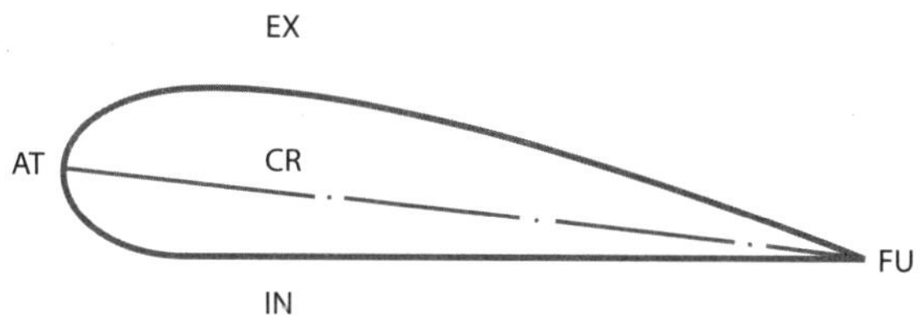

Figura 2.2: EX= extradorso; IN = intradorso; CR = corda geométrica; AT = bordo de ataque; FU = bordo de fuga.

Existem inúmeros modelos, tamanhos, desenhos e formatos de asas, de acordo com o tipo de avião e resistência à qual se destinam. Isso será estudado mediante consulta a livros especializados em teoria de voo e aerodinâmica.

Envergadura – É o comprimento total do par de asas, ou seja, a distância que vai da ponta da asa esquerda à ponta da asa direita.

Área da asa – É a medida de sua superfície.

Ângulo de incidência (AI) – É o ângulo formado pela corda do perfil da asa (aerofólio) e o eixo longitudinal do avião.

Figura 2.3: Ângulo de incidência – (AI) é formado entre a linha da corda do aerofólio (CR) e o eixo longitudinal do avião (E. Lon.).

As asas têm a função principal de fazer o avião voar, mantendo-o sustentado em meio à massa de ar. No entanto, ainda servem de suporte para algumas superfícies de comando, como os ailerons e os flapes. Nos aviões terrestres, o trem de pouso principal é fixado no intradorso das asas (aviões de asa baixa), ou na fuselagem (asa alta).

Para melhor distribuição de peso e aproveitamento de espaço, na maioria dos aviões os tanques principais de combustível são alojados no interior das asas.

2.1.2 Fuselagem

A fuselagem do avião é seu corpo central, em forma de fuso. Nela estão fixadas as asas e a seção de cauda ou empenagem.

No avião monomotor, o grupo motopropulsor está normalmente fixado na parte anterior da fuselagem, que recebe o nome de *nariz*. Aliás, é bom que você aprenda desde já a referir-se tecnicamente às partes do avião. A parte anterior não é o "bico", nem a parte posterior o "rabo". A parte anterior de um aeroplano chama-se sempre *nariz* e a parte posterior é a *cauda*.

A fuselagem acomoda os tripulantes, os comandos, o painel de instrumentos, alguns sistemas, a bagagem e, por vezes, tanques suplementares de combustível. A parte da fuselagem que acomoda os tripulantes recebe a denominação de cabine.

2.1.3 Empenagem

A empenagem, também chamada seção de cauda, está fixada ao cone posterior da fuselagem. É constituída por planos ou superfícies verticais e horizontais fixas, cuja finalidade é a de estabilizar o avião em voo, tanto em direção como em nível (altitude). O conjunto de superfícies da empenagem divide-se em:

a) Superfície horizontal – é o plano horizontal fixo na cauda, que se opõe à tendência do avião de baixar e levantar o nariz. Na superfície fixa está conectada uma superfície de comando móvel, que recebe o nome de *profundor*.

b) Superfície vertical – é constituída pelo plano fixo vertical do estabilizador vertical, que serve para corrigir a tendência do aeroplano de girar para a esquerda ou para a direita – denominada tendência de guinar. Na parte fixa da superfície vertical, está conectada uma superfície móvel, denominada leme de direção ou, simplesmente, *leme*.

2.1.4 Superfícies de controle

As superfícies de controle do avião são os planos móveis conectados a ele por meio de sistemas dobradiços. As pressões do ar de encontro a essas superfícies durante o voo e de acordo com o grau de inclinação comandado a elas são o que determinarão as diversas posições (atitudes) do avião no espaço.

Ailerons – Os ailerons são superfícies móveis instaladas nos bordos de fuga de cada asa. Os ailerons movem-se para cima e para baixo, de forma contrária um ao outro. Isso quer dizer que, quando um dos ailerons é baixado, o outro sobe. Seus efeitos são também contrários, pois quando um aileron é baixado, a asa desse lado eleva-se no ar. Na asa oposta, o aileron é erguido, causando efeito contrário (perda de sustentação da asa) e esta abaixa-se. A finalidade dos ailerons é de inclinar o avião. Se essa inclinação for mantida, o avião entrará em curva para o lado da asa baixada (movimento de rolagem).

Flapes – Os flapes são superfícies de comando auxiliares, também instaladas nas asas. Quando recolhidos, fazem corpo com a asa, isto é, o plano dos flapes acompanha a forma das asas. Os flapes agem quando são baixados. Sua inclinação em relação à corda do perfil (CR) vai determinar um aumento da curvatura do perfil das asas e, como veremos adiante, um maior grau de sustentação delas no ar.

Leme – O leme de direção é a superfície móvel conectada ao plano vertical da empenagem. Serve, basicamente, para desviar o avião da sua trajetória retilínea, fazendo-o guinar para a esquerda ou para a direita.

O leme é empregado juntamente com os ailerons na execução de curvas, devendo essas superfícies de comando ser empregadas conjunta e coordenadamente.

Profundor – O profundor está fixado ao bordo de fuga do estabilizador horizontal (plano horizontal da empenagem). Quando comandado, abaixa-se ou levanta-se em relação ao plano horizontal. Sua finalidade é fazer o avião baixar (picar) o nariz ou levantá-lo (cabrar). Esse movimento determina a posição do nariz do avião em relação à linha do horizonte (*pitch* do nariz).

Em alguns aviões, como no caso do Piper Cherokee 140 (P28), todo o plano horizontal da empenagem move-se, servindo esse plano tanto como estabilizador horizontal como profundor.

Compensadores – Os compensadores são pequenas abas – superfícies auxiliares – conectadas ao profundor e ao leme de direção. Também são, por vezes, chamados de "estabilizadores", porque permitem estabilizar o voo do avião em determinada atitude. Sua finalidade é a de aliviar o esforço do piloto sobre o manche ao efetuar as manobras de voo, mantendo o avião posteriormente numa posição predeterminada pelo comando, sem que seja necessária uma pressão constante sobre o controle da superfície de comando.

2.1.5 Carenagens

As carenagens são as capas rígidas removíveis colocadas sobre o motor e as rodas, com a finalidade de dar maior forma aerodinâmica ao avião.

No caso da carenagem do motor, esta serve, também, para proteger a máquina da ação de elementos como chuva, poeira etc.

Ainda fazem parte da estrutura: as janelas de inspeção de diversas partes mecânicas do avião e as portas da cabine e do bagageiro.

2.2 O grupo motopropulsor

É constituído pelo motor do avião e pela hélice. A finalidade do motor é transformar a energia obtida com queima do combustível em energia que faça girar a hélice.

A hélice, quando gira, a partir de certo número de rotações, corta o ar como se fosse um grande parafuso penetrando numa substância sólida, Assim sendo, a hélice penetra no ar, puxando atrás de si toda a estrutura do avião. À medida que a rotação aumenta, a velocidade do conjunto hélice-estrutura também aumenta, até que o ar, agindo sobre as asas, dá início ao fenômeno do voo, permitindo ao avião erguer-se na atmosfera.

O grupo motopropulsor geralmente está assentado na parte anterior da fuselagem. O motor está fixado sobre hastes metálicas, recebendo seu alojamento o nome de *berço do motor*.

A hélice está presa ao eixo do motor, cuja parte anterior é coberta por uma carenagem cônica que recebe o nome de *spinner*.

O berço do motor é separado do interior da fuselagem por um anteparo metálico revestido de isolantes térmicos, chamado *parede de fogo*.

2.3 Sistemas

São complementos da estrutura ou do grupo motopropulsor, com a finalidade de especializar o conjunto, de acordo com o tipo de voo. Alguns sistemas são indispensáveis, como o sistema do trem de pouso e o sistema de alimentação de combustível. Outros são sistemas acessórios, nem sempre necessários, como o sistema de iluminação, o sistema de ar-condicionado ou mesmo o sistema de radiocomunicação e radionavegação.

Vamos analisar, sucintamente, os sistemas mais importantes para conhecimento imediato do aluno piloto.

2.3.1 Sistema do trem de pouso

O trem de pouso é o sistema que tem as seguintes funções no avião:

a) apoiar o avião no solo;
b) amortecer os impactos no pouso;
c) frear o avião no solo;

d) permitir a rolagem ou taxiamento (manobras do avião no solo).

O trem de pouso pode ser fixo, quando permanecer estendido durante o voo, ou retrátil, isto é, quando dotado de suportes articulados que se dobram e podem ser recolhidos durante o voo.

O trem de pouso dos aviões pequenos e médios, normalmente, é constituído por três suportes aos quais estão articulados as rodas, os freios e os pneus. Esses suportes são denominados *pernas* do trem de pouso. Existem duas pernas principais de alinhamento fixo que saem da fuselagem ou debaixo das asas. A terceira perna geralmente é manobrável de dentro do avião, por meio dos pedais de comando, variando o alinhamento de sua roda e permitindo dar direção ao avião, quando este é movimentado no solo.

Quando a terceira perna, ou ímpar, estiver instalada na parte anterior ou do nariz do avião, este é denominado um avião triciclo e a perna com a roda recebe o nome de trem de pouso do nariz, que passaremos a abreviar no restante do livro por suas iniciais: TPN.

Em alguns tipos de avião, a roda ímpar fica situada sob a cauda, recebendo o nome de bequilha. Esses aviões que têm a cauda apoiada no solo ao invés do nariz, como nos triciclos, são denominados *convencionais*.

A maioria dos aviões modernos são triciclos, pois estes são mais fáceis de manobrar no solo e durante as operações de decolagem e pouso.

Existe uma tendência por parte dos pilotos de se referirem sempre à terceira roda como bequilha. Porém, no caso dos aviões triciclos, a denominação tecnicamente correta será a de trem de pouso do nariz (TPN).

As rodas principais contêm o sistema de freios do avião. Existe também um freio manual, ou freio de mão, denominado freio de estacionamento, que trava as rodas principais do avião para parada no solo. Ele nunca deverá ser usado durante a corrida de pouso, decolagem, nem deverá ser acionado em voo.

2.3.2 Sistema de comando dos controles do avião

O controle do avião é exercido pelo piloto por meio de dispositivos denominados *comandos*. Cada comando aciona determinado *controle*, como as superfícies aerodinâmicas de controle, as rotações da hélice, a aceleração do motor, a mistura de combustível etc. Vamos citar os principais comandos do avião, algumas vezes também chamados “controles”, constituindo em seu todo um sistema que permite ao piloto controlar a aeronave.

Manche – O manche está conectado às superfícies móveis de controle aerodinâmico (ailerons e profundor), por meio de cabos de aço e roldanas. Em alguns aviões, o manche tem a forma de um bastão vertical (*stick*). Na maioria dos aviões, no entanto, o manche é constituído por um volante acoplado a uma coluna.

Pedais – Os pedais são comandos que ficam no assoalho do avião. Têm função no solo e em voo.

No solo os pedais permitem dirigir o avião durante o seu deslocamento, comandando o controle da roda do TPN. Pisando o pedal correspondente, gira-se o avião para o lado esquerdo ou direito. Quanto menor a velocidade do avião no solo, mais o pedal deve ser pressionado para surtir efeito direcional. Quanto maior a velocidade do avião no solo, menor pressão sobre o pedal será necessária.

Outra função dos pedais é a de comandar o acionamento dos freios hidráulicos das rodas. Os freios são independentes. Apertando-se, com as pontas do pé, a parte superior do pedal, aciona-se o freio da roda do mesmo lado. Para frear o avião equilibradamente, deverão ser pressionados os comandos de pedal conjuntamente.

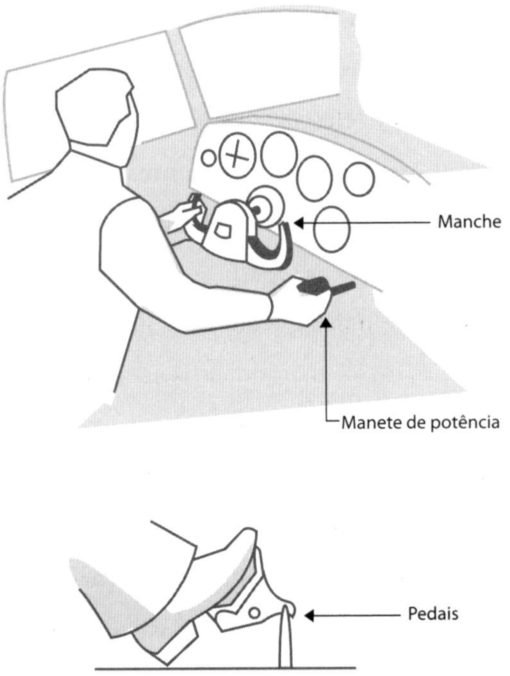

Figura 2.4: Comandos.

A ação independente de um freio e de outro facilita o giro do avião no solo. Quando se pisa o pedal e o freio (ponta do pedal) ao mesmo tempo, gira-se o avião com maior facilidade para esse lado. A função dos pedais em voo será analisada mais adiante.

Comando dos compensadores – O controle manual dos compensadores é efetuado por meio de comandos em forma de discos, situados sob o painel do avião ou em seu console. Esses comandos geralmente são chamados de "estabilizadores".

Nos aviões usuais de treinamento existem dois comandos "estabilizadores". O principal deles, e que é usado constantemente, é o "estabilizador" do profundor. O outro é o comando do "estabilizador" de nariz ou de direção.

Comando dos flapes – Os flapes são comandados por alavanca (flapes mecânicos) ou por botão de acionamento (flapes elétricos).

Manete de potência – O manete de potência nada mais é do que o acelerador do motor. No caso dos aviões de treinamento básico, a hélice é de passo fixo (suas pás não variam de inclinação), e, portanto, a aceleração do motor é traduzida também por rotações da hélice. Assim sendo, o manete de potência controla o aumento ou diminuição das rotações da hélice. Portanto, a potência desenvolvida pelo motor é ajustada pelo manete de potência e indicada ao piloto por meio de um instrumento existente no painel chamado *conta-giros*.

Manete da mistura – O manete da mistura fica, geralmente, próximo ao manete de potência. São os dois comandos básicos para controle do motor a explosão do avião. Para que não sejam confundidos, apresentam forma e cor diferentes.

O manete de potência sempre é maior e de cabo preto. O manete da mistura sempre é menor e de cabo vermelho.

O manete da mistura controla a mistura de ar e gasolina que será admitida no carburador. Quando levado todo à frente, a mistura será rica. À medida que for levado para trás, a mistura será empobrecida (menor quantidade de gasolina), até o ponto mínimo, todo para trás.

Na posição todo para trás, a mistura é cortada e o motor para de trabalhar por falta de combustível. Isso já vai levar você a concluir que o motor do avião é cortado pelo manete da mistura e não pela chave de ignição, como no caso do automóvel.

Chave de magnetos – Essa chave liga o sistema de ignição do motor e pode servir também para acionar o motor de arranque.

Chave geral do circuito elétrico ou chave mestra – Essa chave, que é um comando de tecla, quando acionada liga todo o circuito elétrico do avião à sua fonte de energia (bateria). Essa chave, que geralmente fica bem visível no painel, é de cor vermelha e é, usualmente, denominada *master*.

Alavanca de comando de ar quente – Essa alavanca aciona um dispositivo que permite um fluxo de ar quente sobre certas partes do carburador. A finalidade desse aquecimento é prevenir a formação de gelo no carburador, que pode levar à perda de potência ou mesmo à parada do motor. O ar quente é usado em dias frios ou úmidos, durante voos prolongados com potência reduzida (voos planados). Como o ar quente rouba um pouco de potência do motor, durante as decolagens o comando do ar quente deverá estar sempre na posição desligado ou fechado.

2.3.3 Sistema de ignição

A função do sistema de ignição é proporcionar a faísca ou centelha para as velas, ocasionando a explosão da mistura ar-gasolina dentro dos cilindros do motor. O sistema de ignição, no motor do avião, é completamente separado do restante do sistema elétrico. Nos aviões com motores a explosão, é usado o sistema de ignição por *magnetos*. Os magnetos são geradores de corrente elétrica acoplados ao motor. Porém, para que possam produzir corrente elétrica, terão de ser acionados. Quando o motor do avião começa a movimentar-se, transmite, por meio de conexões mecânicas, o movimento aos eixos dos magnetos. Estes, então, passam a gerar corrente elétrica, que vai criar centelhas nas *velas de ignição*, permitindo uma continuidade de funcionamento do motor sem a dependência da bateria. A bateria serve para fornecer a energia ao motor de arranque que irá fazer girar o motor do avião. Tão logo o motor do avião comece a funcionar, a bateria cessará a ligação com ele, servindo apenas como fonte de energia para luzes, rádios e outros sistemas elétricos.

Todo motor de avião tem dois magnetos: esquerdo (L) e direito (R). Cada cilindro do motor possui duas velas para melhor rendimento e segurança na continuidade de funcionamento. Cada vela tem ligação independente com um magneto. Assim, se ocorre falha em um dos magnetos, o outro tem condições de manter a segunda vela funcionando e, portanto, o motor. No entanto, em condições normais, ambos os magnetos deverão estar ligados e funcionando, fazendo chegar corrente elétrica a ambas as velas de cada cilindro.

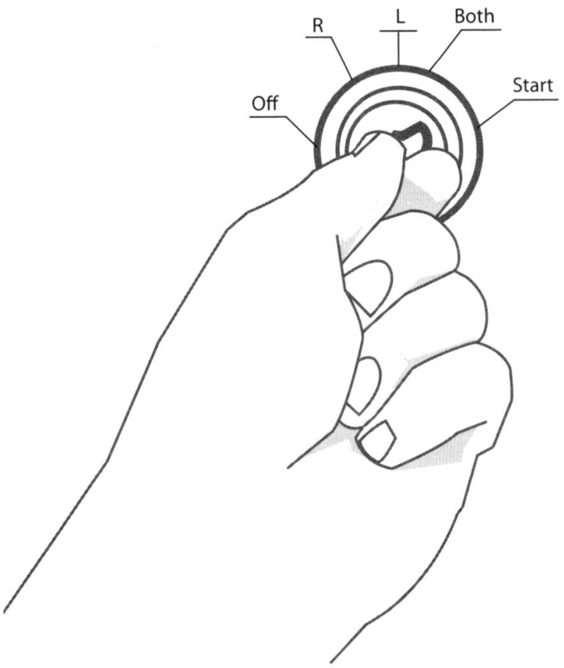

Figura 2.5: Chave de ignição típica.

O motor do avião é ligado virando-se a chave dos magnetos de sua posição de desligado (OFF), passando pela posição de magneto direito (R), magneto esquerdo (L), até a posição de ambos os magnetos ligados (BOTH). Com a chave nessa posição, deverá ser acionada a partida do motor de arranque. Em alguns aviões isso será obtido comprimindo-se um botão de partida independente. No entanto, na maioria dos equipamentos, bastará pressionar e girar a chave de magnetos até a posição de partida (START).

Você verá mais adiante que, antes de cada decolagem, será verificado o perfeito funcionamento de cada magneto, colocando-se a chave em cada uma das posições – direito (R) e esquerdo (L) –, e observando a queda de rotações do motor, que não deverá ultrapassar determinado valor.

Após o "*check* de magnetos" o piloto deverá assegurar-se de que a chave de magnetos esteja na posição "ambos" (BOTH).

2.3.4 Sistemas de instrumentos indicadores

Nos aviões modernos, a economia, a eficiência e a segurança do voo estão muito apoiadas na análise constante dos instrumentos indicadores do avião.

A instrumentação é basicamente a ciência da indicação de medidas, fornecendo dados como: velocidade, altitude, rotações do motor, atitude (posição do avião no espaço), direção, tempo, pressões, temperaturas e quantidades. Esses dados são medidos do motor e do meio externo, sendo transformados em valores por meio dos instrumentos e expostos à análise do piloto.

Somente exporemos aqui os instrumentos básicos empregados em instrução elementar.

Para facilitar a didática e melhorar a compreensão por parte do aluno, dividiremos os instrumentos em duas categorias:

a) instrumentos de análise de voo, que fornecem dados sobre: direção, altitude, posição no espaço, coordenação de curvas e velocidade aerodinâmica;
b) instrumentos de análise do equipamento (avião e grupo motopropulsor), que indicam dados sobre o funcionamento do motor e outros sistemas do avião.

Instrumentos de análise do voo – O principal e mais primitivo instrumento indicador de direção é o compasso magnético, mais conhecido como *bússola*.

A bússola é, portanto, um instrumento indicador de direção. Consiste, basicamente, numa barra ou "agulha" magnetizada, montada sobre uma boia imersa em querosene. Essa agulha indicará sempre o norte magnético (polo magnético) da terra. Sobre a boia está montado um cartão dividido de 00 a 360º. Qualquer que seja a direção seguida pelo avião, a agulha magnética apontará o norte magnético. Como resultado, o cartão numerado indicará um número, cujo valor em graus equivale ao ângulo formado pela trajetória do avião e o meridiano da Terra que passa pelo norte magnético.

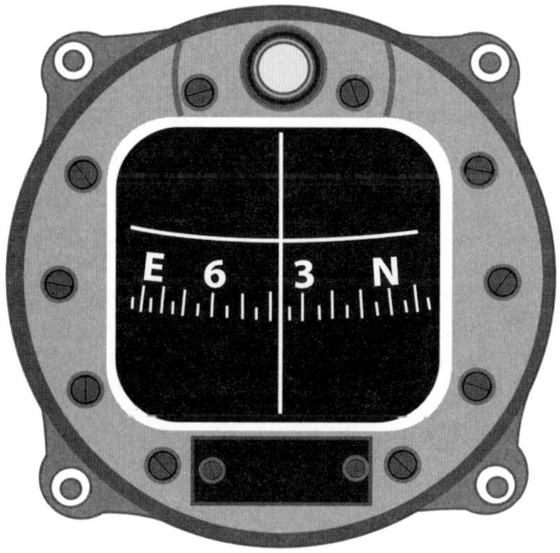

Figura 2.6: A bússola ou compasso magnético.

Assim, o piloto saberá a direção que está seguindo. O número que se apresenta no cartão graduado é a proa bússola seguida pelo avião ou, simplesmente, *proa*. O cartão graduado tem marcadas quatro letras, que se referem aos pontos cardeais: N (NORTE), S (SUL), E (LESTE) e W (OESTE). Cada intervalo de 30° é representado por número, eliminando-se o último zero. Por exemplo: 60° aparece como 6 e 300° como 30. As divisões de 10° em 10° aparecem como marcas verticais maiores, sendo as divisões de 5° em 5° representadas por traços curtos.

Como as medidas de ângulos são sempre no sentido horário, os ângulos de direção crescem para a direita e diminuem para a esquerda do nariz do avião. Se fizermos uma curva para a direita com nosso avião, a bússola indicará números maiores; se girarmos o avião em curva para a esquerda, a bússola indicará números menores.

Altímetro – O altímetro é o instrumento que indica a altitude do avião. É um dos instrumentos mais importantes, pois, pela sua leitura, o piloto poderá saber em que altura está voando. O altímetro é um barômetro que mede a pressão atmosférica e transforma essa medida numa indicação de altitude. Quanto mais alto, menor a pressão do ar atmosférico, e quanto mais baixo, maior ela será.

O altímetro fornece a altitude em pés (1 pé = 30,48 cm) e é dividido em escala tracejada de 20, 100 e 1.000 pés (1.000 pés = 300 m), indicada por ponteiros semelhantes aos de um relógio. O altímetro indicará sempre a altitude do avião, em termos de distância vertical do avião em relação ao *nível médio do mar* (MSL). A *altura* do avião não é indicada pelo altímetro (altura = distância vertical do avião ao solo).

Figura 2.7: O altímetro.

O piloto precisa conhecer a altura do solo que está sobrevoando (isso é indicado nas cartas de aeronavegação) em relação ao nível do mar. A diferença da altitude do avião (em relação ao nível do mar) fornece a altura do avião ao solo. Exemplo: estamos sobrevoando uma região cuja altura é de 150 metros. Se multiplicarmos esse valor por 3,28 (pois 1 metro = 3,28 pés), teremos o número aproximado de 500. Isso quer dizer que estamos sobrevoando uma região com 500 pés de altura. Se o altímetro do nosso avião estiver indicando a altitude de 2.500 pés, basta-nos calcular: 2.500 – 500 = 2.000. Estamos, portanto, a uma altitude indicada de 2.500 pés, mas a uma altura sobre o terreno de 2.000 pés (aproximadamente 600 metros).

A altitude sobre o terreno também é chamada altitude AGL (above ground level).

Os altímetros são ajustados de acordo com a pressão atmosférica reinante, em polegadas ou hectopascals. Quando ajustados, deverão indicar, para um avião no solo, a altitude do aeródromo em relação ao nível do mar. Exemplo: no Campo de Marte, um avião com o altímetro ajustado deverá indicar a altura do campo, que é de 722 metros, ou 2.369 pés. Arredondando, teremos o valor de 2.400 pés como altitude do Campo de Marte.

Velocímetro – O velocímetro é um manômetro de pressão diferencial muito sensível, que indica a velocidade do avião em relação à massa de ar que atravessa, e não a velocidade em relação ao solo (o velocímetro mede a diferença entre a pressão do ar sobre o pitô (ver Nota abaixo) e a pressão estática ou pressão atmosférica. Essas duas pressões serão iguais quando o avião estiver parado no solo em ar calmo. Quando o avião se move para a frente, a pressão na linha do pitô torna-se maior do que a pressão atmosférica. Essa diferença é indicada pelo ponteiro do velocímetro na face do instrumento, que está calibrado para oferecer essa indicação ao piloto, em milhas terrestres por hora (MPH) ou milhas náuticas por hora (kt).

A face do velocímetro apresenta um arco com graduações externas, onde se leem as marcações em milhas terrestres por hora (MPH) e graduações internas do arco, onde as velocidades são lidas em milhas náuticas por hora (kt), Nos aviões mais modernos, a indicação do velocímetro é feita em kt.

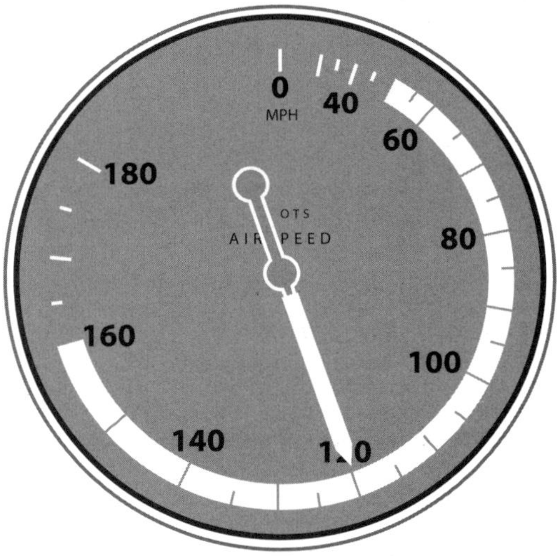

FIGURA 2.8: Velocímetro.

O tubo de Pitot, usualmente chamado PITÔ, é o dispositivo que capta as pressões dinâmica e estática do ar externo. Dinâmica, quando capta a pressão de impacto do ar com o avião em voo. Estática, quando capta a pressão atmosférica, tanto em voo como no solo.

O tubo de Pitot pode localizar-se em diversas partes do avião, assim como a tomada de ar estática pode ser separada do avião em alguns modelos. Nos aviões da linha Piper Embraer, o tubo de Pitot, com tomadas de ar dinâmica e estática na mesma peça, localiza-se no intradorso da asa esquerda. A coluna de ar pressionada por meio da tomada dinâmica movimenta o velocímetro, fornecendo a velocidade indicada (VI). A pressão atmosférica captada pela tomada estática age sobre o altímetro e o variômetro ("climb").

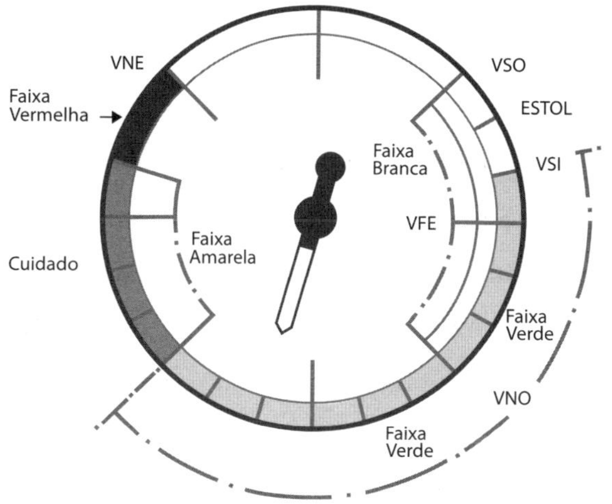

Figura 2.9: Faixas coloridas do velocímetro – marcações indicativas de velocidades-limite.

Faixa verde: velocidades normais de operação do avião (V_{NO}).
Faixa branca: velocidades para abaixar os flapes (V_{FE}).
Faixa amarela: Somente efetuar manobras em velocidades nesta faixa quando o ar estiver calmo. Não efetuar manobras bruscas.
Faixa vermelha: Nunca exceder a velocidade limitada por essa marca. Constitui o limite da integridade estrutural do avião (V_{NE}).

Coordenador de curvas – Esse instrumento possui vários nomes, como *indicador de curvas e inclinações*, *indicador turn and bank* e "pau e bola", baseados em sua função, em nomes importados e na gíria dos aviadores. O nome mais correto, em nosso idioma, é *indicador de curvas e inclinações,* e o mais popular e usual, no jargão aeronáutico, é "pau e bola".

Consiste em um disco de face preta com um eixo central, no qual está uma figura simbolizando um avião. Esse avião, inclinando-se para um lado e para o outro, indica o ângulo de inclinação das asas de nosso avião e o lado para o qual estão sendo inclinadas. A figura do avião em alguns instrumentos é substituída por uma barra vertical (pau), cuja função é a mesma, ou seja, indicar o lado da rolagem do avião e o grau de inclinação das asas.

Figura 2.10: Coordenador de curvas.

Abaixo da silhueta do aviãozinho está uma cápsula recurva, cheia de querosene, com uma esfera preta no meio.

***Giro direcional* ou indicador de curso** – Esse instrumento é opcional e, normalmente, não está instalado nos aviões de treinamento básico. Nós o descreveremos por achar importante que você tome, pelo menos, um contato teórico com ele. O *giro* é fundamentalmente um instrumento mecânico destinado a ajudar na leitura e manutenção de uma proa magnética, pois é muito mais estável do que a bússola. A bússola é afetada pelo balanço e inclinação do avião e sofre algumas interferências, sendo, por vezes, difícil orientar-se rapidamente por ela, principalmente em voos mais precisos, como no voo exclusivamente por referência a instrumentos. O giro, no entanto, não tem capacidade própria de indicar uma direção, tendo de ser regulado constantemente em igualdade com a indicação de direção da bússola. Seu cartão graduado é vertical, o que facilita a leitura.

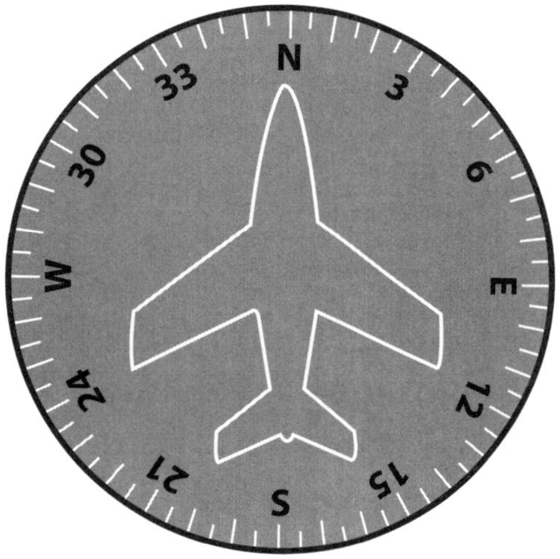

FIGURA 2.11: Compasso giroscópico ou giro.

Horizonte artificial ou indicador de atitude – Também é um instrumento opcional em aviões de treinamento básico. No entanto, é muito importante que você aprenda a utilizar-se dele tão logo seu nível de treinamento o permita.

Apresenta a figura de um avião em miniatura, relacionado com uma barra horizontal que representa a linha do horizonte natural. Esse instrumento permite conhecer a posição (atitude) do avião em relação à linha do horizonte, *sem que o piloto tenha referências visuais externas*. Isso quer dizer que, quando devidamente ajustado o instrumento, este fornecerá ao piloto a informação de que a relação do aviãozinho miniatura com a barra do horizonte artificial é a mesma relação mantida entre o avião real e a linha do horizonte natural. Tanto o giro direcional como o horizonte artificial são instrumentos giroscópicos.

FIGURA 2.12: Indicador de atitude ou horizonte artificial.

***Variômetro*, ou *climb*, ou indicador de razão de subida e descida ou, ainda, indicador de velocidade vertical** – Esse instrumento é conhecido por todos esses nomes, porém, no linguajar cotidiano aviatório, é chamado de *climb* ("claimbe").

Esse instrumento detecta as variações na pressão atmosférica ou pressão estática e converte essas mudanças em unidades de subida e descida (pés por minuto). Suas indicações apresentam um retardo de alguns segundos, após iniciada a mudança de altitude do avião.

FIGURA 2.13: Indicador de razão de subida e descida ou de velocidade vertical (*climb*).

A graduação é em centenas de pés por minuto e permite ao piloto saber a razão de subida ou descida (quantos pés está subindo ou descendo em cada minuto). Durante um voo reto horizontal, em ar calmo, o "climb" deve manter-se em zero. Idem na execução de curvas bem coordenadas no plano horizontal. Um voo padrão, ascendente ou descendente, será feito com o "climb" indicando 500 pés por minuto, subindo ou descendo, respectivamente.

2.3.5 Instrumentos de análise do equipamento

Tacômetro, ou conta-giros – Indica a velocidade (rotações por minuto) em que o eixo do motor ou hélice está girando. Já vimos que o controle de RPM, no caso das hélices de passo fixo, é dado pelo manete de potência.

O conta-giros está dividido em traços de 100 RPM e numerado de 0 a 3.500 RPM, de 500 em 500 RPM. Existe uma marca vermelha, equivalente a 2.700

FIGURA 2.14: Disposição típica em forma de T dos instrumentos de voo.

RPM, e que constitui o limite de rotações do motor. Essa marca não deverá ser mantida ou ultrapassada.

Na face inferior do conta-giros encontra-se uma janela onde aparece o número de horas de funcionamento do motor, a partir de novo (0 hora), ou a partir de uma reforma total.

Pressão de óleo (***oil pressure***) – É o manômetro que indica a pressão com a qual o óleo lubrificante está sendo bombeado para o motor. Indica a pressão do óleo em libras por polegada quadrada. Permite alertar o piloto sobre falhas no sistema de lubrificação interna do motor, por falha da bomba de óleo, falta de óleo ou ruptura de canalização. Além das graduações, existem faixas coloridas, amarelas e verdes, e marcas de alerta (vermelhas).

Figura 2.15: Tacômetro ou conta-giros.

O ponteiro indicador deverá estar sempre na faixa verde. Esse é o primeiro instrumento que deve ser observado, logo após a partida do motor. Se o ponteiro *não subir* para a indicação normal (faixa verde) após 30 segundos de o motor pegar, este deverá ser desligado imediatamente. Em voo, tanto o manômetro de pressão de óleo como o indicador de temperatura de óleo deverão ser observados a cada cinco minutos. Se a pressão de óleo cair ou a temperatura do óleo subir para a faixa de alerta, o piloto deve pousar no aeródromo mais próximo, pois isso poderá significar problemas com o motor (pouso cautelar ou de emergência).

Figura 2.16: Indicador de pressão de óleo.

Temperatura de óleo (***oil temp***) – O termômetro de óleo está situado sempre ao lado do manômetro de óleo, para que ambos possam ser visualizados ao mesmo tempo. Permite ao piloto saber se a temperatura do óleo atingiu grau suficiente para que possa ser aplicada a potência máxima, usada durante a decolagem. Por meio desse instrumento, o piloto também saberá se a temperatura do óleo (e do motor) está se tornando muito elevada durante o voo. Uma decolagem não deve ser realizada antes que a temperatura atinja a faixa normal (faixa verde).

Figura 2.17: Indicador de temperatura do óleo.

Indicador de pressão de combustível (*fuel pressure*) – Indica a pressão com a qual o combustível está sendo bombeado para o carburador.

2.3.6 Sistema de alimentação de combustível

Esse sistema tem a finalidade de armazenar a gasolina em tanques e enviá-la ao motor. É constituído por:

- Tanques de combustível, geralmente situados nas asas.
- Encanamentos de envio de combustível.
- Bomba mecânica de combustível.
- Bomba elétrica auxiliar ou de emergência.
- Chave seletora de tanques.
- Filtros de combustível.
- Indicador de pressão de combustível.
- Indicador de quantidade de combustível.
- Injetor de partida ou "primer".
- Bocais de abastecimento com tampões.
- Drenos de tanques de combustível.
- Drenos das linhas de encanamento de combustível.

Os drenos são usados para colher amostras do combustível antes do primeiro voo, quando o avião tiver ficado parado por várias horas, ou tiver sido reabastecido.

A gasolina usada, geralmente, é de 100 a 130 octanas – gasolina azul (Avgas). Em hipótese alguma o avião deverá ser abastecido com gasolina de menor octanagem.

Diversos outros sistemas complementam um avião, não nos cabendo aqui analisá-los. No entanto, o bom piloto deve conhecer perfeitamente o avião que pilota e procurar inteirar-se sobre o *funcionamento de todas as suas partes*. Apenas para conhecimento geral, citaremos mais alguns sistemas:

- Sistema elétrico.
- Sistema de radiocomunicação.
- Sistema de radionavegação.
- Sistema de iluminação.
- Sistema de pressurização.

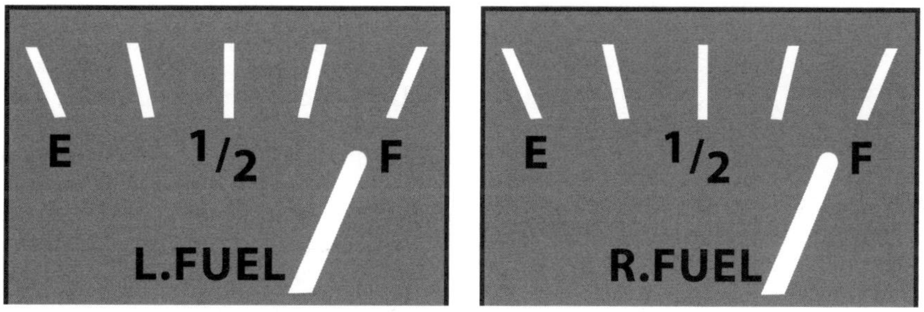

FIGURA 2.18: Indicadores de combustível.

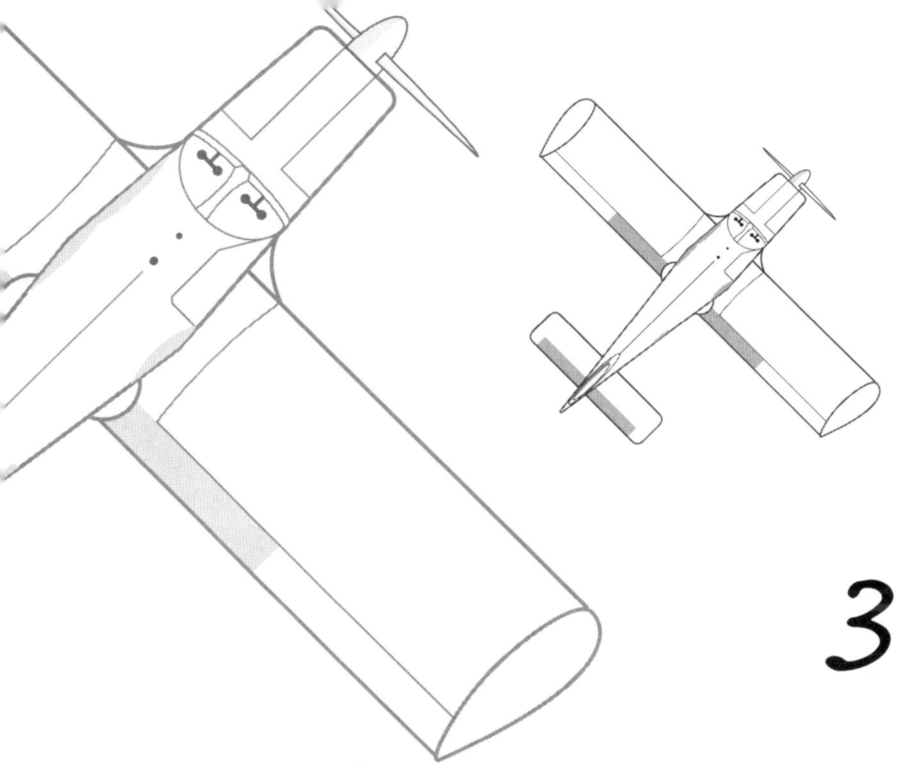

3 O avião e o meio aéreo

O avião desloca-se e manobra no espaço aéreo. Para bem entender o avião e o fenômeno do voo, e melhor compreender os fatores que influenciam o voo do avião, o piloto precisa conhecer as características do meio onde ele se movimenta. Da mesma forma que um marujo entende do mar, para bem poder navegá-lo, o aeronauta deve conhecer as particularidades essenciais do ar no qual irá voar usando seu equipamento aeronáutico.

O espaço aéreo, ou seja, o meio no qual você irá desenvolver sua atividade aviatória, é constituído pela massa gasosa que envolve a Terra, denominada atmosfera.

A ciência que estuda os fenômenos atmosféricos chama-se Meteorologia e fará parte da sua vida, enquanto for piloto. Portanto, quanto melhor você entender os fenômenos meteorológicos e puder usá-los a seu favor, melhor será o desempenho de seu avião e mais seguro será seu voo.

Observe, abaixo, o quadro sintetizado sobre a massa gasosa que constitui o espaço aéreo. Descreveremos, ao aluno piloto, cada item, de forma bem simples, para que forme um conhecimento conjunto em sua mente, facilitando o estudo posterior do assunto.

- A massa de ar ou espaço aéreo ou atmosfera
  - Composição
    - Ar (gases) / Vapor d'água
      - Nitrogênio (78%)
      - Oxigênio (21%)
      - Outros gases (1%)
    - Suspensões
      - Poeira (núcleo de condensação)
      - Fumaça
  - Propriedades físicas
    - Volume
    - Peso (pressão atmosférica)
    - Densidade
    - Temperatura
  - Variações que afetam a aviação
    - Variação da densidade – desempenho do avião
    - Deslocamento de ar – ventos e turbulências
    - Grau de visibilidade
      - Formações meteorológicas (nuvens, nevoeiros, chuva, neve)
      - Fumaça
    - Formação de gelo
      - Superfícies estruturais
      - Hélice
      - Carburador

É essencial que o piloto conheça as características do comportamento da atmosfera e a maneira pela qual elas afetam cada fase do voo.

Conforme observamos no quadro, a atmosfera é composta pelos gases do ar em mistura com vapor d'água e matérias micropulverizadas, como fumaça e poeira.

As partículas suspensas em meio ao ar recebem o nome de "núcleos de condensação". Essa massa gasosa, que se constitui na atmosfera, tem um volume, formando um fluido contínuo que envolve a terra. Pela ação da gravidade terrestre, a massa gasosa possui um peso, e as camadas superiores comprimem as inferiores. Esse peso da massa gasosa exerce uma pressão sobre todos os seres e objetos terrestres. A força-peso exercida pela atmosfera recebe o nome de *pressão atmosférica.*

A pressão atmosférica é medida por um instrumento denominado *barômetro*. A leitura de um barômetro pode ser feita em unidades de polegadas ou hectopascals. O altímetro de um avião nada mais é que um barômetro adaptado (baroaltímetro). Quando ajustado para a pressão atmosférica do lugar, indicará a *altitude* do avião em relação ao nível do mar.

A massa gasosa possui uma densidade, ou seja, certo número de moléculas de gás por unidade de volume. Essa densidade varia com a pressão atmosférica. Quanto mais comprimido o gás (pressão alta), maior será a densidade dele, no caso – o ar. Quanto menor a pressão atmosférica (pressão baixa), menor será a densidade do ar.

As partículas de vapor d'água existentes na atmosfera ocupam um espaço que é roubado das moléculas de ar. Portanto, o ar com grau de umidade maior é menos denso, e vice-versa.

No entanto, o fator de maior influência sobre a densidade do ar é sua temperatura. A temperaturas maiores, o ar se expande e a densidade diminui. Com temperaturas menores, o ar é contraído e a densidade aumenta.

Podemos concluir que:

A *densidade do ar diminui* quando:

- a altitude for maior (pressão mais baixa);
- o ar estiver mais úmido (maior quantidade de vapor d'água);
- o ar estiver mais quente (maior dispersão das moléculas gasosas).

A *densidade do ar* é importante fator a ser levado em conta pelo piloto, pois afeta diretamente o desempenho do avião, principalmente aviões com motor alimentado por carburador.

O ar mais denso, portanto mais compacto, proporcionará um fluido mais denso de moléculas gasosas a ser penetrado pelo avião. A sustentação deste e o grau de capacidade de subir mais rapidamente estão diretamente ligados à densidade do ar.

No momento, bastará ao aluno formar a noção dessa correlação existente entre densidade em função de: Temperatura, Altitude, Umidade e Pressão Atmosférica.

Vamos deixar gravado um exemplo: todo avião necessita de certa distância para percorrer no solo até atingir uma velocidade que lhe permita alçar voo. Após decolado, subirá um determinado número de metros ou pés por minuto, de acordo com as suas características de aerodinâmica e a capacidade do motor.

A distância dessa "corrida de decolagem" e "razão de subida" variam de acordo com a densidade do ar.

Se o avião decolou de uma praia (nível do mar) a uma temperatura de 18°C, digamos que necessitou de 200 metros de corrida até decolar e seguiu subindo a uma razão de 1.000 pés (300 metros) por minuto. Fez o seu voo e pousou num aeródromo de região montanhosa cuja altitude é de 3.000 pés acima do nível do mar. Antes de decolar novamente, o piloto precavido levou em conta vários fatores presentes:

a) altitude do aeródromo: 3.000 pés (pressão mais baixa);
b) temperatura: 30°C (temperatura maior);
c) ar chuvoso (umidade maior).

Cada um dos fatores a, b e c leva a uma densidade do ar bem mais reduzida em relação à decolagem da praia.

Efetuando os cálculos de desempenho do avião, o piloto chegou à conclusão de que, para decolar naquela situação de baixa densidade do ar, seu avião iria necessitar de uma corrida de decolagem de 350 metros e subir a uma provável razão de 400 pés por minuto.

Em torno do assunto densidade-temperatura, muito haverá para estudar em sua vida de piloto. Se tocamos, de forma superficial, nessa matéria, queremos que, pelo menos por ora, você guarde o exemplo citado para saber que *o avião não é uma máquina que se comporta sempre da mesma forma em relação ao ar que lhe serve de meio condutor.* A fórmula altitude-densidade sempre estará presente no comportamento da máquina.

3.1 Deslocamentos de ar (ventos e turbulências)

Parcelas de massa gasosa se deslocam de um ponto para outro, como consequência de uma série de razões como: os movimentos da Terra, as diferenças de temperatura e as diferenças de pressão atmosférica. As movimentações das parcelas de ar dão origem às correntes de ar, que se traduzem pelos ventos e turbulências. Os ventos variam de simples brisas até ventanias, cuja intensidade chega a impedir a prática aviatória.

Os ventos afetam a aviação basicamente durante duas fases:

1. na decolagem e no pouso;
2. no voo em rota.

Durante as operações de decolagem e pouso, a indicação da direção do vento e sua intensidade é de grande importância para o piloto, uma vez que devem ser feitas, preferivelmente, contra o vento. A direção do vento (de onde ele sopra) é que fará com que se escolha de qual cabeceira se irá decolar – o que é denominado *pista em uso*.

Quando o vento sopra de lado para a pista, diz-se que o vento está de través. O vento forte de través requer certa técnica de pilotagem para ser compensado pelo avião, pois tende a desviá-lo da linha central ou eixo da pista (Figura 3.1).

Nos aeródromos providos de órgão de controle (torre ou rádio), a direção do vento e sua intensidade são fornecidas pelo controlador, por meio da radiofonia. Sabendo de antemão a direção e a intensidade do vento, o piloto poderá prever a operação de seu equipamento, em função dessa situação atmosférica. Além disso, ainda levará em conta a informação da pressão (atmosférica) no local, inclusive para ajuste do altimetro.

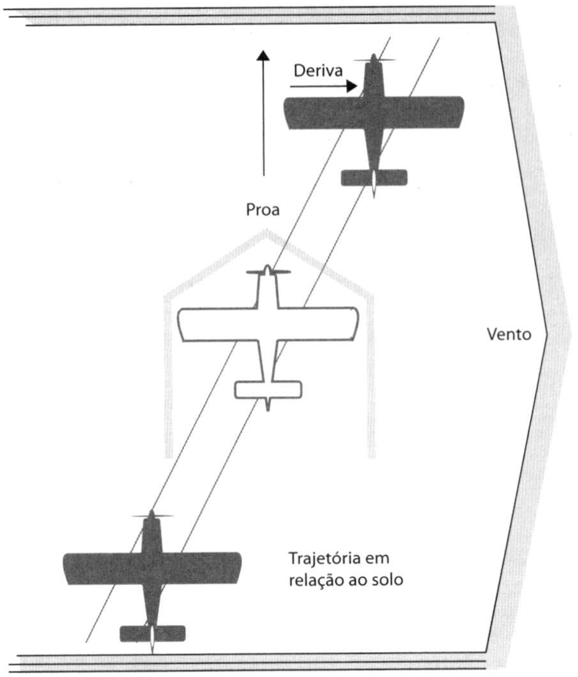

Figura 3.1: Efeito do vento (deslocamento da massa de ar) sobre a velocidade de trajetória do avião, em relação ao solo.

Quando não existe órgão de controle, a direção do vento poderá ser avaliada pela biruta ou tetraedro (quando existir).

Em muitos campos de pouso do interior, não existe a presença de uma biruta. Nesse caso, a direção do vento deverá ser observada por eventuais fumaças de queimadas, chaminés na região, direção para a qual se dobram as ramagens das árvores e arbustos, que podem oferecer alguma indicação da direção do vento.

O vento que sopra no nível da trajetória de navegação do avião afeta-o em direção e velocidade. Quando sopra lateralmente à trajetória do avião, o vento tende a desviá-lo de sua rota, ocasionando uma *deriva*. Nesse caso, o piloto deve compensar o efeito do vento, desviando o nariz do avião em certo ângulo com sua trajetória, compensando a deriva.

O avião voará com o nariz levemente desviado da trajetória que está percorrendo, a fim de não desviar-se de sua rota original. A técnica de compensar a deriva durante o voo, pouso e decolagem será ensinada mais adiante.

Quando o vento sopra de frente (de proa), diminuirá a velocidade do avião em relação ao solo (VS).

Quando o vento sopra por trás, aumentará a velocidade do avião em relação ao solo (VS) e recebe o nome de vento de cauda.

A velocidade do avião, indicada ao piloto, será sempre a mesma, pois é mostrada pelo velocímetro. Essa velocidade é *em relação à massa de ar que está sendo atravessada* (velocidade aerodinâmica), e sua leitura no velocímetro chama-se velocidade indicada (Vi).*

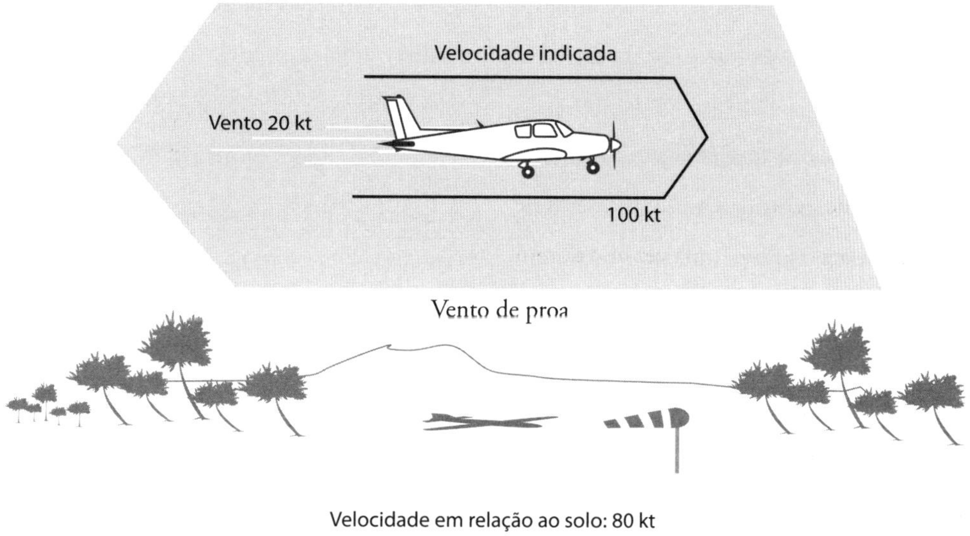

Figura 3.2: Vento de proa.

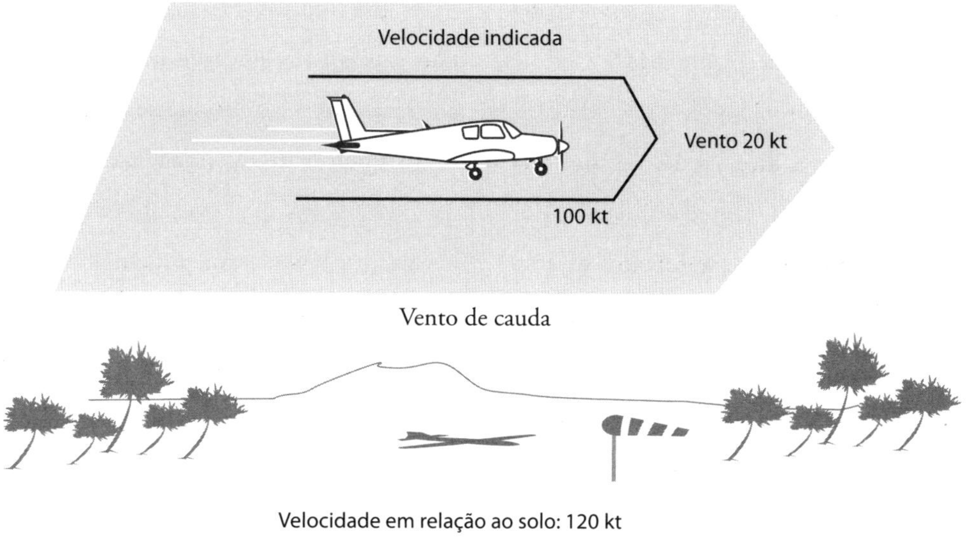

Figura 3.3: Vento de cauda.

* Por motivo de simplificação da instrução básica elementar, consideramos Va = Vi (Velocidade Aerodinâmica igual a Velocidade Indicada).

A velocidade indicada no velocímetro (Vi) de um avião em voo somente será igual à sua velocidade em relação ao solo (Vs) quando o vento for nulo. A velocidade real do avião em relação à terra, correspondente à projeção de sua trajetória sobre o solo (Vs), será obtida pelo piloto por meio de cálculos, levando em conta tempo e distância.

As *turbulências* são movimentos dentro da massa de ar, provenientes de parcelas ascendentes e descendentes. Afetam o voo no sentido de torná-lo incômodo, balançando o avião e podendo, às vezes, ser muito fortes, a ponto de danificar a estrutura de uma aeronave. Para tanto, existe uma velocidade de cruzeiro em ar turbulento, variável de um avião para outro e que deve ser observada. Podem ser esperadas turbulências fortes próximo a nuvens tempestuosas (formação de *cumulus* vertical). Também, ao sobrevoar regiões montanhosas, as turbulências poderão fazer-se presentes. É por isso que o piloto e seus passageiros *nunca devem deixar abertos seus cintos de segurança.*

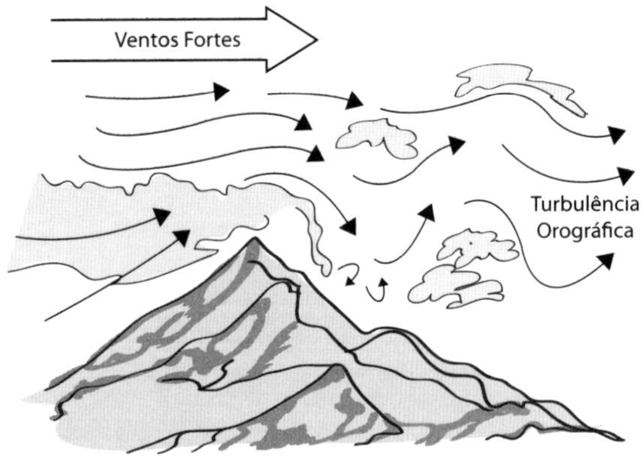

Figura 3.4: Efeito do vento sobre formações montanhosas.

3.2 Grau de visibilidade na atmosfera

A transparência do ar atmosférico, ou seja, o grau de visibilidade, é o fator variável que mais atinge o cotidiano da aviação. Inicialmente, dita as regras de voo. Dependendo da visibilidade, o voo será visual (VFR) ou seguindo as regras de voo por instrumentos (IFR).

A quantidade de vapor-d'água presente (umidade relativa) e a temperatura do ar vão ditar as regras físicas que irão definir a visibilidade.

Havendo condensação do vapor-d'água, em torno das partículas suspensas (núcleos de condensação) teremos como consequência as *formações meteorológicas*, nome geral dado às formações de nuvens, nevoeiros, chuvas, chuviscos, neve e granizo.

Outro fator, além das formações opacas meteorológicas (nuvens e nevoeiros) que regulam a visibilidade é a presença da fumaça. A fumaça (névoa seca) pode ser proveniente de conglomerados industriais ou, em certas regiões, oriunda das imensas queimadas de matas e pastos. A mistura da fumaça com formações meteorológicas compactas (nevoeiros), pode levar a visibilidade aos mínimos, tornando a prática aeronáutica crítica, principalmente nas operações de pouso.

3.3 Formação de gelo

A baixa temperatura, aliada à umidade, traz um problema insidioso para a aviação, que é a formação de gelo.

A formação de gelo, como evitá-la e como fazer que o gelo não se acumule nas superfícies do avião serão estudados em fase mais avançada.

Nesta nota prévia, contudo, é bom que o aluno piloto conheça a existência desse fenômeno, sabendo que, em certas circunstâncias, o gelo poderá formar-se sobre as estruturas do avião, como as asas, empenagens, para-brisa, hélice e carburador.

Na aviação menor, no voo visual e em altitudes mais baixas, dificilmente, em nossas latitudes, o piloto irá defrontar-se com a problemática da formação do gelo nas superfícies do avião. No entanto, a formação na tubulação de admissão do carburador, em alguns tipos de avião, é passível de acontecer, mesmo em dias mais quentes e umidos. Por esse motivo, os aviões com motor a carburador (caso dos nossos treinadores) são providos com chave seletora de fluxo de ar quente para o carburador. O uso do ar quente para o carburador será explicado ao aluno durante a instrução prática de voo, havendo também uma explanação sobre o assunto mais adiante (Capítulo 21 – Controle de emergências).

O espaço aéreo impõe suas limitações sobre o organismo humano também. Após 10.000 pés de altitude, o oxigênio do ar torna-se rarefeito, reduzindo a oxigenação do sangue. O piloto poderá sofrer tonturas, ter a acuidade visual diminuída e sentir baixar sua capacidade reflexa. A partir de 12.000 pés de altitude, será obrigatório o uso de máscaras de oxigênio, a não ser que a cabine do avião seja pressurizada.

A altitude maior traz como consequência uma pressão atmosférica menor e, em decorrência, uma densidade do ar cada vez menor. Dependendo do tipo de motopropulsão do avião, a altitude (com sua densidade baixa) vai ditar até que ponto, em altura, determinado tipo de avião conseguirá efetivamente subir. Esse limite em altura operacional é chamado de teto operacional ou teto de serviço, que varia de um tipo de avião para outro.

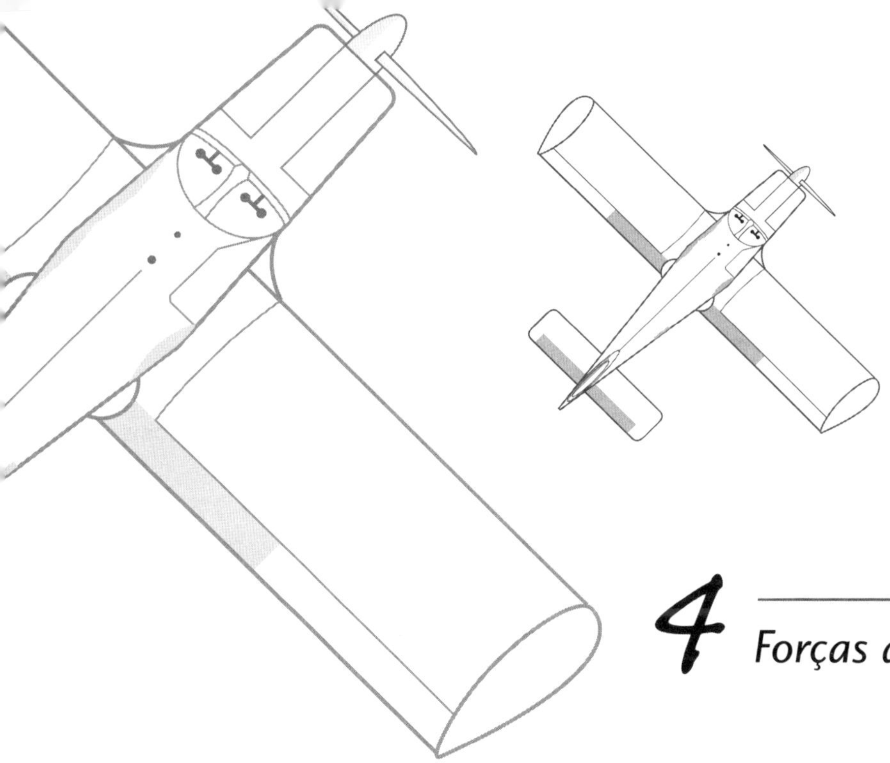

4 Forças que agem sobre o avião – fenômeno do voo

Peso – Quando o avião está parado no solo, enquanto não for movimentado de alguma forma, tem apenas uma força agindo sobre si, que é a força da gravidade da Terra. A massa total do avião, que é mantida estática pela ação gravitacional da Terra, vem constituir a primeira força de estudo, ou seja, seu próprio peso. O peso recebe o símbolo matemático W (do inglês *weight*).

O ponto imaginário, onde todo o peso do avião é concentrado, chama-se *centro de gravidade* e é representado pelas iniciais CG. A localização do CG é variável de um avião para outro, dependendo do seu tipo de desenho estrutural e distribuição de peso do equipamento instalado.

À medida que o avião é carregado com combustível, passageiros e bagagem, a posição do centro de gravidade sofre um deslocamento, denominado "passeio do CG". Esse deslocamento é permissível dentro de certos limites, pois a localização do CG afeta a estabilidade do aparelho em voo. Assim, ao carregar um avião, é muito importante que se distribua bem o peso (tripulantes e bagagem) para equilibrar o CG dentro de seus limites. O procedimento de carregar o avião dentro das especificações-limite recebe a denominação de "peso e balanceamento".

O peso total ou bruto do avião é a soma de seu peso vazio à sua carga útil (combustível, tripulantes e bagagem).

Tração – Se soltarmos o freio de mão e rebocarmos ou empurrarmos o avião, estaremos impondo-lhe outra força que, se for suficiente para vencer o atrito das rodas com o solo, vai ocasionar uma rolagem do aparelho, provocando um avanço para a frente. Se em vez de empurrarmos o avião, fizermos girar o motor e, consequentemente, a hélice, a certo número de rotações, o movimento rotativo da hélice irá puxar o avião para a frente, impondo-lhe uma

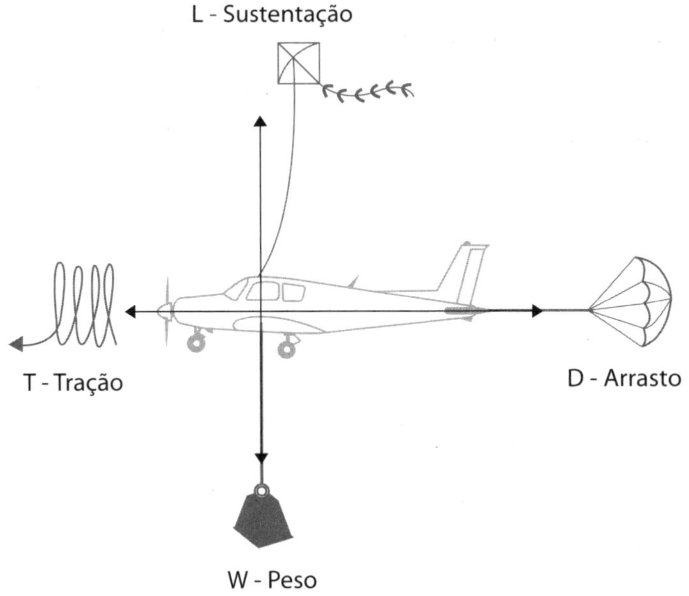

Figura 4.1: Forças que agem sobre o avião.

força de tração. Se for um avião a jato, o empuxo resultante do fluxo de ar, que é expelido pelas turbinas, é que vai empurrá-lo para a frente.

A tração proporcionada pela rotação da hélice ou pelo motor a jato causa o avanço do avião. A força de tração ou empuxo é simbolizada pela letra T (do inglês *thrust*).

Arrasto – As moléculas de ar oferecem resistência ao deslocamento do avião. Essa resistência ao avanço chama-se *arrasto*. É representada matematicamente pela letra D (do inglês *drag*).

Por certo, você já colocou a mão para fora da janela de um carro em movimento veloz. Se mantiver a mão aberta, com a palma voltada contra o vento, relativo ao deslocamento, notará como sua mão é empurrada para trás pela força da resistência ao ar; ou seja, de lado ou juntando os dedos apertados contra o vento, será mais fácil para sua mão cortar o ar, pois ela oferecerá menos resistência e, portanto, seu arrasto será menor.

Por essa razão, os aviões tendem a ter uma forma cada vez mais fusiforme, mais afilada – para oferecer menor superfície de resistência ao ar. As formas cuja finalidade seja a de oferecer menor arrasto chamam-se formas aerodinâmicas.

Sustentação – Uma máquina provida de rodas (ou flutuadores, ou mesmo um casco, no caso de embarcação) que for tracionada por um sistema motopropulsor qualquer, irá deslocar-se sobre a terra (ou água), enquanto durar a força T, de tração. Poderá, inclusive, atingir velocidades superiores às de alguns tipos de aviões, como no caso dos automóveis de Fórmula 1. No entanto, a despeito de sua velocidade, não irá voar, pois está desprovida de formas mecânicas que proporcionem o aparecimento de uma força chamada sustentação. O que caracteriza a máquina voadora do tipo avião é a presença das asas, gerando uma força capaz de erguer toda a máquina do solo, permitindo que voe.

A sustentação é representada pela letra L (do inglês *lift*). Iremos estudar o fenômeno da sustentação, com mais detalhes, logo adiante.

4.1 O fenômeno da sustentação aerodinâmica – o voo

Um balão "voa", subindo no espaço aéreo, porque está cheio de um gás mais leve do que o ar circundante. Porém, um avião, sendo mais pesado que o ar, não poderá flutuar como um balão. Para conseguir voar, terá de reagir com o ar, pondo-se em movimento. Suas asas, cortando o ar, receberão força produzida por este. A única maneira pela qual o ar poderá exercer *força* sobre um corpo será por meio de *pressão*.

Em 1600, um matemático suíço chamado Daniel Bernouilli descobriu que se a velocidade de um fluido (no caso o ar) for aumentada num determinado ponto, a pressão mantida por esse fluido será diminuída nesse ponto. A asa do avião é fabricada numa forma tal que se possa aplicar esse princípio de Física.

Examinemos novamente um corte de perfil de uma asa típica (aerofólio). Conforme a Figura 4.2, a parte superior (A) é mais encurvada que a parte de baixo (B). De forma esquemática, o extradorso (A) é curvo, sendo o intradorso (B) plano.

Quando o avião é posto em movimento, a asa (no caso o aerofólio) corta o ar, gerando um vento aparente ou vento relativo, contrário ao deslocamento da asa. As partículas de ar são divididas pelo bordo de ataque da asa, em dois fluxos. Um fluxo passará pela parte superior da asa (A) e outro fluxo pela parte inferior (B). Os fluxos do ar, divididos pelo movimento da asa, devem encontrar-se ao mesmo tempo no bordo de fuga, pois fazem parte da mesma massa de ar.

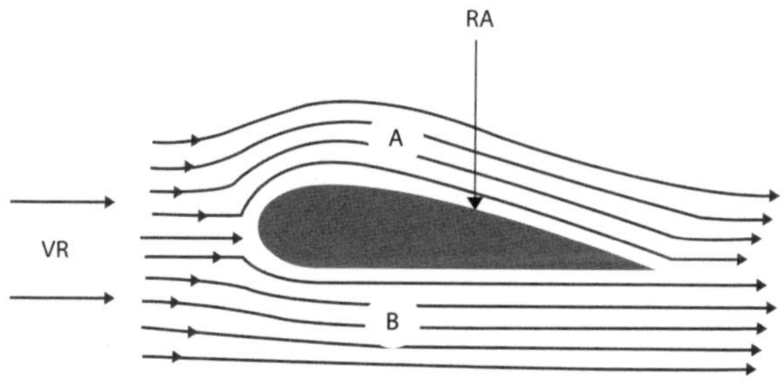

Figura 4.2: RA – resultante aerodinâmica; VR – vento relativo.

O fluxo de ar que passa pela parte superior (extradorso da asa), percorre uma distância pouco maior que o fluxo da parte inferior, pois a parte superior (A) é curva, enquanto a inferior (B) é plana. Isso significa que os filetes de ar (A) precisam deslocar-se mais rapidamente que os filetes de ar (B), para encontrarem-se com estes ao mesmo tempo, ao final do percurso – no bordo de fuga.

Havendo maior velocidade do fluxo de filetes de ar na parte superior, pela lei física de Bernouilli, vai se desenvolver aí uma menor pressão, ou seja, uma *depressão*. Em consequência, a pressão exercida pelo fluxo de ar na parte inferior da asa vai se tomar maior que a pressão exercida na parte superior.

A pressão maior dos filetes (B) na face inferior tende a empurrar (levantar) a asa no sentido da depressão que ocorre na parte superior. Ao mesmo tempo, os filetes (B), fluindo pela parte inferior, são defletidos para trás e para baixo. Como "a toda ação corresponde uma reação", a força gerada pelo fluxo de ar (B) causará também uma força coadjuvante na tendência de empurrar a asa para cima (reação).

Essas duas forças exercidas pelo ar sobre as asas (*pressão* e *deflexão*) causam a elevação destas no ar. A resultante dessas forças chama-se *resultante aerodinâmica*, responsável pela sustentação do avião no ar. É o princípio básico do fenômeno do voo do avião. Convenientemente usada e aplicada, a força de sustentação gerada pelas asas é capaz de erguer no ar o peso de centenas de toneladas, representada pelo peso dos grandes jatos de transporte.

Vento relativo – O vento relativo, durante o voo, não é o vento natural que sentimos quando parados. O vento relativo é o fluxo de ar em torno das asas, quando o avião é deslocado em meio ao espaço aéreo. É o mesmo vento que sentimos sobre a mão, quando a estendemos para fora da janela do carro correndo a uma boa velocidade.

A direção do vento relativo é sempre contrária à direção de deslocamento das asas. Sua velocidade será sempre igual à do aparelho em *relação à massa de ar* (VA) ou velocidade aerodinâmica. Se a trajetória do avião é horizontal, a direção do vento relativo é também horizontal e em sentido contrário ao do deslocamento do avião. Se o avião está subindo, a direção do vento relativo será em sentido contrário e descendo.

A massa de ar, na qual o avião se desloca, poderá estar parada ou em movimento. No entanto, esse fato não terá influência sobre a indicação do velocímetro. A indicação deste (velocidade indicada, ou Vi) será sempre a do vento relativo ou velocidade em relação ao ar.

Ângulo de ataque – É o ângulo formado pela asa do avião e o fluxo de ar que ela encontra pela ação do vento relativo. Esquematicamente, o ângulo de ataque é formado pela direção da corda da asa e pela direção do vento relativo.

Velocidade aerodinâmica – É a velocidade do avião em relação à massa de ar. Não tem nada a ver com a velocidade em relação à terra (ou em relação ao solo), podendo ser maior, menor ou igual a ela.

Inter-relação da sustetação com velocidade aerodinâmica e ângulo de ataque – Para aumentar a sustentação, a asa é levantada em relação ao fluxo de ar ou vento relativo. Com isso, aumenta-se o ân-

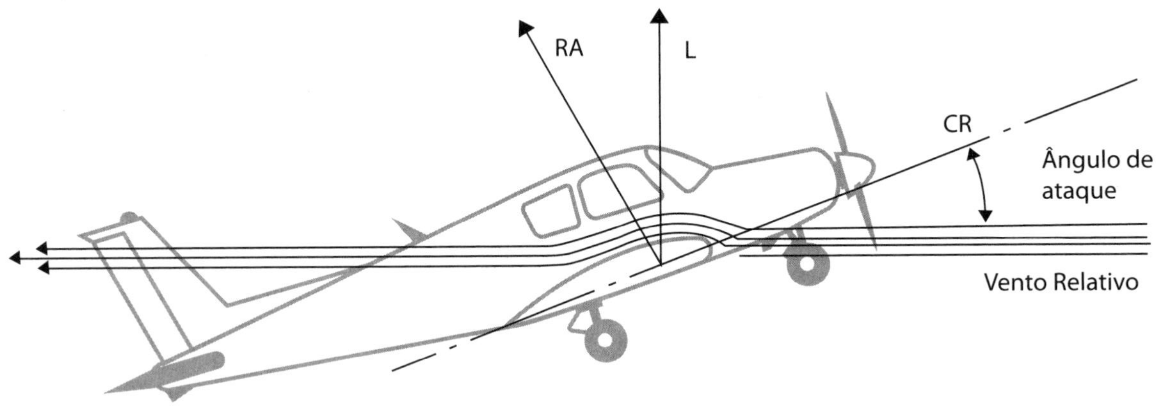

FIGURA 4.3: Vento relativo e ângulo de ataque.

gulo de ataque. Aumentando-se o ângulo de ataque, aumenta-se a sustentação. Porém, aumentando-se a inclinação do perfil da asa, uma maior superfície desta fica exposta à ação do fluxo de ar e, portanto, a resistência do ar torna-se maior – aumenta-se também o arrasto. Para compensar o arrasto, deve-se aumentar a velocidade. Quanto mais rapidamente uma asa é movida através do ar, maiores serão as forças de pressão e deflexão do ar sobre ela; em consequência, aumenta-se a sustentação.

O aviador deverá ter sempre em mente que a sustentação de seu avião no ar depende constantemente da velocidade aerodinâmica e do ângulo de ataque.

Quanto maior o ângulo de ataque, maior a sustentação obtida (e o arrasto resultante), desde que seja mantida uma velocidade mínima, para manter o fluxo das partículas de ar correndo sobre as asas. No entanto, a angulagem de ataque gera sustentação somente até um determinado ângulo. A partir desse ponto, se o ângulo for aumentado, as partículas de ar deixarão de fluir sobre o extradorso da asa e se despregarão, entrando em turbilhonamento. Esse turbilhonamento aumentará com a abertura, cada vez maior, do ângulo de ataque, até um ponto em que se romperá a força de sustentação. Ocorre então o estol. A asa perderá sustentação e cairá. No avião, isso será sentido como vibração sobre a estrutura e a queda do nariz. Bastará ao piloto ceder o manche e deixar o nariz do avião afundar. Assim, será diminuído rapidamente o ângulo de ataque, restabelecendo-se o fluxo laminar de ar sobre as asas e será recuperada a sustentação. Em suma, um avião estola quando o ângulo de ataque de suas asas ultrapassa certa angulagem crítica, a uma velocidade menor do que a permitida pelo tipo do avião. O ângulo crítico de ataque, ou ângulo de estol, é o maior ângulo permitido, a determinada velocidade, para manter o avião voando sem perder altura.

O aumento da velocidade do avião compensa o ângulo crítico até certo ponto. Mesmo a alta velocidade um avião poderá estolar, desde que seja ultrapassado seu ângulo crítico de estol, pois os filetes de ar no extradorso da asa entrarão em turbilhonamento da mesma forma.

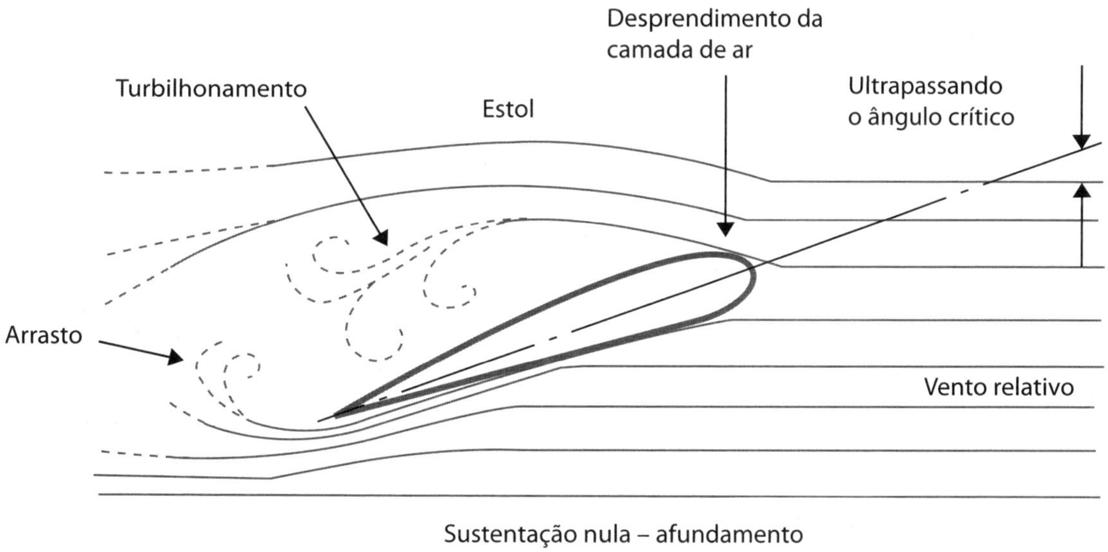

Figura 4.4: Ângulo crítico e velocidade de estol.

Nos aviões menores não existe uma indicação de ângulo de ataque para o piloto. Para que possa se prevenir do estol, deverá basear-se na velocidade indicada pelo velocímetro, Existe uma velocidade de referência que varia de um tipo de avião para outro, denominada *velocidade de estol*. Essa velocidade é a mínima velocidade permitida para manter o avião voando sob controle, antes de atingir o ângulo de ataque correspondente ao estol.

Para melhor entender o que foi descrito, o aluno piloto deve considerar o seguinte:

- Aumentando a potência do avião, isto é, acelerando-se o motor, aumentar-se-á o número de rotações da hélice, resultando em maior tração e, portanto, em um aumento na velocidade aerodinâmica.
- Se erguermos o nariz do avião, aumentaremos o ângulo de ataque das asas e o avião tenderá a subir e a velocidade diminuirá.
- Se aumentarmos a potência, mantendo o ângulo de ataque menor, o avião aumentará sua velocidade aerodinâmica.
- Se tirarmos a potência, diminuiremos a velocidade e o nariz do avião baixará, tendendo a descer. Para mantê-lo voando na mesma altura, devemos aumentar o ângulo de ataque das asas. Esse ângulo de ataque poderá ser aumentado até que o velocímetro nos indique a velocidade de estol. Daí para a frente, para ficarmos numa faixa de segurança, a fim de evitar o estol, deve-se: aumentar a potência e, consequentemente, a velocidade e também diminuir o ângulo de ataque; ou baixar o nariz do avião, diminuindo o ângulo de ataque, até que seja atingida uma velocidade segura.

4.2 Outras forças agindo sobre o avião

Para facilidade de apresentação e compreensão do aluno, citamos antes as forças: *Peso (W), Tração (T), Arrasto (D) e Sustentação (L),* como principais, Isso não quer dizer que a força de torque e a for-

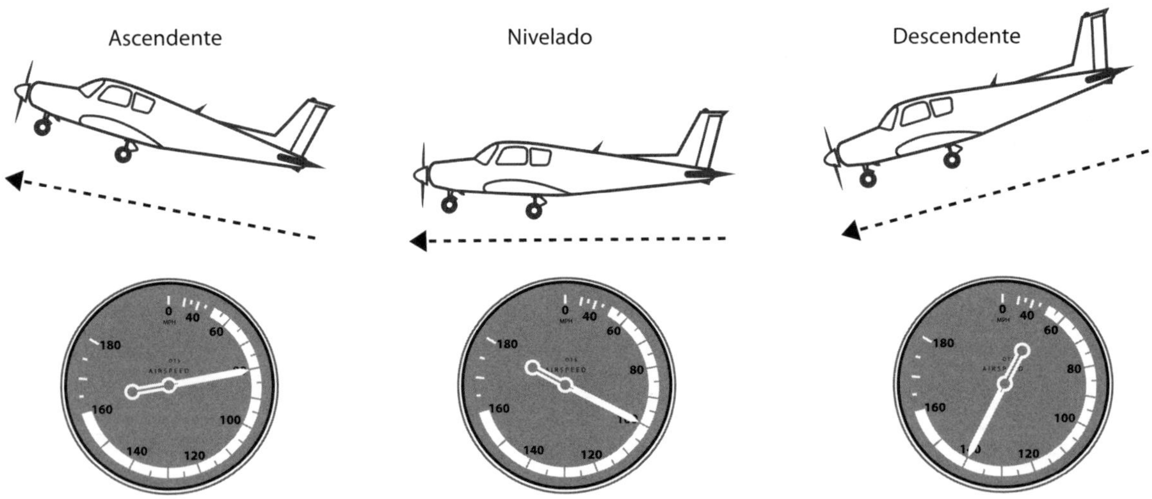

Figura 4.5: A velocidade é sensível às variações de atitude de nariz (*pitch*) quando a potência é mantida constante.

ça centrífuga (G) não tenham importância. Vamos analisá-las separadamente, para tomar mais fácil sua compreensão.

Efeito de torque – Durante a corrida do avião no solo, o aluno piloto irá sentir o efeito da força do torque da hélice. Essa força resulta num efeito que tende a desviar o avião para a esquerda do eixo da pista. Essa tendência, para guinar à esquerda também será sentida em configuração de voo em baixa velocidade, com grandes ângulos de ataque.

O efeito de torque é ocasionado, basicamente, pela força de rotação da hélice que gera uma reação contrária do avião, ou de contrarrotação. Como a hélice gira para a direita (do ponto de vista do piloto sentado ao comando), portanto, no sentido horário, o efeito de torque será no sentido anti-horário, Será a reação à tendência do avião de deslocar-se para a esquerda. Para compensar essa tendência do avião, tanto no solo como em certas configurações de voo, de guinar para a esquerda, o piloto deverá pisar o pedal direito de comando – "calçando o pedal" e mantendo o avião alinhado com o eixo da pista.

A tendência de fazer o avião girar para a esquerda não é realmente causada unicamente pela força de torque da hélice. Citamos somente este fator para não confundi-lo nesta fase introdutória do aprendizado. Você verá posteriormente que a tendência de guinar para a esquerda é ocasionada por outros efeitos como: efeito giroscópio, efeito de saca-rolha do turbilhão de ar gerado pela hélice e efeito de carga assimétrica sobre a hélice (fator P). Por ora, basta a você ter consciência de que existe um "torque" cujo efeito tende a guinar o avião para a esquerda e saiba a maneira de compensar esta força, ou seja, "calçando" o pedal direito.

Força centrífuga – A força centrífuga ocorre somente quando o avião entra em curva ou muda de direção (horizontal ou verticalmente), em relação à sua trajetória de voo. A força centrífuga tem sentido contrário ao raio da curva executada pelo avião, isto é, tende a afastá-lo para fora do centro da curva.

Fator de carga (conceito básico inicial) – Toda força aplicada sobre um avião capaz de desviá-

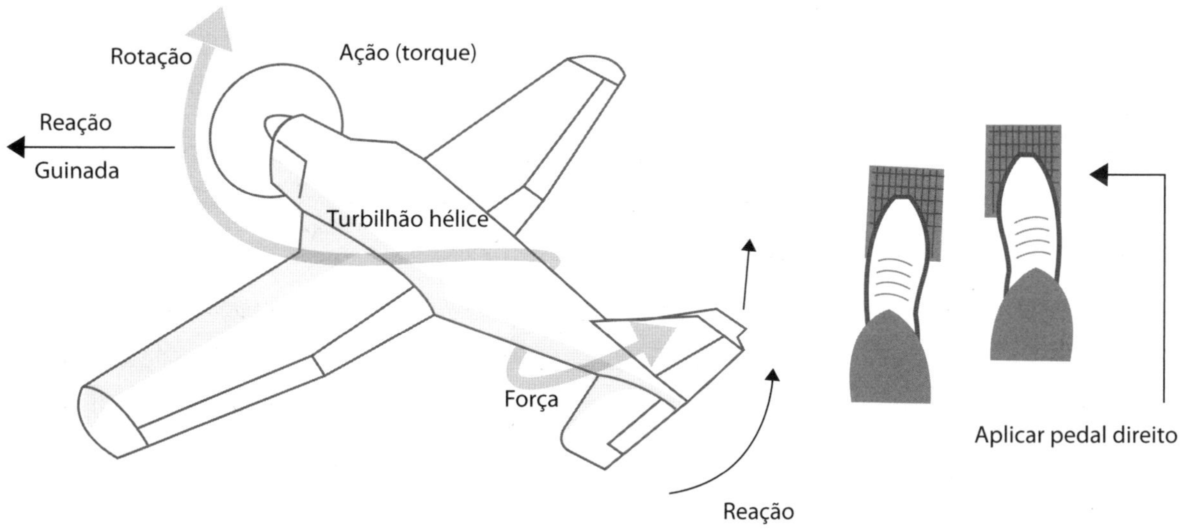

Figura 4.6: Compensando a força do torque e o efeito do fluxo do turbilhão da hélice.

-lo de uma trajetória retilínea, produz um esforço (estresse) tensional sobre sua estrutura. Esse esforço estrutural é denominado "fator de carga". O fator de carga é a razão entre o esforço aerodinâmico exercido sobre as estruturas e o peso bruto do avião.

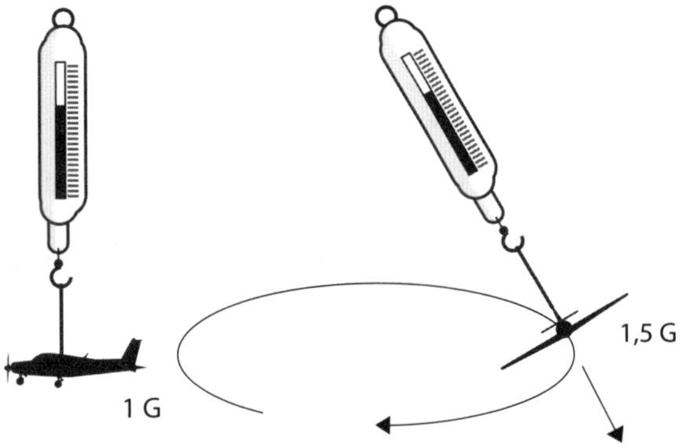

Figura 4.7: Fator de carga em curva.

O piloto deve conhecer os fatores de carga limite de seu avião, para saber evitar cargas além dos limites estabelecidos pelo fabricante. Assim sendo, um avião com limites estruturais para determinado desempenho não poderá ser empregado em outra atividade que não aquela para a qual foi construído, Por exemplo: um avião de transporte normal não poderá ser empregado em manobras acrobáticas, pois a resistência de sua estrutura não suportará os fatores de carga desse tipo de voo, podendo resultar em danos estruturais perigosos. Manobras abruptas, como recuperações bruscas de mergulho, aumentam sobremaneira o fator de carga sobre as estruturas do avião.

Da mesma forma, a penetração em área de turbulência deve ser feita a velocidade mais reduzida, para evitar esforços excessivos sobre as estruturas da aeronave.

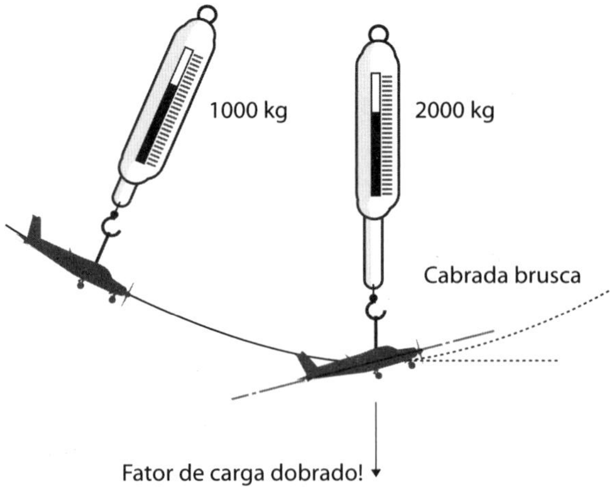

Figura 4.8: Fator de carga em recuperação.

Quando puxamos o manche, fazendo subir o avião, estaremos sujeitando o avião e nosso próprio organismo a uma força contrária à força da gravidade, chamada G+ (G positivo). Em caso contrário, quando o piloto empurrar o manche, fazendo o avião afundar mais ou menos bruscamente, no sentido da força de gravidade, estará induzindo sobre si e o avião, uma força G- (G negativo).

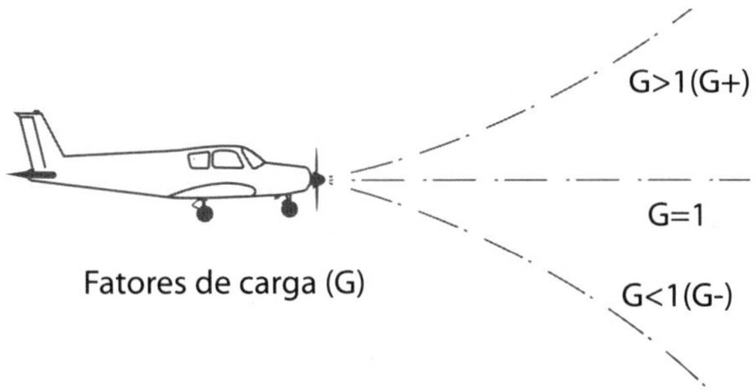

Figura 4.9: Fatores de carga positivos e negativos.

Existem placas de aviso, nos painéis dos aviões, que estabelecem os fatores de carga (G) limites para o tipo de aeronave. Assim, um avião de categoria normal virá com uma placa de aviso especificando o número de (G) limite. Exemplo: 3,8G (+) e 1,6G (-), não sendo permitidas manobras acrobáticas ou parafusos intencionais. Mais algumas informações sobre fatores de carga, em relação ao tipo de aeronave, serão vistas no capítulo sobre manobras aceleradas de estol.

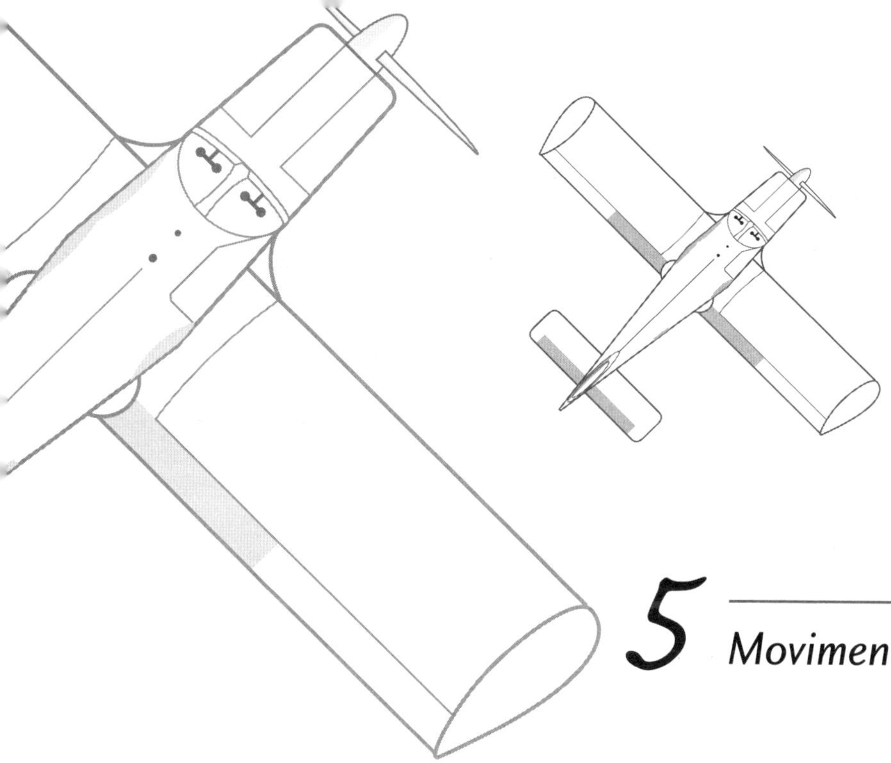

5 Movimentos do avião no espaço – ação dos comandos

Os movimentos do avião, no espaço, são tridimensionais, ou seja, em três direções: para os lados, para a frente e para cima ou para baixo. Muitas vezes esses movimentos se conjugam ao mesmo tempo, pois um avião pode estar deslocando-se para frente, subindo (ou descendo) e executando um movimento de curva para um dos lados. Para o estudo desses movimentos, consideramos três eixos imaginários, que atravessam o avião e em torno dos quais o aeroplano gira, executando seus movimentos. Esses eixos são perpendiculares entre si, cruzando-se no mesmo ponto, que coincide com o *centro de gravidade (CG).*

Eixo longitudinal – Vai do nariz até a cauda do avião, atravessando a fuselagem no seu comprimento. O avião gira em tomo desse eixo, inclinando-se para um lado ou outro. As inclinações das asas do avião, em torno do eixo longitudinal, recebem o nome de movimento de *rolamento.*

Eixo vertical – Atravessa o avião perpendicularmente à sua fuselagem. O movimento do avião, desviando o nariz para a esquerda ou direita, chama-se *guinada.*

Eixo transversal – Atravessa o avião da ponta de uma asa à ponta da outra. Os movimentos do avião em tomo desse eixo, levantando ou abaixando o nariz, recebem o nome de *tangagem.*

Pelo que vimos até agora, podemos concluir que, para ser possível o voo de avião, os elementos essenciais abaixo deverão estar presentes e conjugando-se:

- o ar atmosférico, com densidade apropriada;
- o aerofólio (asas do avião);
- o vento relativo (fluxo de ar em torno dos aerofólios a uma velocidade suficiente para gerar reações aerodinâmicas,

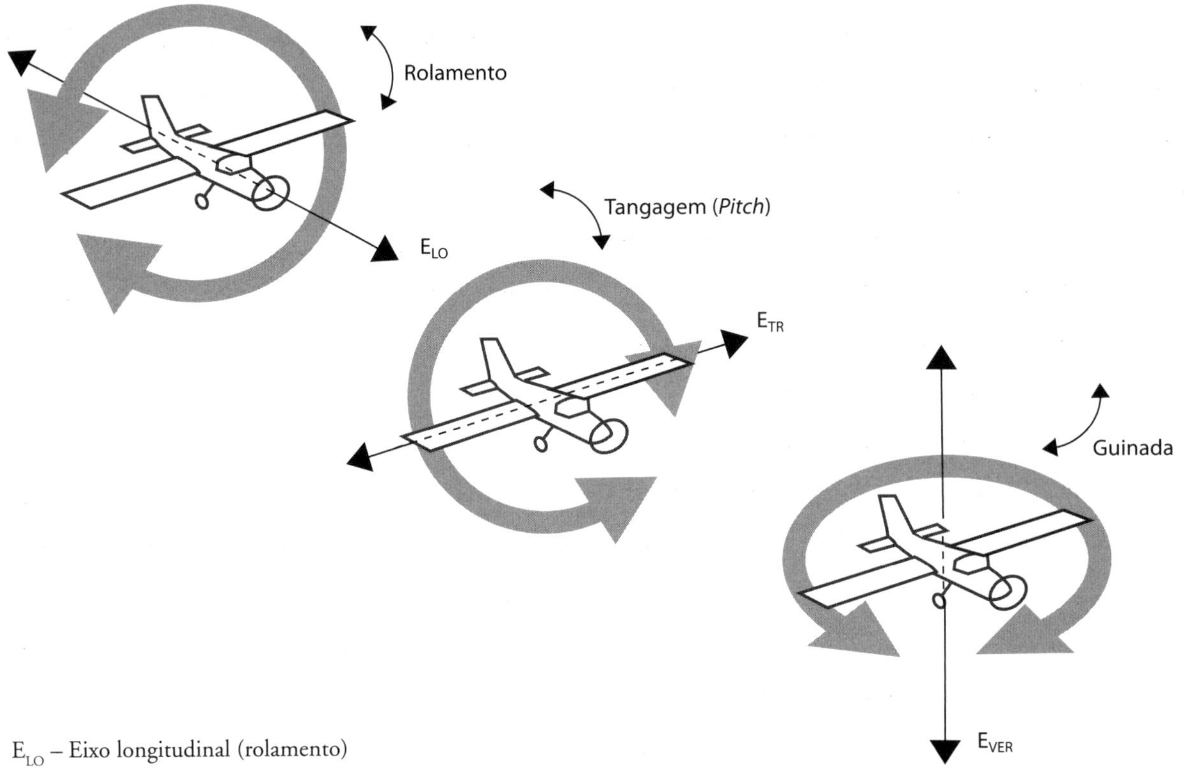

E_{LO} – Eixo longitudinal (rolamento)

E_{TR} – Eixo transversal (tangagem – *pitch*)

E_{VER} – Eixo vertical (guinada)

FIGURA 5.1: Eixos de movimento do avião.

transformando-as em energia de sustentação no ar);

- superfícies de controle – a serem comandadas para dirigir o avião no espaço aéreo.

Analisamos antes o espaço aéreo e seu comportamento, a forma necessária das asas para transformar o fluxo de ar em sustentação e chegamos a concluir que o movimento relativo das asas (aerofólios), em meio à massa de ar, a uma velocidade aerodinâmica adequada, vai gerar o vento relativo. Quando descrevemos as partes componentes do avião, também já citamos as superfícies de controle: aileron, leme, profundor, flapes e estabilizadores.

A máquina avião é todo um conjunto mecânico criado para aproveitar as pressões do ar geradas pelo vento relativo, transformando-as em *forças*, cuja energia é controlada pelo piloto, dirigindo o avião no espaço.

As inclinações das superfícies de controle defletem o fluxo de ar que vai de encontro a elas, causando desvios no avião e, com isso, fazendo-o ocupar posições (atitudes) diferentes no espaço, movendo-se em torno dos eixos virtuais, antes analisados. A pilotagem consiste em conhecer as forças capazes de agir sobre as estruturas do avião, sabendo controlá-las, atuando o piloto sobre as superfícies de controle.

As superfícies de controle são acionadas pelos comandos, por meio de sistemas mecânicos de cabos e roldanas. O piloto usa a cabeça para raciocinar, os pés para pressionar os pedais e as mãos para acionar o manche, os compensadores, os manetes, as alavancas, as chaves, as teclas e os interruptores.

A pilotagem requer uma ação conjunta e coordenada de pressões sobre os comandos, fazendo da máquina apenas uma extensão do próprio aviador, cujo cérebro estará dirigindo o avião. O lugar convencional do piloto em comando é o assento anterior da esquerda. Ao ocupar esse lugar, o homem terá à sua frente o manche, o painel de instrumentos e o console de manetes e à sua direita a alavanca dos flapes, em meio aos bancos.

No assoalho estarão os pedais, que serão pressionados com as pontas dos pés, ficando os calcanhares apoiados sobre o assoalho. O manche será acionado com a mão esquerda, ficando a mão direita livre para agir sobre outros comandos (manetes, alavancas, teclas etc.). Todos os comandos devem ser acionados com suavidade. Em voo, bastarão pequenas pressões sobre o manche e os pedais para obter-se uma resposta pronta e sensível do avião, tendo como resultado uma mudança de atitude dele.

5.1 Os controles

Manche – O manche controla, conjuntamente, o movimento dos ailerons e do profundor. O manche, trazido para trás, em direção ao piloto, faz erguer-se o profundor. Quando em voo, o nariz do avião subirá. Quando o manche é levado para a frente, descerá o profundor e o nariz do avião afundará. Os movimentos de subir ou descer o nariz do avião (tangagem) em torno do eixo transversal recebem, também, os nomes de *picar* (nariz para baixo) e *cobrar* (nariz para cima). A posição vertical do nariz do avião em relação ao horizonte é chamado de *pitch* em inglês, termo muito empregado em aviação.

Tornou-se termo internacional, sendo, no entanto, difícil encontrar-se palavra adequada em português. O grau de *pitch* do nariz, para cima ou para baixo, fará variar, em consequência, o ângulo de ataque das asas.

As alterações de RPM da hélice, em função das variações de aceleração do motor, também modificam o *pitch* do nariz. Com mais potência, o nariz tende a subir. Diminuindo-se a potência, o nariz tende a descer.

Variando-se o ângulo de ataque (pela ação de empurrar ou puxar o manche) e a RPM (agindo sobre o manete de potência), conjugam-se dois fatores de controle: ângulo de ataque e velocidade aerodinâmica. Em consequência, o piloto comandará ao avião uma atitude de subida ou descida e uma variação para mais ou menos em sua velocidade aerodinâmica.

O manche, girando para os lados, atuará sobre os ailerons. Já dissemos antes que os ailerons têm inclinações opostas, ou seja, quando o aileron esquerdo ergue-se, o direito é inclinado para baixo, e vice-versa.

Se o manche é girado para um dos lados (digamos para o lado esquerdo), o aileron esquerdo é levantado e o direito baixado. O aileron esquerdo, sendo erguido, reduzirá a sustentação da asa esquerda (esta descerá, inclinado-se para a esquerda), enquanto, no lado direito, o aileron baixado aumentará a curvatura do perfil aerodinâmico da asa. Em consequência, aumentará sua sustentação e ela se erguerá no ar. O avião estará girando sobre seu eixo longitudinal, sempre para o lado do aileron erguido

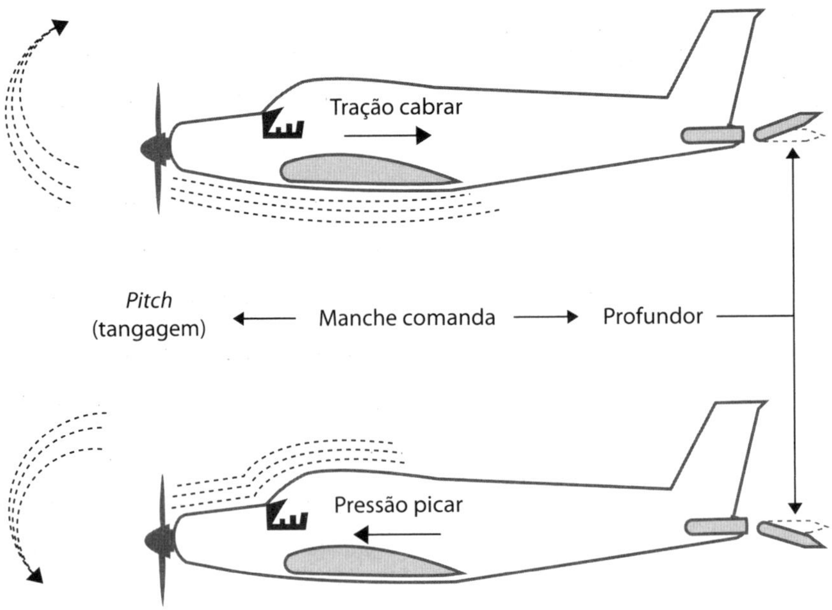

Figura 5.2: O manche comanda o profundor.

(manche para esse lado). Essa rolagem (inclinação lateral do avião) ocasiona uma divisão da força de sustentação em duas componentes: uma vertical e outra horizontal. A componente horizontal combina-se com a força de tração e faz o avião *entrar em curva* para o lado da asa baixada. Portanto, a ação do manche girado para um lado ou para outro, inclinando o avião, é que determina a trajetória do voo em curva. Contrariamente ao que leva o piloto principiante a pensar, não é o leme de direção que faz o avião entrar em curva e sim, como vimos, a ação dos ailerons.

Concluindo, o comando do manche serve para nivelar as asas do avião ou para incliná-las, Se a inclinação for mantida, o avião entrará em curva para o lado da asa baixada. O manche empurrado ou puxado trará, respectivamente, o nariz do avião para baixo – picando-o e diminuindo o ângulo de ataque – ou para cima – cabrando-o e aumentando o ângulo de ataque.

O aluno aprenderá, gradativamente, a agir sobre o manche, conjunta e coordenadamente, exercendo pressão ou alívio, ao mesmo tempo que gira o manche, obtendo a reação do avião de subir ou descer, com as asas niveladas ou inclinadas.

Pedais – Os pedais comandam o leme. Aplica-se o pedal conjunta e coordenadamente para o mesmo lado do giro do manche, para obter-se uma curva coordenada. Por quê?

Durante a inclinação das asas, a asa baixada tende a adiantar-se sobre a asa levantada (pois esta, tendo sua sustentação aumentada, terá também maior arrasto e será "segura" pela resistência do ar). Isso faz que o nariz do avião tenha a tendência de guinar para o lado contrário à curva. Esse fenômeno aerodinâmico chama-se *efeito adverso dos ailerons*. A fim de compensar esse efeito, aplica-se pressão sobre o pedal do lado do qual está sendo girado o manche, ou seja, para o lado da asa baixada. A não neutralização do efeito adverso dos ailerons (pela aplicação de pedal a favor) causa um escorregamento para dentro da curva – "glissada".

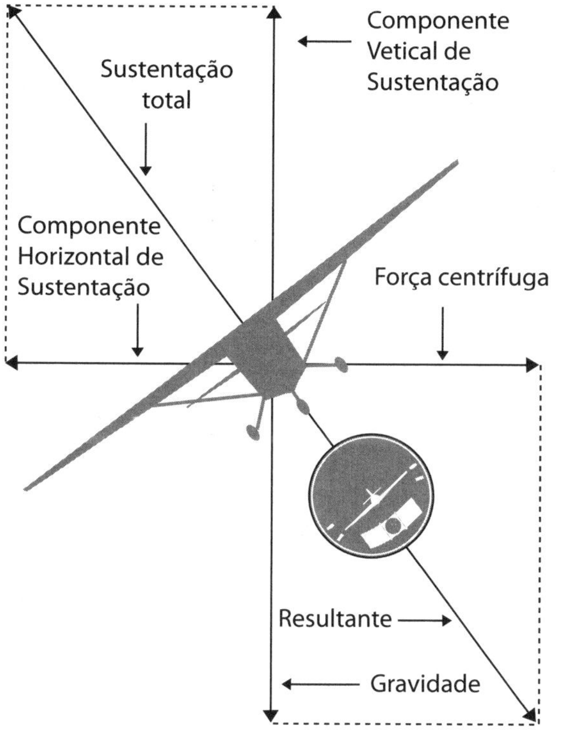

Figura 5.3: Forças numa curva.

Caso aperte-se muito o pedal (leme em excesso), a curva ficará muito fechada e o avião tende a "derrapar", escorregando para fora da curva. A melhor orientação instrumental, para o piloto, é o indicador de curva e derrapagem (TURN e BANK), que citamos antes. Vamos agora analisar seu uso. O indicador de curvas nada mais é do que um inclinômetro, em que a esfera imersa em líquido reage a forças naturais. O tubo é recurvado de tal maneira que, durante uma manobra de voo coordenada, a força centrífuga e a gravidade fazem que a esfera repouse no meio do tubo, entre duas marcas apropriadas.

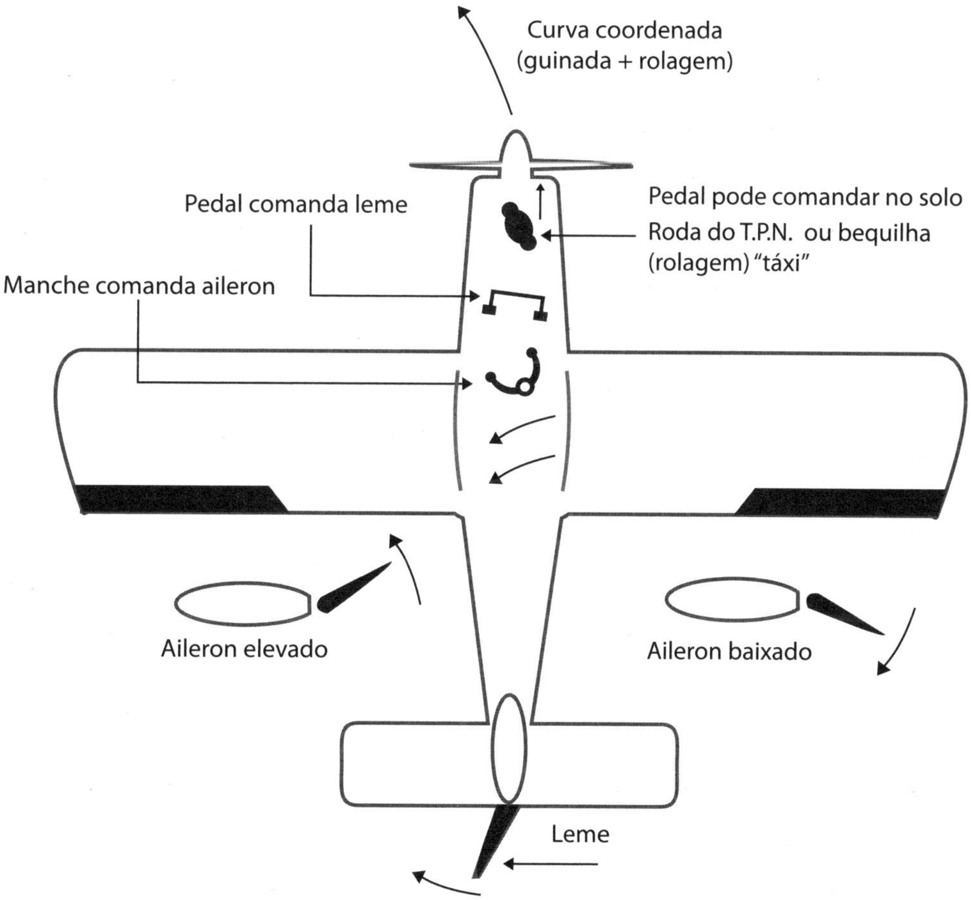

Figura 5.4: Ação dos comandos – manche e pedal.

Quando os efeitos de força centrífuga e gravidade tornam-se desequilibrados, a bolinha preta move-se para fora do centro da cápsula. Quando o raio da curva executada pelo avião é proporcional à inclinação de suas asas, o avião estará descrevendo uma curva coordenada e a bolinha permanecerá no centro. Quando o avião estiver descrevendo uma curva muito fechada e desproporcional à inclinação das asas, estará ocorrendo uma derrapagem e a bolinha será forçada para o lado de fora da curva.

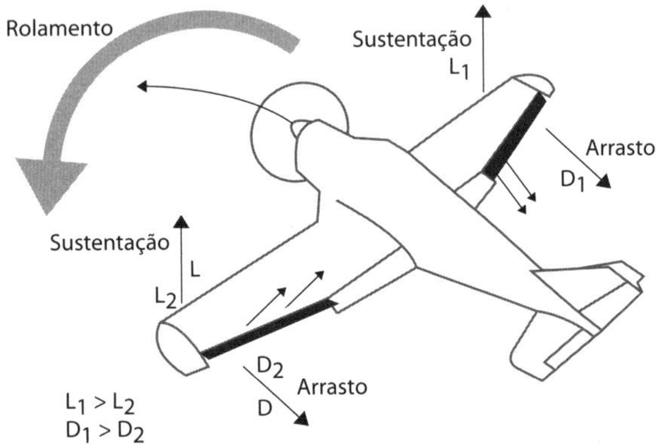

Figura 5.5: O efeito dos ailerons proporciona o rolamento e a entrada em curva.

Se a inclinação da curva for muito grande e desproporcional ao raio, o avião estará glissando e a esfera sairá do centro, caminhando para o lado de dentro da curva.

Uma "derrapagem" ou "glissada" do avião em voo é muito parecida com o que ocorre com um automóvel ao entrar numa curva de estrada.

Um automóvel, correndo demasiadamente, irá derrapar se fizer uma curva de pista que não seja suficientemente inclinada. Por outro lado, se a estrada apresentar-se com um grau de inclinação muito acentuado, o carro terá de vir a uma grande velocidade para não cair para dentro da curva. (Essa você entendeu, não é mesmo?)

Nas manobras práticas de voo você será orientado sobre como executar curvas coordenadas, corrigindo-se pela referência ao "Turn e Bank".

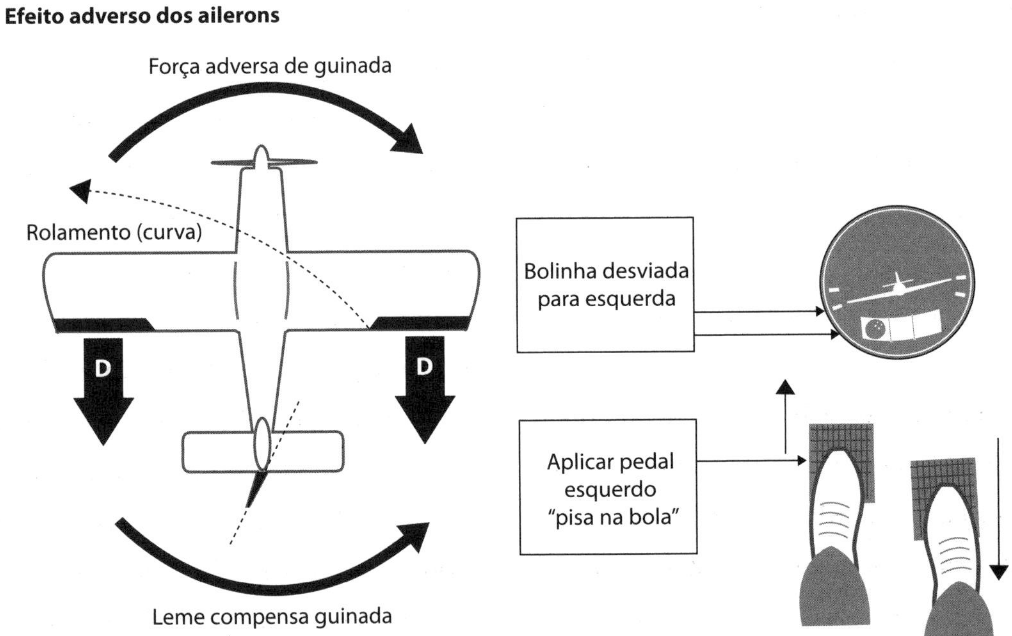

Figura 5.6: Guinada adversa e sua correção.

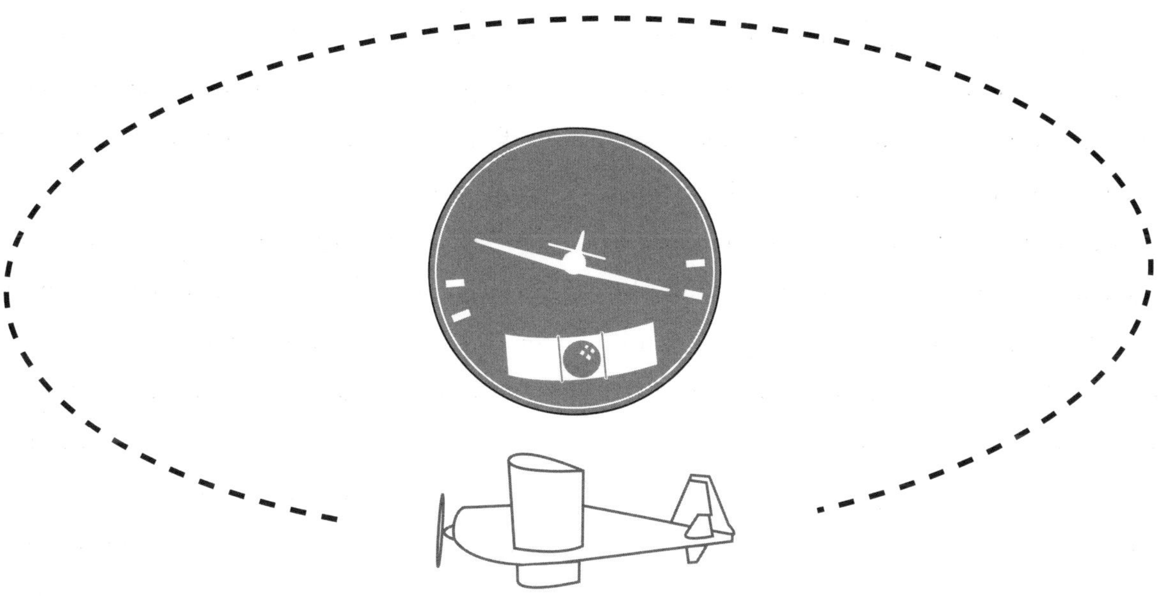

FIGURA 5.7: Curva de razão padrão (3° por segundo).

O indicador de inclinação (aviãozinho) é acionado por um giroscópio elétrico. Indica a *razão* (número de graus por minuto) em que o avião está efetuando a curva. Quando a ponta da asa do avião-silhueta indicar a segunda marca lateral, o avião estará efetuando uma razão de curva de 3° por segundo. Dizemos, então, que está sendo efetuada uma *curva padrão* ou uma *curva de um minuto*, o que equivale a dizer que, em um minuto, o avião efetuará 180°, desde que seja mantida exatamente aquela inclinação padrão. De fato:

1 min = 60 s   60 x 3° = 180°

Manete de potência – Aumenta ou diminui a aceleração do motor e, consequentemente, as rotações da hélice (RPM), aumentando ou diminuindo a força de tração (T). Maior potência (RPM) leva o nariz do avião a subir, se não for diminuído o ângulo de ataque; empurrando-se o manche para a frente. Diminuindo-se a potência (RPM) o nariz do avião tende a mergulhar, a não ser que aumentemos o ângulo de ataque (trazendo o manche para trás).

Compensadores – Servem para estabilizar o avião em determinada atitude, sem que seja necessária uma pressão positiva ou negativa constante sobre o manche. Isso quer dizer que: sempre que o avião for compensado em sua tendência de voltar à posição original, pela inclinação dos estabilizadores (ou equilibradores), ele deverá manter-se na nova atitude (nariz para cima – nivelado – ou nariz para baixo), sem que o piloto atue sobre o manche. Diz-se então que o avião está estabilizado. A cada mudança de atitude, imposta pela variação do ângulo de ataque ou variação da potência, será necessário estabilizar o avião. O piloto fará rodar o comando do compensador ou estabilizador para a frente (picar) ou para trás (cabrar).

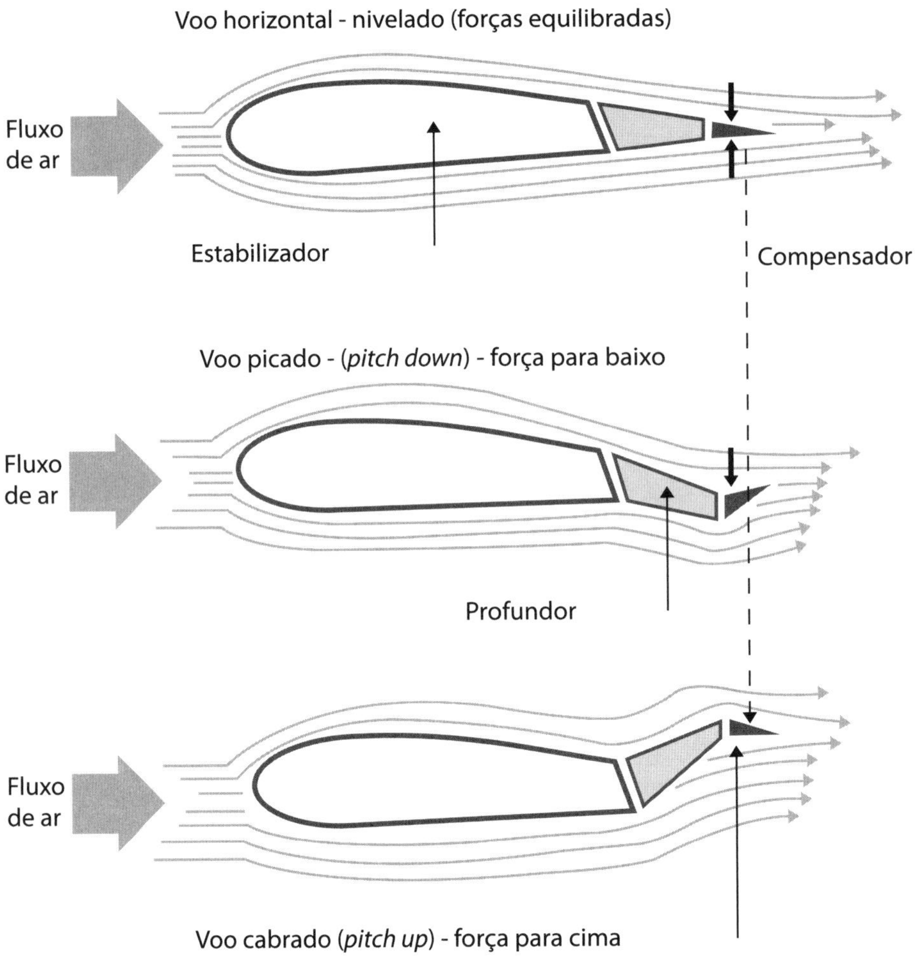

Figura 5.8: Ação do compensador do profundor e estabilização em voo nivelado, picado e cabrado.

Alavanca dos flapes – Os flapes, quando baixados, agem como dispositivos hipersustentadores. Aumentam a curvatura do perfil do aerofólio. No entanto, o arrasto criado pelos flapes também aumenta proporcionalmente.

Os flapes abaixam-se ao mesmo tempo, de ambos os lados e possuem três posições de inclinação:

- pequeno ângulo – 10º (um dente de flape);
- médio ângulo – 25º (dois dentes de flape);
- grande ângulo – 40º (três dentes de flape ou todo o flape).

Os flapes são superfícies auxiliares de comando, sendo empregados, normalmente, apenas nas operações de pouso e em alguns casos de decolagem, para ajudar a manobra, com velocidade menor, aumentando a sustentação no ar.

As operações normais de pouso são feitas com 25º de flape (dois dentes). Isso permite uma aproximação da pista a menor velocidade e num ângulo de trajetória de descida mais acentuado.

A vantagem de aproximar-se a menor velocidade é de se poder executar pousos mais curtos, isto é, consumindo menor quantidade de pista na corrida de pouso, após o toque das rodas no solo.

O terceiro dente – todo o flape, ou 40º de flape, somente deverá ser usado quando o pouso realmente estiver garantido, não havendo mais dúvida de que será levado a efeito. Isso porque o flape total causa grande arrasto, podendo levar a uma situação crítica caso o avião tenha de cancelar o pouso, estando a baixa altura e tendo de arremeter em frente.

Em algumas situações, de pistas curtas ou com o piso em mau estado, usa-se o flape também para a decolagem, com a finalidade de tirar o avião do solo a menor velocidade e com uma consequente menor corrida de decolagem. Nunca será usado flape total (40°) para decolagem, pois o grande arrasto gerado não compensa a sustentação obtida.

Manche e pedal oposto – Para certas operações de voo especiais, cruzam-se os comandos, isto é, pressiona-se o pedal contrário em relação ao lado para o qual foi girado o manche. Esse comando cruzado é empregado para obter um afundamento rápido do avião, sem aumento da velocidade. Logicamente, antes de fazê-lo, reduz-se toda a potência. Essa manobra chama-se *glissada*.

Girando o manche para um lado e dando leme para outro (pedal oposto), expõe-se uma grande superfície lateral do avião ao vento relativo, produzindo o máximo de arrasto. O resultado será uma descida acentuada, sem aumento de velocidade. Como veremos adiante, antes de se cruzarem os comandos, o avião deverá estar com toda a potência reduzida e estabilizado para uma atitude de planeio. A referência será dada pela velocidade indicada no velocímetro, estabelecida pela angulagem de ataque (manche).

No voo planado, a tração é fornecida pelo próprio peso do avião (pois a hélice estará girando tão devagar que não proporcionará tração) e a velocidade aerodinâmica é controlada pelo *pitch* do nariz. Existe uma Vi de planeio para cada tipo de avião, e o piloto deve conhecê-la (será visto).

Analise o Quadro 5.1 para uma visão geral sobre a ação dos comandos.

Quadro 5.1 – Quadro sinótico: ação dos comandos

Comando aplicado	**Controle acionado**	**Variação obtida**	**Movimento resultante**	**Desempenho aerodinâmico**
Manche à frente	Profundor	Profundor deflete para baixo	Nariz desce	Avião mergulha: aumenta a velocidade aerodinâmica.
Manche para trás	Profundor	Profundor deflete para cima	Nariz sobe	Avião tende a subir: diminui a velocidade aerodinâmica. Aumenta o ângulo de ataque.
Manche girado para os lados	Ailerons	Um aileron sobe e um aileron baixa	Inclinação das asas	Curvas coordenadas: com o auxílio de pedais. Curvas descoordenadas: aplicação defasada de pedais.
Pedal	Leme	Leme deflete para o lado do pedal acionado	Nariz guina para o lado do pedal acionado	Somente aplicação de pedal: derrapagem ou guinada. Pedal e manche: curva

Continua

Continuação

Comando aplicado	Controle acionado	Variação obtida	Movimento resultante	Desempenho aerodinâmico
Manete de potência à frente	Motor; hélice	Aumento da RPM da hélice	Aumento da tração	Nariz do avião sobe: aumenta ângulo de ataque; diminui VI (*); avião sobe. Se mantiver avião nivelado: aumenta VI (*).
Manete de potência para trás	Motor; hélice	Diminui RPM da hélice	Diminui a tração	Nariz do avião mergulha: diminui ângulo de ataque; avião desce. Se mantiver avião nivelado: diminui VI (*).
Alavanca dos flapes	Flapes	Aumenta sustentação e arrasto	Avião muda a atitude	Aumento da sustentação com menor VI.
Comando do compensador	Compensador ou estabilizador	Compensa o esforço sobre o manche ou pedal	Estabiliza o avião na atitude	Estabilização a cada mudança de ângulo de ataque mantido ou ajuste de potência estabelecido.
Manete da mistura	Injetor do carburador	Mistura rica a mistura pobre		Variação no desempenho do motor e economia de combustível, em razão da altitude (densidade do ar).
Alavanca do ar quente	Fluxo de ar quente	Aquecimento nas tubulações do carburador		Queda (100 RPM) do rendimento do motor. Previne a formação de gelo nas tubulações do carburador.

(*) VI = Velocidade aerodinâmica indicada (no velocímetro).

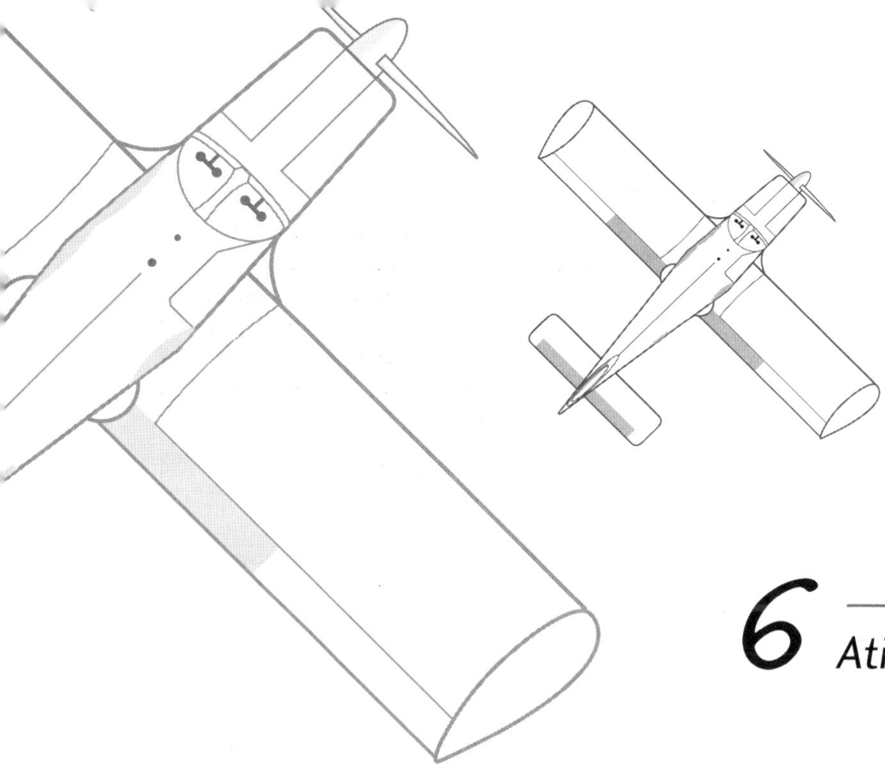

6 Atitudes do avião no espaço

Denomina-se *atitude* do avião sua posição espacial, tomando-se como referência a linha do horizonte. Para cada tipo de voo o avião estará na atitude correspondente. A atitude de uma aeronave será estabelecida pela posição do nariz e das pontas das asas em relação à linha do horizonte. O nariz do avião apontado abaixo, no nível ou acima da linha do horizonte, em graduações diversas, assim como as pontas das asas ligadas, por referência visual, à mesma linha mostrarão ao piloto a postura espacial ou atitude que o avião mantém. Para estabelecer seu senso de equilíbrio completo, de noção de posição espacial, o organismo humano *necessita* da referência visual. Podemos antecipar sua conclusão dizendo que, para o voo estritamente visual, o piloto necessita enxergar a linha do horizonte.

A atitude do avião poderá ser estabelecida pelo piloto, olhando para a frente e para os lados; ligando partes da estrutura do avião com o horizonte natural, na mesma linha de visada. Ao olhar para a frente, seu campo visual abrangerá o painel do avião, seu nariz e a linha do horizonte.

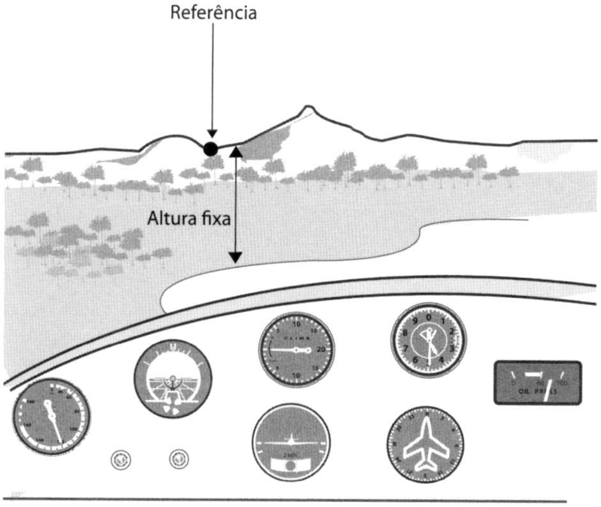

Figura 6.1: Referência visual em voo reto horizontal – atitude do nariz em relação à linha do horizonte.

Estabelecendo uma referência entre o topo do painel ou uma parte da carenagem do motor e a linha do horizonte, o piloto, com certa prática, poderá usar essa referência constante para manter determinada atitude do avião.

Vejamos: se o topo do painel estiver coincidindo com a linha do horizonte, o avião estará voando reto e horizontalmente; se o topo do painel estiver certa quantidade abaixo da mesma linha, o avião estará descendo. Se a mesma referência estiver acima da linha do horizonte, o avião estará subindo.

Olhando-se para os lados, a posição das pontas das asas em relação à linha do horizonte (no nível, acima ou abaixo), indicarão se o avião está com as asas niveladas, levemente inclinadas, entrando em curva e o grau de inclinação da curva.

Já vimos que, quando não existe referência visual (voo em condições meteorológicas por instrumentos dentro de formações opacas), a atitude espacial do avião é fornecida pelo *horizonte artificial* ou *indicador de atitude*. No entanto, o emprego desse instrumento requer um treinamento especial (físico e psicológico), não sendo empregado nessa fase de aprendizagem.

Outros instrumentos essenciais ao avião servirão para ajudar o piloto a estabelecer e manter as atitudes do avião, de forma correta e técnica, nas normas do *voo visual*. Esses instrumentos são o velocímetro, o altímetro, o variômetro (*climb*), o *turn e bank* e mesmo a bússola.

A consulta visual a esses instrumentos fornecerá dados ao piloto para mudar ou manter determinada atitude, bem como prever as tendências de o avião mudar de atitude.

No entanto, no voo visual – que é o nosso caso – a verificação dos instrumentos de voo deve ser feita num relance e a curtos intervalos. A atenção principal do piloto deve estar voltada para fora do avião, dominando sempre a área do espaço aéreo que está sendo penetrada. Com a prática, o aluno aprenderá a analisar os instrumentos em conjunto, fazendo sua verificação cruzada (*cross-check*). Será bastante salu-

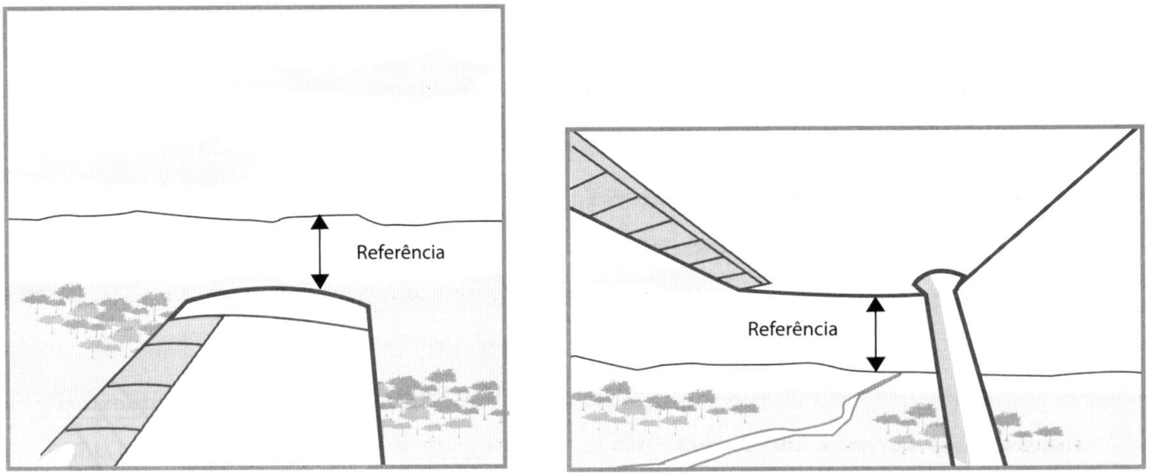

Figura 6.2: Referência visual com o horizonte natural em voo reto horizontal, com asas niveladas. À esquerda: avião de asa baixa. À direita: avião de asa alta.

tar, em termos de segurança, desenvolver o hábito de incluir na verificação visual instrumental a análise dos instrumentos do motor, assegurando-se de que as indicações estão normais, ou seja, pressão e temperatura do óleo, pressão do fluxo de combustível, carga do amperímetro e quantidade de combustível no tanque selecionado.

Vejamos como os instrumentos de voo podem concorrer para estimar a atitude do avião no espaço.

Altímetro – Como o altímetro indica as variações de altitude, estará mostrando se o avião está subindo, descendo ou voando nivelado.

Velocímetro – Se houver variação na velocidade, sem que tenha variado a potência, teremos uma indicação de que houve modificação na atitude (*pitch* do nariz para baixo ou para cima). Se a velocidade aumenta, o nariz do avião está para baixo e o avião estará mergulhando. Se a velocidade diminui, o nariz do avião estará para cima e, provavelmente, subindo. Deve-se, então, fazer o *cross-check*, ou verificação cruzada, com as variações do altímetro e do *climb.*

Variômetro, ou "climb" – O *climb* tem certo retardo em sua indicação, não se devendo prestar atenção a suas indicações isoladamente, mas em conjunto com o altímetro e o velocímetro. Indicará, como já vimos antes, a quantidade de altura ganha ou perdida, na razão de tempo (pés por minuto).

Indicador de curvas e inclinações (pau e bola) – Indica o nivelamento das asas ou sua inclinação e a coordenação dos comandos em curva (bolinha preta centrada), como já analisamos no item 2.3.4.

Bússola – Como a bússola indica as variações de direção magnética, estará indicando a manutenção ou alteração de desvio do nariz do avião e, indiretamente, a entrada em curva. Se os números aumentam de valor, o avião estará fazendo curva para a direita; se os números diminuem de valor, estará fazendo curva à esquerda.

Uma das vantagens de se habituar o aluno piloto a fazer o *check* cruzado dos instrumentos de voo, com a atitude visual do avião, é a de acostumá-lo ao uso desses instrumentos, fazendo-o acreditar em suas indicações, o que, no futuro, o estará condicionando, física e psicologicamente, ao voo sem referências visuais externas, ou seja, ao voo exclusivamente por instrumentos.

6.1 Tipos básicos de voo

Existem algumas configurações ou tipos de voo chamados básicos, pois são as posições básicas do avião (*atitudes*) em relação à linha do horizonte. Todas as demais atitudes do avião são combinações entre si dos tipos de voo básicos, indicados a seguir.

Voo reto horizontal (voo nivelado) – O avião voa reto, horizontalmente em relação ao solo, com as asas niveladas (sem inclinação lateral). O avião não ganha nem perde altura. As quatro forças que agem sobre o avião equilibram-se duas a duas: a *tração* equilibra o *arrasto* e a *sustentação* equilibra o *peso*.

Análise dos instrumentos de voo:

- Altímetro: não deve apresentar variações significativas. Admite-se uma variação máxima de 100 pés para a altitude preestabelecida.

- Velocímetro: indicará uma velocidade constante estabelecida pelo ajuste de potência do motor ou RPM da hélice,
- Variômetro, ou "climb": deverá permanecer a zero, com eventuais pequenas variações em virtude das movimentações de correntes aéreas ascendentes ou descendentes.
- Indicador de curvas: estará nivelado, com a bolinha centrada.
- Bússola: indicará a proa bússola mantida pelo avião e deverá permanecer constante.

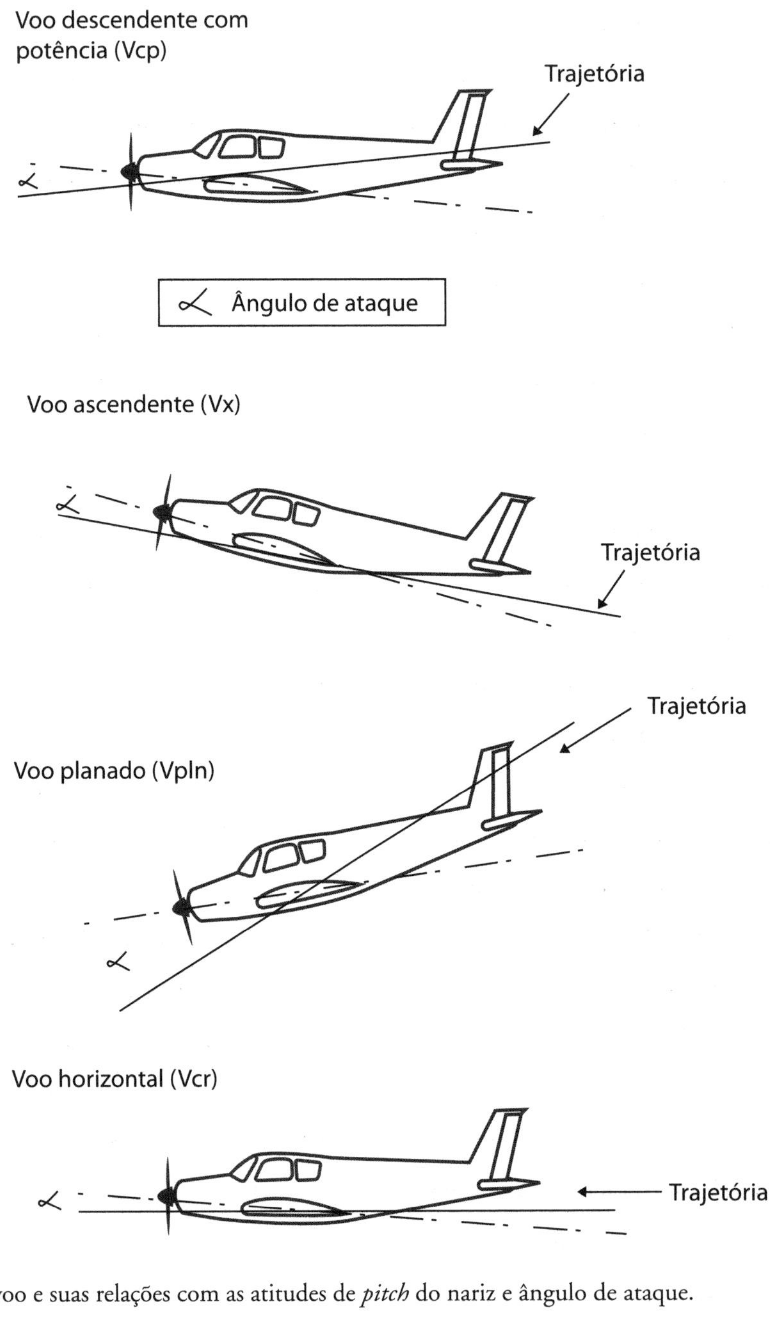

Figura 6.3: Tipos de voo e suas relações com as atitudes de *pitch* do nariz e ângulo de ataque.

Voo reto ascendente (voo de subida) – O avião descreve uma trajetória reta, com as asas niveladas, ganhando altura. A tração do motor suporta parcialmente o peso do avião, e por isso ela é *maior* do que o arrasto. Isso alivia também o esforço exigido da asa, e, por isso, a sustentação é *menor* do que o peso.

Análise dos instrumentos de voo:

- Altímetro: a indicação da altitude aumenta gradativamente.
- Velocímetro: indicará a velocidade de referência operacional estabelecida para determinar grau de *pitch* de nariz e de acordo com a razão de subida desejada e possível tecnicamente. A velocidade de subida variará de acordo com o ajuste de potência e atitude do avião (*pitch* maior ou menor do nariz).
- Variômetro, ou "climb": indicará a razão de subida do voo ascendente.
- Indicador de curvas: estará nivelado, com a linha centrada.
- Bússola: indicará a proa bússola do avião, devendo permanecer constante.

Voo reto descendente (voo de descida) – O avião voa reto, com as asas niveladas, perdendo altura. Nesse tipo de voo, parte do peso traciona o avião, trazendo duas consequências:

- a tração da hélice é *menor* do que o arrasto;
- a sustentação é menor do que o peso.

Uma modalidade de voo reto descendente é o voo reto descendente *planado*. Nesse caso, o motor estará parado ou a hélice girando a tão baixa RPM que será incapaz de fornecer tração. O avião continua voando numa atitude descendente, perdendo altura numa razão constante, dependendo do grau de *pitch* do nariz.

Análise dos instrumentos de voo:

- Altímetro: a indicação do altímetro diminui gradativamente.
- Velocimetro: indicará a velocidade estabelecida, de acordo com o ajuste de potência e o *pitch* do nariz.
- Variômetro, ou "climb": indicará a perda de altitude ou razão de descida em número de pés por minuto.
- Indicador de curva: estará nivelado com a bolinha centrada.
- Bússola: indicará a marcação da proa bússola do avião, numa direção magnética constante.

Voo em curva – Nos voos em curva, além das quatro forças já existentes, desenvolve-se a *força centrífuga*, que tende a afastar o avião para fora da curva. O voo em curva poderá ser reto horizontal, descendente, planado ou ascendente.

Análise dos instrumentos de voo:

- Altímetro: indicará as variações em altitude, durante o voo em curva.
- Velocímetro: indicará a velocidade aerodinâmica estabelecida em função do ajuste de potência e posição do nariz do avião, em relação à linha do horizonte (*pitch*).
- Variômetro, ou "climb": indicará a quantidade de pés por minuto, ganhos ou perdidos, durante o voo em curva.

- Indicador de curvas: o indicador estará inclinado para o lado da curva que está sendo comandada às asas do avião. A bolinha preta estará centrada, se a curva for coordenada pelo equilíbrio entre a ação dos ailerons e do leme.
- Bússola: as marcações magnéticas indicadas sofrerão variações para mais ou para menos, de acordo com o lado para o qual está sendo executada a curva.

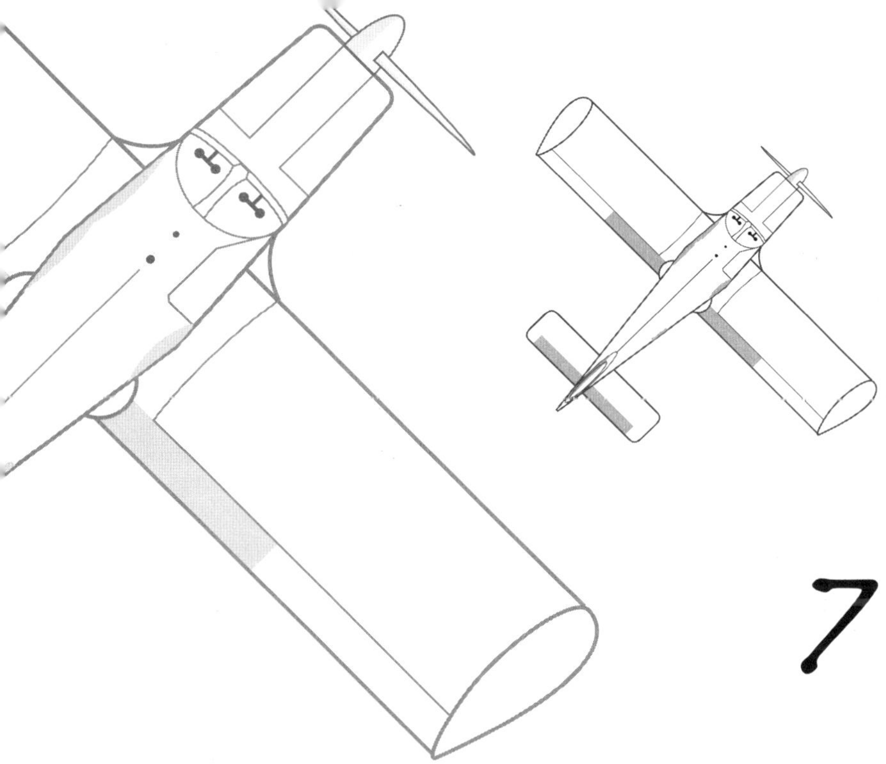

7 Velocidades operacionais

Para o controle do avião, um dos instrumentos mais importantes é o velocímetro, cuja denominação mais correta seria *indicador de velocidade do avião em relação ao ar.*

A velocidade aerodinâmica, já definida, é indicada no velocímetro. Dificilmente a velocidade lida no velocímetro coincide exatamente com a verdadeira velocidade aerodinâmica, pois existem erros do próprio aparelhamento e variações devidas à densidade do ar. No entanto, para efeitos de pilotagem básica, considera-se igual a velocidade aerodinâmica e a velocidade lida no velocímetro ou indicada (Vi).

Existe uma série de velocidades indicadas (Vi) que servem como referência para controle do avião. As velocidades são calculadas pelos projetistas, de acordo com cada tipo de aparelho, em condições padronizadas, e são peculiares a ele.

A leitura dessas velocidades operacionais, ou de referência, fornece ao piloto indicações como: quando decolar; velocidade de manobra; velocidade mínima de controle; e a básica e mais importante das velocidades aerodinâmicas (indicadas), ou seja, a velocidade de estol.

Ao assumir o controle de um tipo de avião, o piloto deverá, antes, conhecer o mais profundamente possível os detalhes de funcionamento desse determinado aparelho. Para tanto, deverá antes ter estudado o "Manual de operações do avião". Esse manual, que acompanha todo avião saído de fábrica, deve acompanhar, obrigatoriamente, os documentos do avião. Todos os itens de verificação, manutenção e operação pertinentes ao equipamento aí estarão relacionados, inclusive as velocidades aerodinâmicas de referência, cujo conhecimento é essencial ao piloto.

Em alguns aviões, essas velocidades vêm indicadas sobre pequenas etiquetas presas ao painel (*placards*). Se, nos aviões que você for pilotar, não houver indicações, consulte o manual de operações do avião e marque essas velocidades sobre um pequeno cartão, deixando-o bem acessível quando for voar.

Vamos analisar essas velocidades operacionais partindo dos símbolos que as representam.

Vr: velocidade para decolagem – Ao atingir determinada velocidade da corrida no solo, variável com o tipo de avião e peso bruto, sabe-se que é chegado o momento de puxar o manche para que o avião decole. A Vr é chamada velocidade de rotação, pois nesse momento o piloto "roda" o avião, erguendo o nariz, aumentando o ângulo de ataque, para alçar voo (aviões triciclos com T.PN.).

Va: velocidade de manobra – É a velocidade recomendada pelo fabricante como velocidade máxima para manobrar o avião, executando curvas e mudanças bruscas de atitude, com deflexão total das superfícies de controle até seus batentes, ou para penetrar em área de turbulência sem que se desenvolvam esforços excessivos de carga sobre as estruturas.

Vno: velocidade normal de operações – Velocidades consideradas normais para operar o avião.

Vne: velocidade máxima estrutural permitida – Nunca exceder (faixa vermelha no velocímetro). Se essa velocidade for excedida, o avião poderá sofrer danos ou falhas estruturais.

Vmc: velocidade mínima de controle – É a mínima velocidade na qual o piloto ainda mantém controle seguro sobre o avião.

Vstol: velocidade de estol – É a mínima velocidade na qual o avião ainda mantém-se voando. Como normalmente não existe um indicador de ângulo de ataque, o piloto deve basear-se na velocidade de estol para prevenir-se contra ele. A velocidade de estol é diferente, de acordo com o arrasto induzido pelo baixar do trem de pouso, ou a hipersustentação gerada pelos flapes. A velocidade de estol geralmente está muito próxima da velocidade mínima de controle, motivo pelo qual nunca se deve voar na velocidade mínima de controle a baixa altura (salvo em configuração de pouso, próximo ao toque no solo).

Vst – Velocidade de estol com o avião "limpo", ou seja, trem de pouso e flapes recolhidos.

Vso – Velocidade de estol em configuração de pouso e flapes baixados, com a potência toda reduzida ou mínima, para manter atitude e velocidade.

Vref – É a velocidade comandada ao avião, quando na configuração de pouso; cruzar a cabeceira da pista a 50 pés de altura (15 metros), numa razão de descida de 500 pés por minuto. A Vref é um estabelecido padrão que, de acordo com a Organização Mundial de Aeronáutica Civil (OACI), deve situar-se 1.3 acima da velocidade de estol (Vso). Isso significa que a Vref deve ser no mínimo 30% maior que a velocidade de estol (estol em configuração de pouso).

Vcr – Velocidade indicada de cruzeiro do avião em voo normal de navegação.

Varia de acordo com o ajuste de potência aplicado (sigla sugerida pelo autor).

Vtráfego – No tráfego de aeródromo, voa-se a uma velocidade menor do que a velocidade de cruzeiro. Para os aviões menores, ela constitui um valor que se situa aproximadamente entre 15% a 20% abaixo da velocidade de cruzeiro (sigla sugerida pelo autor).

Vpln: velocidade de planeio – Velocidade indicada com o motor cortado ou parado. Essa velocidade será mantida pela atitude, do avião (*pitch* do nariz). A melhor velocidade de planeio estabelece a menor perda de altitude em relação à distância longitudinal percorrida (razão de planeio) (sigla sugerida pelo autor).

Vfe: velocidade máxima permitida com os flapes baixados – O ponteiro indicador deve situar-se na faixa branca do velocímetro. É estabelecida para assegurar-se de que não haverá dano estrutural para o sistema de flapes, por excesso de cargas aerodinâmicas.

Vle: velocidade máxima permitida para voar com trem de pouso baixado – Não se aplica aos aviões de trem fixo.

Vap: velocidade de aproximação na reta final de pouso – Situa-se entre a velocidade de tráfego e a Vref. Basicamente, a Vap é estabelecida somando-se 1.4 (40%) a mais na Vso. É estabelecida de acordo com o grau de flapes aplicado e o peso da carga do avião (sigla sugerida pelo autor).

Vamos analisar, com um pouco mais de amplitude, as *velocidades de subida.*

Há três velocidades de subida, com as quais o piloto deve se familiarizar, a fim de obter o melhor desempenho do seu avião. São estas: a velocidade de melhor razão de subida (Vy), velocidade de melhor ângulo de subida (Vx) e a velocidade normal de subida em rota.

Vy: velocidade de melhor razão de subida – Um avião ajustado para uma melhor razão de subida obterá um maior ganho de altitude em dado período de *tempo*.

Vx: velocidade de melhor ângulo de subida – O avião obterá, com essa velocidade, o maior ganho de altitude em relação à *distância* percorrida. Será uma velocidade menor que a Vy, pois o avião subirá com ângulo de subida mais acentuado, procurando ganhar altura, num espaço percorrido menor.

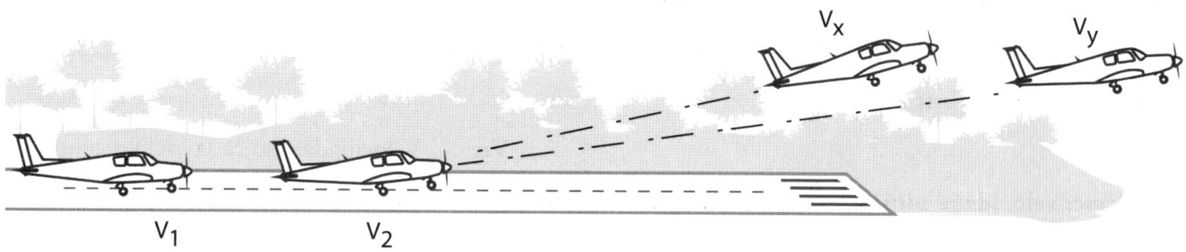

Figura 7.1: Velocidade para melhor ângulo de subida (Vx) e melhor razão de subida (Vy).

A utilidade da Vx é mais evidente em pistas com obstáculos na cabeceira oposta.

Velocidade normal de subida em rota – Esta é estabelecida logo que se ganhe uma altura mínima de segurança sobre o terreno. O avião voará a uma velocidade maior (com ângulo de ataque menor), ganhando altura aos poucos. Essa velocidade de referência permite uma razão de subida em cruzeiro com melhor refrigeração do motor e maior visão à frente do nariz do avião.

8 Performance *de um avião – informação inicial*

A expressão *performance* de um avião equivale a descrever-se a capacidade de desempenho de determinado tipo de equipamento, para que dele se possa obter o melhor rendimento, de acordo com suas características de projeto, peso bruto e condições de densidade do ar. É imprescindível que o piloto conheça os dados de *performance* do avião que vai pilotar para executar um voo seguro e eficiente. Os dados que compõem a *performance* são informações operacionais essenciais que constam no *manual de operações* do avião. São, em síntese, informações sobre:

a) distância a percorrer no solo para atingir a Vr;
b) velocidades de subida (Vx e Vy);
c) razão de subida para determinado ajuste de potência e peso bruto;
d) velocidade de estol;
e) velocidades de manobra e limites;
f) razão de planeio;
g) distância percorrida no solo após o pouso;
h) distância alcançada em voo de cruzeiro em função do consumo de combustível (alcance).

Uma completa familiarização e conhecimento do equipamento somente será possível mediante estudo dos dados fornecidos pelo manual de operações e análise dos dados de performance.

Alguns dados são fornecidos em tabelas, outros em gráficos, ou em ambas as formas. Os cálculos são padronizados pelos projetistas, considerando o desempenho do avião, numa situação estandardizada chamada *atmosfera padrão* ou ISA (ICAO Standard Atmosphere). Como as características atmosféricas nas quais o avião opera têm muito a ver com o seu desempenho, é necessário que o piloto saiba calcular as alterações sobre os dados-padrão para a situação na qual vai operar.

Seguem algumas definições sobre determinantes técnicos, que o aluno deverá conhecer já em sua fase inicial de estudo e treinamento. Conhecendo o significado dos termos, poderá analisar e avaliar melhor o comportamento do avião que irá pilotar.

Componente aprovado de vento cruzado – É a máxima velocidade de vento, atuando pelo través (vento cruzado), para o qual determinado avião apresentou controle adequado durante as operações de pouso e decolagem, quando submetido aos testes de homologação. O valor estabelecido pelo fabricante é um valor padrão, julgado durante as provas, e não é considerado limite para o avião. O componente máximo de vento cruzado é estabelecido como um critério de segurança e deve aparecer afixado num *placard* sobre o painel do avião.

Combustível disponível – É a quantidade de combustível contida nos tanques de um avião que pode ser considerada nos cálculos de planejamento de um voo (autonomia).

Combustível não disponível – Quantidade de combustível residual nos tanques de um avião que não pode ser levada em conta nos cálculos de autonomia de um planejamento de voo.

Peso standard vazio – É o peso de um avião *standard* (sem equipamento opcional, ou seja, dotado apenas do equipamento mínimo básico de fábrica). No peso *standard* vazio incluem-se fluidos normais para a operação (óleo de freio, amortecedores e motor) e a quantidade de combustível residual ou "gasolina não disponível".

Peso básico vazio – É o peso *standard* vazio acrescido do peso de equipamentos opcionais instalados.

Peso máximo de rampa – É o peso máximo aprovado para manobras no solo (incluindo combustível de partida, aquecimento, taxiamento e verificação do motor pré-decolagem).

Peso máximo de decolagem – É o peso máximo bruto permitido para determinado avião iniciar a corrida no solo para decolagem.

Peso máximo de pouso – Peso máximo aprovado para determinado avião poder tocar o solo no pouso, sem causar esforços anormais no sistema do trem de pouso e demais estruturas.

Carga útil – É a carga total que o avião pode transportar para decolar e voar com segurança, dentro dos seus limites operacionais. Constitui a somatória dos pesos dos tripulantes, peso da carga e peso do combustível necessário àquele voo. Podemos definir também como carga útil a diferença entre o peso de decolagem e o peso básico vazio.

Teto de serviço – É a altitude máxima na qual determinado avião poderá voar, dentro de padrões mínimos de controlabilidade e performance.

Na fase inicial de aluno piloto, você não terá muito que se preocupar com os detalhes de *performance*. No entanto, queremos deixar gravada essa informação introdutória, para que, no desenvolver de suas atividades aeronáuticas, você nunca deixe de levar em consideração as informações sobre *performance* do avião que irá pilotar.

Roteiro de exercícios práticos (instruções)

A sequência de exercícios de treinamento básico para piloto de avião a seguir descrita está de acordo com a regulamentação oficial do Instituto de Aviação Civil (IAC).

Em complementação aos estágios de instrução mínimos exigidos, oferecemos a descrição de alguns exercícios denominados *manobras opcionais de proficiência.*

As velocidades operacionais e ajustes de potência são baseadas na operação do monomotor de instrução básica: P28-A Cherokee 140 – "Cruiser", usado como aeronave modelo.

Os exercícios descritos podem ser empregados para qualquer monomotor básico de instrução, desde que adaptadas suas velocidades operacionais, seus ajustes de potência e/ou outras características peculiares ao equipamento e de acordo com seu manual de operações.

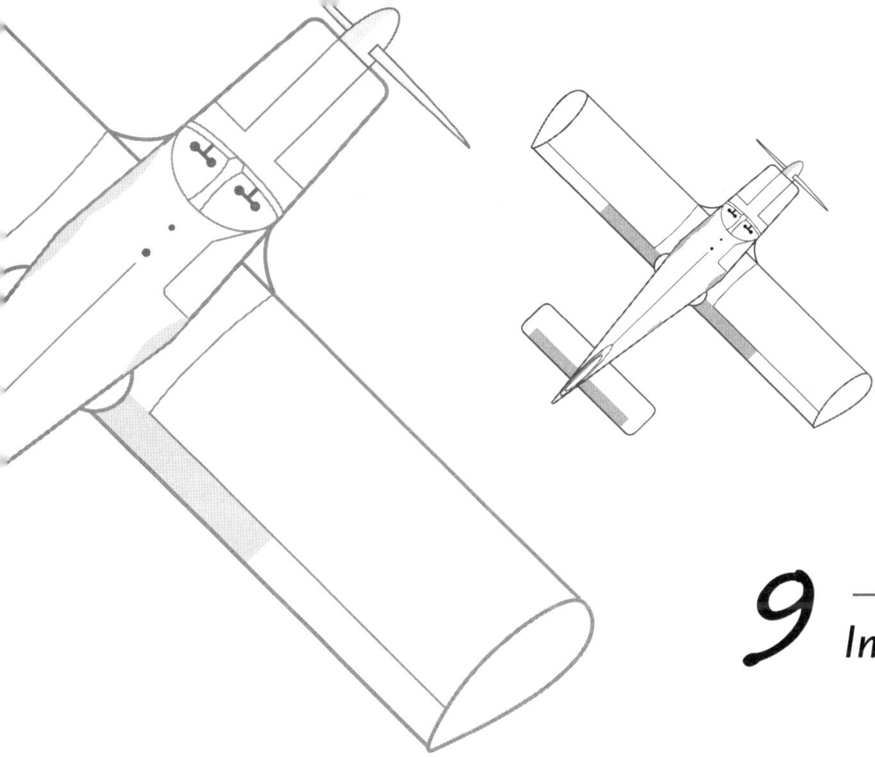

9 Instrução prática no solo – pré-voo

Sempre que possível, será interessante, para a boa formação técnica do aluno piloto e potencialização de sua receptividade de aprendizado, que se receba algum tipo de instrução prática no solo, prévia ao voo propriamente dito.

Em síntese, a instrução prática de pré-voo pode assim ser dividida:

9.1 Apresentação do avião de instrução (equipamento de voo)

O aluno, orientado pelo instrutor de pilotagem ou por um monitor, é apresentado ao avião, que será seu equipamento para aprender a voar. Receberá uma descrição sintética e objetiva de suas partes componentes, como: superfícies de controle, antenas, luzes, sistemas básicos e grupo motopropulsor.

9.2 Familiarização de cabine

O aluno piloto irá acomodar-se no assento que irá ocupar durante as instruções de voo. Receberá instrução objetiva sobre os comandos e suas funções e descrição de cada indicador instrumental do painel. Será orientado para procurar gravar na memória a localização e finalidade de cada mostrador. Aprenderá a ajustar o assento e a afivelar os cintos, a localizar o extintor de incêndio e usá-lo.

A permanência do aluno na nacele, *cockpit* ou cabine, durante períodos, irá fazendo que ele se sinta plenamente à vontade e familiarizado com seu novo meio ambiente. Esse treinamento terá maior valor se o aluno piloto for orientado a estudar o manual de operações do avião e decorar as particularidades mais importantes dele para a operação de voo.

De toda forma, nessa fase de pré-voo receberá mais as seguintes orientações:

- apresentação geral do manual de operações do avião;
- apresentação e descrição das listas de verificações (*check-lists*);
- apresentação e comentários sobre os documentos obrigatórios a bordo do avião;
- indicação de um livro para estudo, antes das manobras práticas de voo (no caso, este que está sendo lido).

9.3 Instrução de pré-voo em simulador (treinador sintético)

Se a escola de aviação for equipada com simulador de voo ou simulador de cabine, é conveniente que o aluno seja submetido a algum tempo de instrução prévia no solo nesse tipo de treinador mecânico.

9.4 Cuidados gerais com o avião

O aluno piloto será orientado sobre cuidados gerais com o avião, como: controle das inspeções periódicas, trocas de óleo, manutenção geral, limpeza etc. Nessa fase, poderá ser ensinado a calçar e amarrar corretamente o avião e a tirar e colocar as capas de proteção.

Deve-se procurar criar no aluno o conceito de cuidado e carinho pelo avião de instrução, como se este representasse suas próprias asas, com as quais irá voar.

9.5 Briefing *antes e depois da missão de voo*

A palavra *briefing* vem do inglês e foi incorporado ao nosso idioma. Surgiu durante a Segunda Guerra Mundial, quando os pilotos de combate eram reunidos para receber instruções e orientações antes de suas missões. Quando voltavam, apresentavam relatórios de suas atividades a seus chefes, denominando-os como *briefings* de chegada.

Briefing significa informação ou comentário antes de realizar ou após encerrar uma missão de voo. É importante que o aluno piloto receba, por parte do instrutor, um *briefing* antes dos treinamentos em voo.

Nesse comentário prévio, são analisadas as manobras que serão realizadas ou reexercitadas. Após o pouso, o *briefing* de chegada propicia a análise dos erros e acertos do aluno em instrução. Esse procedimento de comentários prévios e posteriores ao voo (também, atualmente, denominados *briefing* e *debriefing*) é muito útil em termos didáticos. Serve para dar ao aluno uma boa noção de seu próprio nível de aprendizado e aproveitamento nos diversos estágios de instrução.

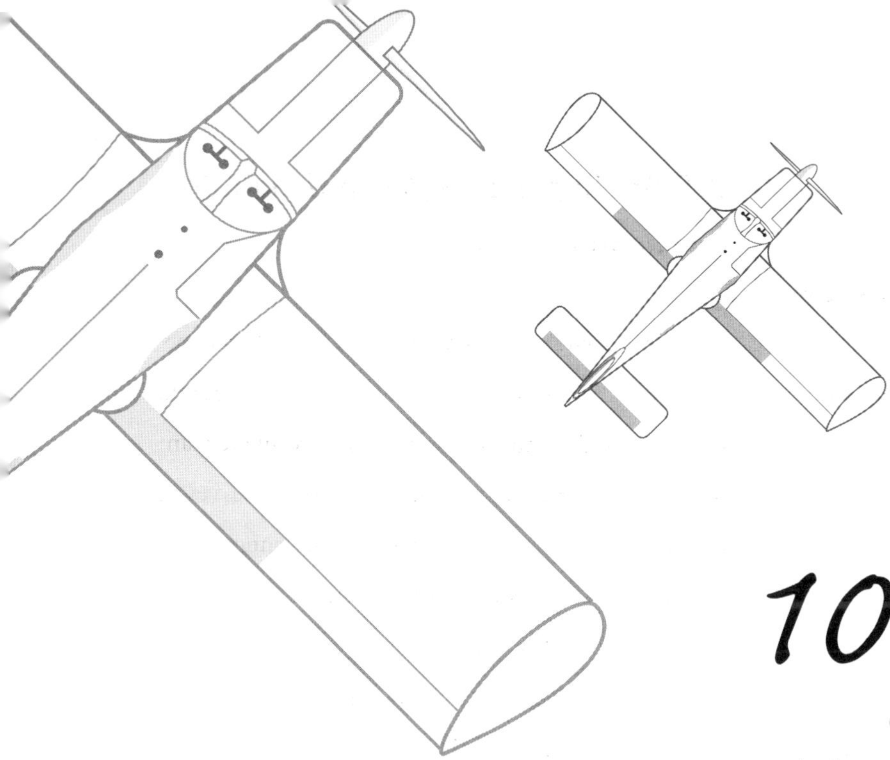

10 Manual condensado de operações do avião P28A (piper cherokee 140 – Cruiser)

AVISO AO LEITOR

O manual condensado apresentado a seguir *não substitui o manual de operações original do avião*, editado, revisado e atualizado pelo fabricante. A publicação, neste livro de treinamento básico em avião, de um manual condensado visa a familiarizar o aluno piloto com o uso do avião e conscientizá-lo da necessidade de consulta prévia ao manual de operações, antes de começar a operar o avião em questão.

A síntese do manual de operações aqui incluída tem por meta, também, facilitar o acesso aos dados operacionais da aeronave de treinamento referida, durante os estudos teóricos de pré-voo, tendo como fonte de consulta este livro.

AVIÃO: PIPER CHEROKEE P28

(CHEROKEE 140 CRUISER)

Monomotor, asa baixa, trem fixo, triciclo

Motor Lycoming modelo 0320 – E3D – 4 cilindros opostos horizontalmente

Potência – 150 HP a 2.700 RPM

Capacidade de óleo – 7,5 litros

Combustível aprovado – Avgas – 80/87 (octanagem mínima) – azul

Capacidade de combustível– 40 USGAL .....189 litros

Consumo médio ....25 1/ hora

Hélice – Sensenich modelo M74DM – Passo fixo

Número de assentos – 2 (para treinamento)

Dimensões do avião:

Envergadura .... 10 m

Comprimento .... 8 m

Altura .... 2,4 m

Área das asas .... 16 m^2

Pressões dos pneus:

Pneus principais .... 24 lb

Pneu do trem do nariz .... 22 lb

10.1 Limitação

Avião de categoria Normal, quando com 4 tripulantes. Manobras acrobáticas, inclusive parafusos intencionais, são proibidas. Fator de carga limite: 3,8 (G+).

Admite-se que esse avião poderá ser operado como de categoria Utilitário, quando apenas com dois tripulantes (piloto e copiloto) e tanques de combustível pela metade. Nessa categoria, algumas manobras acrobáticas são permitidas, desde que realizadas com cuidado, em ar calmo e sem sujeitar o avião a cargas excessivas, principalmente nas recuperações de mergulho. Quando operado como categoria Utilitário, o Cherokee 140 poderá ser usado para perfazer:

a) chandeles;
b) oito preguiçoso;
c) parafuso (uma volta) – a critério da direção técnica da Escola.

Corrida de decolagem normal (nível do mar) .. 243 m

Corrida de decolagem para transpor cabeceira oposta, com obstáculo de 50 pés .... 518 m

Corrida no solo, após o pouso .... 163 m

Peso básico vazio .... 567 kg

Peso máximo de decolagem .... 975 kg

Teto de serviço .... 10.950 pés

Teto absoluto .... 13.000 pés

VELOCIDADES OPERACIONAIS

(Velocidades básicas de referência para manobras, indicadas pelo fabricante)

Vr .... 70 a 75 MPH

Vstol .... 64. MPH

Vso .... 55 MPH

Vy .... 90 MPH (2.400 RPM)

Vx .... 85 MPH (2.400 RPM)

Vcr .... 110 MPH (2.300 RPM)

Vref .... 75 MPH

Vap .... 90 MPH (2.000 RPM)

(padrão de instrução)

V pln .... 90 MPH

10.2 Recomendações operacionais

Os seguintes tópicos são muito úteis na operação do Cherokee 140:

- Aprenda a compensar o avião para a decolagem: mantendo-se o ajuste do compensador ligeiramente para trás será mais fácil tirar o avião do solo.
- A melhor velocidade de decolagem é de cerca de 75 MPH, em condições normais. Não é recomendável tirar o avião do solo a uma velocidade menor, por diminuir sua controlabilidade na eventualidade de falha no motor.
- Os flapes podem ser baixados em velocidades de até 110 MPH. Para reduzir as cargas de operação, é recomendável estendê-los em velocidades inferiores.
- Ao recolocar qualquer disjuntor, aguarde de dois a cinco minutos para arrefecimento.

- Antes de dar partida, certifique-se de que os rádios, as luzes e o aquecedor do Pitot estejam desligados, a fim de evitar sobrecarga na bateria.
- Os equipamentos são protegidos por um relê de sobrevoltagem que atua aproximadamente de 16,5 volts ou mais. Na eventualidade dessa anomalia, o relê abrirá e o amperímetro indicará zero de saída do alternador. A chave do altemador (ALT) deverá ser desligada por aproximadamente trinta segundos e religada em seguida. Se após a reciclagem o defeito persistir, o voo deverá ser suspenso tão logo seja possível; nesse caso, reduza ao mínimo a carga na bateria.
- O medidor de vácuo tem por finalidade indicar a pressão necessária para que seja mantida a velocidade operacional dos instrumentos giroscópios a vácuo. Monitora também as condições do filtro de ar comum, medindo o fluxo de ar que o atravessa. Se não houver indicação de 5" + – 0,1" de Hg a 2.000 RPM, os seguintes itens deverão ser verificados:
  - O filtro de ar pode estar sujo ou obstruído.
  - Linhas de vácuo quebradas ou obstruídas.
  - Bomba de vácuo defeituosa.
  - Regulador de vácuo não corretamente ajustado. Ainda quando corretamente ajustado, pode não indicar leitura correta sob duas condições: altitude acima de 12.000 pés ou baixa RPM, normalmente nas aproximações ou manobras. Esse fato é normal e não deve ser considerado funcionamento irregular.
- A localização da tomada de gasolina dos tanques é tal que, em certas manobras, a gasolina pode fluir para outro lado e provocar uma falha temporária do motor. Exemplo: curva de grande inclinação para o lado de tanque vazio. O piloto deve evitar executar esses tipos de manobras. Pelo mesmo motivo, evite glissadas ou derrapagens prolongadas, quando os tanques não estiverem cheios.
- A luz anticolisão não deve ser ligada quando voar em oclusão ou dentro de nuvens, pois seu reflexo pode provocar desorientação espacial. Nunca ligue luzes estroboscópicas quando próximo a outro avião.
- Os pedais são presos a um tubo de torque que se estende pela fuselagem.
- O piloto deve familiarizar-se com a posição dos pés, a fim de evitar interferir com esse tubo, quando aplicar pedais ou os freios de pé.

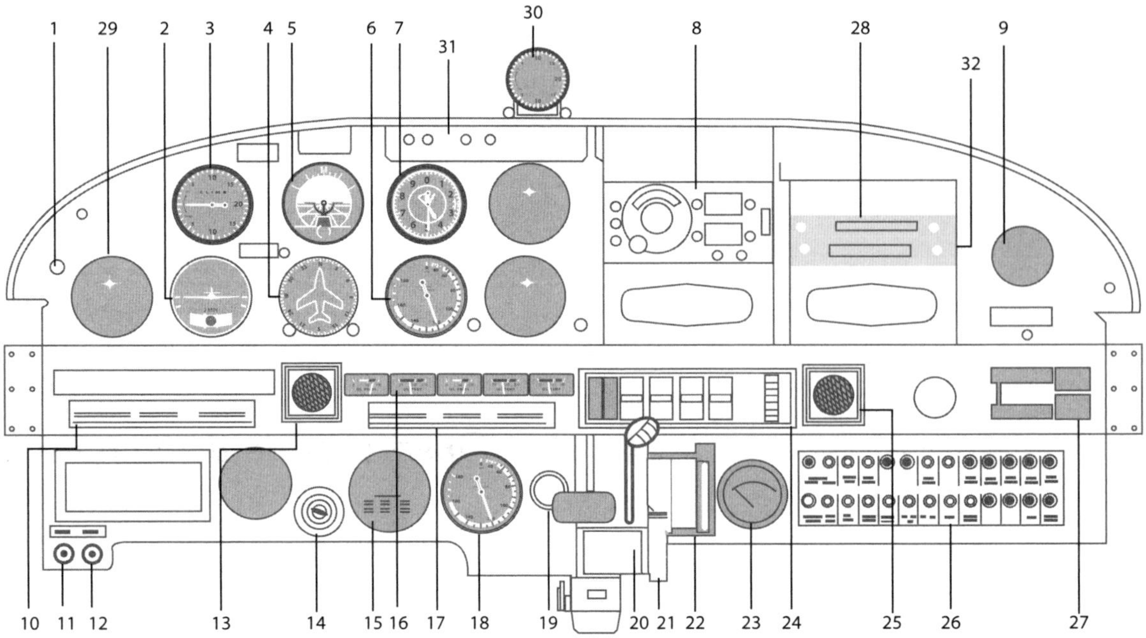

1. Luz de alerta de estol.
2. Indicador de curvas e inclinações (*turn* e *bank*).
3. Velocímetro.
4. Giroscópio direcional.
5. Horizonte artificial (indicador de atitude).
6. Indicador de velocidade vertical (*climb*).
7. Altímetro.
8. Rádio VHF
9. Indicador da pressão da bomba de vácuo.
10. *Check-list* de decolagem.
11. Encaixe de microfone.
12. Encaixe do fone de ouvido.
13. Barra do manche.
14. Chave de ignição.
15. Espaço para carta de ajustes de RPM.
16. Instrumentos do motor.
17. *Check-list* de pouso.
18. Tacômetro (conta-giros).
19. Primer (injetor de gasolina do carburador).
20. Microfone.
21. Console dos manetes (potência e mistura).
22. Trava de manetes.
23. Alavanca de comando do ar quente para o carburador.
24. Amperímetro.
25. Painel de teclas (*master*, bomba elétrica, farol de pouso, luz rotativa, aquecimento do Pitot, luzes de navegação).
26. Painel de disjuntores.
27. Controle de aquecimento da cabine e degelo do para-brisa.
28. Local provável para transponder.
29. Espaço usável para indicador ADF.
30. Compasso magnético (bússola).
31. Painel de áudio e luzes de teste.
32. Radiogônio (seletor do ADF).

Figura 10.1: Painel de instrumentos – Piper Cherokee P28-A.

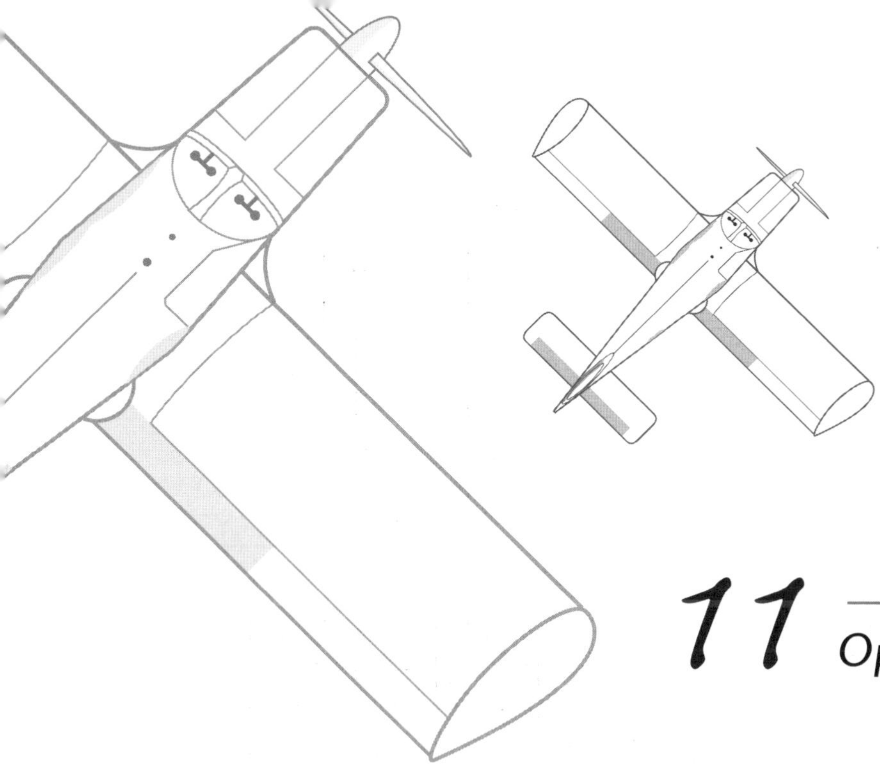

11 Operações do avião no solo

As operações de solo englobam uma série de procedimentos prévios e posteriores ao voo, sendo essenciais para que a atividade aeronáutica se desenvolva com toda a segurança e eficiência.

Esta sequência segue um modelo padrão, aplicável à grande maioria das operações, havendo diferenças técnicas de um tipo de aeronave para outro. Intenciona dar ao aluno piloto uma visão global das fases do preparo prévio ao voo.

11.1 Preparo do voo

A fase inicial e básica do voo é o seu planejamento. Durante o planejamento, você irá pesquisar e anotar dados informativos a respeito do voo que será realizado, tendo como finalidade tomar sua fase operacional tecnicamente eficiente e segura.

Na fase inicial, seus voos serão locais: nas áreas de treinamento próximas aos aeródromos e visando a desenvolver sua habilidade para manobrar o avião. Seu planejamento consistirá em estudar o manual do avião que será pilotado e o estudo das manobras que serão treinadas. Em estágio mais avançado, você irá realizar suas navegações (voos em rota), sendo necessário planejá-las com antecedência.

O planejamento de uma navegação aérea deve ser cuidadosamente elaborado, resumindo-se no seguinte:

a) *Coleta de informações sobre os aeródromos* que serão usados e dos aeródromos nos quais, eventualmente, se irá operar como Alternativas. Tais informações são obtidas por meio de publicações aeronáuticas como o Rotaer, as *cartas de tráfego de aeródromo* e os Notams (alterações às publicações e regulamentos ou avisos).

Adicionalmente, podem ser obtidas informações pessoais com outros pilotos e nas salas de tráfego. Um piloto nunca deverá voar intencionalmente para pouso em aeródromo cuja operacionalidade não seja claramente conhecida. As informações sobre aeródromos serão, essencialmente, as seguintes:

- Localização geográfica.
- Altitude em que está situada a pista.
- Orientação magnética (direção) das pistas.
- Comprimento e largura da pista.
- Tipo de piso (asfalto, areia, terra, grama etc.).
- Trajetória para o tráfego (*carta de pouso* ou *carta de aproximação visual*).
- Órgãos de controle e radiofrequências.
- Radiofacilidades (para aproximação por radionavegação).
- Facilidades (abastecimento de combustível, oficinas).
- Outras informações (como pistas de rolagem e pátios de estacionamento).

b) *Estudo da rota* a seguir para o aeródromo de destino e alternativas:
  - Traçado da rota nas cartas de navegação.
  - Medida das distâncias e rumos magnéticos.
  - Análise dos prováveis níveis de voo em função das elevações do terreno, *performance* do avião e restrições de tráfego aéreo.
  - Radiofacilidades para radionavegação em rota.
  - Frequências de rádio a serem empregadas durante o voo em rota.

c) *Cálculo dos tempos estimados de voo*:
  - Cálculo da autonomia do avião em função dos tempos estimados de voo e consumo do aparelho. Verificação cuidadosa da possibilidade de reabastecimento em sua rota.
  - Horas estimadas de partida e chegada, enquadrando-se, com margem de segurança, dentro dos horários de nascer e pôr do sol.

Todas as informações obtidas devem ser anotadas, existindo, para tanto, impressos especiais denominados "fichas de navegação".

No preparo do voo, o piloto deverá verificar se está levando consigo as cartas, mapas, fichas, Rotaer, régua e transferidor, para executar sua navegação, e todos os documentos exigidos pela Anac.

Vejamos os documentos que um piloto deverá portar:

a) Documentos do piloto:
  - Licença de piloto.
  - Certificado de habilitação técnica.
  - Certificado de capacidade física.

b) Documentos do avião:
  - Certificado de proprietário (operador).
  - Certificado de aeronavegabilidade do avião.
  - Ficha de peso e balanceamento do avião.

- Certificado de *inspeção anual de manutenção* (IAM) atualizado.
- Licença de funcionamento do rádio (se houver).
- Cadernetas de voo do avião: motor, célula e hélice.
- Seguro obrigatório legal contra terceiros.
- É conveniente ter a bordo o manual de operações do avião, bem ao alcance do piloto.

No preparo do voo ainda temos a considerar outra iniciativa importante e imprescindível por parte do piloto: a Análise das Condições Meteorológicas.

O piloto cuidadoso não inicia um voo sem antes obter o máximo de informações possíveis a respeito das condições meteorológicas que possam afetar seu voo. Essas informações serão obtidas, principalmente, mediante consulta aos boletins meteorológicos aeronáuticos (Metar) existentes nas salas de tráfego.

Uma vez que o voo tenha sido planejado, as condições meteorológicas favoráveis tenham sido verificadas e o avião esteja preparado e pronto, o piloto irá à sala de tráfego para preencher seu plano de voo ou notificação de voo.

11.2 Operação do avião no solo

11.2.1 Abastecimento

O abastecimento do avião deve ser supervisionado pelo piloto. Pode não ser o caso do aluno, pois, nos aeroclubes, o pessoal de terra está perfeitamente qualificado para tal fim. Porém, quando você estiver por sua própria conta e risco, fique olhando e fiscalizando o abastecimento de seu avião, como uma medida a mais de segurança.

11.2.2 Inspeção do avião

A inspeção do avião, prévia ao voo, é essencial para a segurança do voo. Qualquer indicação de que algo visível está fora do lugar, funcionando mal ou quebrado, poderá servir para suspender em tempo e adiar aquele voo.

A inspeção do avião, geralmente, segue uma sequência de itens que obedecem certo padrão, variando de um avião para outro, de acordo com suas particularidades. Nenhum item da verificação ou "*check* pré-voo" deve ser omitido. Para que não haja risco de esquecimento de qualquer detalhe na verificação prévia, são usadas fichas impressas ou listas de verificação, vulgarmente denominadas *check-lists* (vem do inglês: *check* = verificar). Nunca deixe de ler e seguir a lista de verificações ou *check-list*, mesmo que você a conheça de cor. Fazendo a verificação de memória, fatalmente virá o dia em que você esquecerá um detalhe, e esse poderá vir a ser fatal.

A seguir, publicamos uma sequência de itens para lista de verificações padrão, de forma generalizada, para que você tenha uma ideia do que deve ser inspecionado antes da partida do motor. Como já dissemos, cada tipo de avião possui seu próprio *check-list*, como você verá, de acordo com o avião de treinamento no qual se irá voar. Lembre-se: a inspeção de pré-voo é de responsabilidade total do piloto em comando – VOCÊ!

11.2.2.1 Inspeção externa – verificações

(1) Remover capas de proteção do para-brisa e motor.
(2) Remover capa de proteção do tubo de Pitot e verificar desobstrução dos orifícios de tomada de ar.
(3) Remover travas de comando, se houver.
(4) Remover calços e soltar amarrações.
(5) Verificar estado geral das superfícies da fuselagem e asas; ausência de rachaduras, amassados e rebites soltos.
(6) Verificar integridade e funcionamento das luzes de navegação, farol de pouso e luz rotativa.
(7) Verificar fixação e simetria das superfícies de comando (ailerons, flapes, profundor e leme).
(8) Verificar estado geral da hélice (rachaduras, amassamentos e "dentes").
(9) Verificar pneus: alinhamento, pressão, simetria, estado geral, estado das pastilhas de freio e presença de vazamento de óleo de freio.
(10) Inspecionar o trem de pouso e amortecedores (verificar vazamento de óleo).
(11) Inspecionar o motor: fios soltos ou descascados, vazamento de óleo, tensão da correia do alternador, nível de óleo do freio.
(12) Verificar nível de óleo do motor: fechar corretamente a tampa. Não limpar a vareta de óleo com estopa.
(13) Verificar fechamento perfeito das carenagens do motor.
(14) Verificar limpeza de para-brisa e janelas.
(15) Verificar desobstrução das tomadas de ar do motor.
(16) Verificar fixação das antenas de rádio.
(17) Verificar livre movimento da aleta de alarme de estol.
(18) Verificar desobstrução das entradas de ar dos tanques de combustível (os "respiros").
(19) Verificação *visual* da quantidade de combustível. Remova cada tampa de tanque e verifique, visualmente, a quantidade de combustível. A razão desse procedimento é que, eventualmente, os indicadores elétricos do painel podem oferecer indicação errônea da quantidade do combustível. Recoloque as tampas dos tanques no lugar, certificando-se de que elas estão corretamente fixadas.
(20) Inspeção do combustível: drenagem das linhas de combustível.
(21) Esse é um procedimento que *nunca* deve ser omitido, pois, se houver água na gasolina, poderá ocorrer uma perda de potência a baixa altura, durante a decolagem ou voo de subida, com consequência desastrosa.
    - Um piloto sempre deve imaginar que, antes do voo, *possa existir água na gasolina*, tratando de removê-la antes de dar partida ao motor. A formação de água nos tanques de combustível dá-se pelo seguinte: o ar existente dentro dos tanques contém

certo grau de umidade. Quando esse ar é esfriado (principalmente durante a noite), a umidade condensa-se em forma de água, contaminando o combustível. Por essa razão, é preferível, sempre que possível, encher os tanques do avião para o pernoite.

- Água e outras impurezas também podem ser introduzidas durante o abastecimento.
- A inspeção do combustível ou "drenagem" deve ser feita *sempre* após o reabastecimento do avião e antes do primeiro voo do dia.
- Procedimentos de drenagem: uma boa quantidade de combustível deverá ser escoada pelos *drenos*, para dentro de um recipiente transparente, que permita a inspeção *visual* do combustível, verificando-se a presença de água ou outras impurezas. A água será visível, pois é incolor, diferente da gasolina avgas, que é azulada. A água, sendo mais densa e pesada que a gasolina, descerá para o fundo do recipiente (copinho), sendo facilmente identificada. Se for identificada a presença de água ou outras impurezas (corpos estranhos), o combustível deve ser drenado e jogado fora, até que somente a presença da gasolina azul límpida seja visível dentro do copo coletor.
- Volta final em torno do avião. Nessa volta, o piloto irá rechecar se o avião está livre dos calços e amarras; quais os obstáculos próximos, se o bagageiro está fechado e a porta travada, se não existem manchas de óleo (proveniente de vazamentos do avião) etc. É uma inspeção visual final.

11.2.2.2 Inspeção interna ou de cabine

(1) Verifique se todos os documentos necessários ao voo estão a bordo.

(2) Verifique se todo o material de navegação está a bordo e facilmente acessível.

(3) Verifique se o extintor de incêndio está no lugar e carregado.

(4) Verifique se o "garfo" para manobrar o avião no solo está afixado em seu lugar.

(5) Verifique se os calços, estacas, amarras e capas estão acondicionados no bagageiro.

(6) Distribua a bagagem e amarre-a. Toda a bagagem deve estar presa pelas correias apropriadas, assim evitando que, em caso de turbulência, venha-se a ter peças da bagagem sendo arremessadas dentro do avião.

(7) De acordo com a região sobre a qual for voar, verifique estar a bordo:

- Caixa de primeiros socorros.
- Material de sobrevivência na selva.
- Salva-vidas marítimos; coletes e/ou bote.

(8) Acomode seus passageiros e certifique-se de que estejam com os cintos atados. Recomende não fumar durante as operações de solo e decolagem.

(9) Deixe à mão os sacos plásticos de enjoo.

11.2.3 Partida do motor

(1) Sente-se e ajuste o banco, verificando se ele está bem *travado* na posição. Até os cintos (ventral e peitoral).

(2) Verifique se os disjuntores estão encaixados no lugar.

(3) Alavanca de ar quente na posição "fechada".

(4) Verifique se todo o equipamento elétrico (rádios, luzes, ventilador) está desligado.

(5) Verifique seletora do tanque de combustível aberta para *tanque mais cheio*.

(6) Aplique o freio de estacionamento.

(7) Mistura toda rica (alavanca vermelha para frente).

(8) Aplique *primer* (injeção de gasolina), se necessário.

(9) Certifique-se: *primer travado*.

(10) Ligar chave *master* (corrente elétrica da bateria).

(11) Olhe bem para fora e peça ajuda dos tripulantes para verificar se a área da hélice está *livre*. Nunca dê partida ao motor se houver pessoas próximas à parte anterior do avião. Habitue-se, criando um reflexo automático, a sempre que levar a mão à partida, falar em voz alta – *livre* (e, é claro, confirmar o fato, verificando a área da hélice).

(12) Dê partida ao motor, girando a chave da posição BOTH (ambos) para START (partida). Solte a chave, tão logo o motor pegue. Mantenha um ajuste de potência de 800 a 1.200 RPM; – *verifique* imediatamente o ponteiro da pressão de óleo (OIL PRESS) que deve subir em 30 segundos; – *desligue o motor*, reduzindo o manete de potência e trazendo a alavanca de mistura para trás, caso não haja indicação de pressão de óleo em 30 segundos.

(13) Mantenha o motor girando a 1.000 RPM.

(14) Ligue a luz rotativa (*rotating beacon*).

(15) Ligue os rádios e selecione as: frequências.

(16) Se houver controle (Torre, Controle de Solo ou Rádio), faça a chamada inicial e solicite autorização de rolagem (*taxiamento*).

(17) Solte o freio de mão.

(18) Inicie o *táxi* – acelerando suavemente. Tão logo o avião se ponha em movimento, reduza a potência e mantenha o motor a 1.000 RPM.

11.2.4 Rolagem ou taxiamento

(1) Mantenha toda sua atenção para a frente e para os lados do avião.

(2) Mantenha sua mão direita junto ao manete de potência.

(3) Verifique os freios – pisando no topo dos pedais (ação de freio) ao mesmo tempo e soltando-os.

11.2.4.1 Considerações sobre o taxiamento

- O piloto deve estar atento à presença de obstáculos e ao movimento de outras aeronaves no solo. Não existe desculpa para colisão no solo. Não faça o taxiamento de seu avião procurando executar outras tarefas ao mesmo tempo, como consultar mapas ou verificar *check-lists*.

- O direito de passagem de outra aeronave deve ser respeitado, e a cortesia, oferecida a cada situação, aguardando ou desviando-se para que o outro avião possa passar.
- Especial cuidado deve ser dado ao cruzar uma pista de pouso, verificando-se com atenção se não existe aeronave prestes a decolar ou em fase final de pouso.

Sinais do sinalizador e seus significados

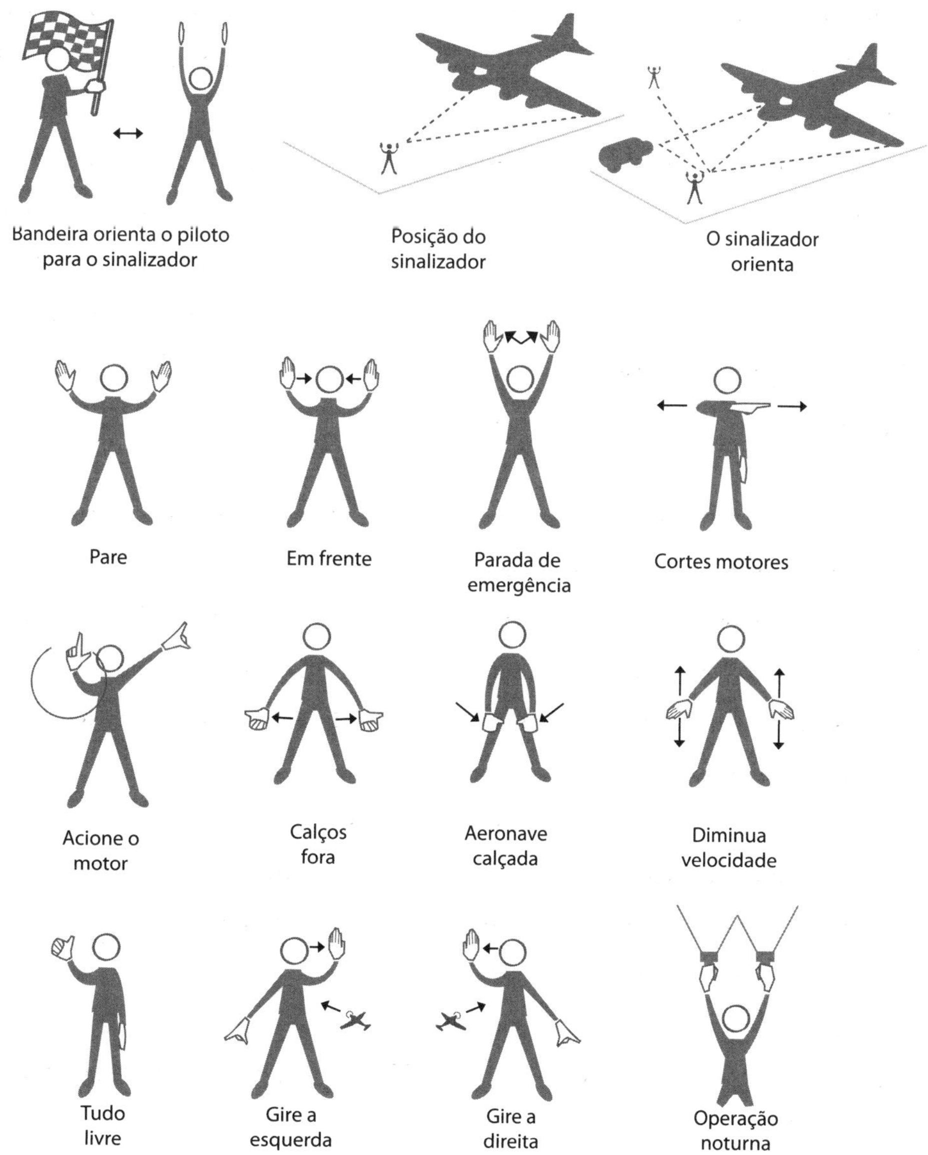

Figura 11.1: Sinais do sinalizador e seus significados.

- Quando existirem faixas pintadas no solo, para orientação de rolagem, elas devem ser estritamente seguidas, salvo indicação em contrário do sinalizador ou do controle de solo.
- Para um taxiamento seguro, é importante que haja um domínio positivo sobre o controle do avião, isto é, a possibilidade de parar ou girar o avião, tão logo seja desejado.
- É preferível diminuir a marcha do avião, antes de pisar o pedal, para entrar em curva. Caso contrário, o raio da curva será muito amplo, o que poderá ocasionar uma derrapagem, além de forçar demasiadamente os pneus e rolamentos das rodas.
- O controle do avião no solo é dado, basicamente, pelos pedais que comandam a roda do TPN. A baixa velocidade do taxiamento não produz um fluxo de ar suficientemente intenso sobre as superfícies de comando do avião, a ponto de torná-las efetivas. Nem mesmo o turbilhão gerado pela hélice, a baixa RPM, terá efeito sensível sobre o leme e o profundor. Portanto, o manche deverá ser mantido na posição neutra.
- Para taxiar sobre terreno acidentado, o manche deverá ser trazido para trás, procurando-se alivar o peso do nariz sobre o TPN e criar mais espaço livre, entre as pontas da hélice e o solo.
- Quando a rolagem é efetuada sobre solo, com alto coeficiente de atrito (lama, areia solta ou grama alta), a potência aplicada deve ser um pouco superior à padrão, para vencer a resistência do terreno.
- A rolagem sobre terreno coberto por cascalho deve ser feita a uma velocidade constante e a mais baixa possível, pois rajadas fortes de motor ocasionarão um turbilhão da hélice, capaz de levantar cascalhos que venham a danificar o revestimento do avião e, principalmente, infligir danos à própria hélice, causando "dentes" nas suas lâminas.
- Quando for parar o avião, é conveniente alinhar os pedais para manter a roda direcional centrada. Isso evitará esforços anormais sobre a roda anterior do triciclo e tornará mais fácil o reinício do movimento para a frente, na continuação da rolagem.

11.2.5 Inspeção pré-decolagem (check-list *de cabeceira)*

A inspeção pré-decolagem é um procedimento *sistemático*, para realizar verificações de último minuto, antes da operação de voo. Segue uma sequência de verificações para o *motor*, *controles*, *sistemas*, *instrumentos* e *rádios*.

Essa verificação é sempre realizada na posição 2, ou seja, junto à cabeceira da pista em uso na manobra de decolagem. O taxiamento até essa posição, geralmente, já assegurou o aquecimento suficiente do motor para receber toda a potência necessária à decolagem. O motor, durante a espera para a autorização de decolagem, deve ser mantido no mínimo a 1.000 RPM, para não ocasionar um superaquecimento, pois *a refrigeração é obtida pelo fluxo do ar gerado pela hélice.*

Como cada avião tem suas características de projeto e equipamentos variados, o *check-list* fornecido pelo fabricante será o usado. Os itens seguintes são os gerais de importância básica para qualquer avião:

(1) Aplique freio de estacionamento.

(2) Verifique controles de voo livres (profundor e ailerons). Puxe o manche em todo o curso e gire para um lado e para o outro.
- Manche para a direita (aileron direito para cima);
- Manche para a esquerda (aileron esquerdo para cima).

(3) Verifique posições dos flapes – se necessário, ajuste flape para decolagem.

(4) Ajuste controle do estabilizador para decolagem.

(5) Ajuste o altímetro de acordo com a pressão atmosférica fornecida pela torre (erro máximo de altímetro permitido para voo visual: 150 pés). Se não existir torre que forneça o ajuste de altímetro, insira nele a altitude do campo, contida no Rotaer.

O ajuste de altímetro também poderá ter sido feito anteriormente, no pátio de estacionamento, antes da rolagem para a cabeceira.

---

(6) Verifique seletora de gasolina: *aberta* para o tanque mais cheio.

(7) Verifique *primer* travado.

(8) Mistura rica (manete vermelho todo para a frente).

(9) Ar quente do carburador – fechado.

(10) Verifique temperatura do motor, temperatura do óleo, pressão de óleo *faixa verde.*

(11) Ajuste potência para *check* de *magnetos.*

(12) Cheque cada *magneto* para operação correta (queda máxima permitida de RPM). Por exemplo: 50 RPM.

(13) Coloque os magnetos na posição *ambos* (BOTH).

(14) Verifique instrumentos do motor (indicações normais).

(15) Verifique marcha lenta do motor. Depois, volte para 1.000 RPM.

(16) Ajuste instrumentos de voo e radiogônios.

(17) Verifique banco travado e cintos ajustados (inclusive dos tripulantes). Use *sempre* o cinto peitoral para operação de decolagem e pouso.

(18) Verifique portas travadas.

(19) Faça revisão mental das velocidades de referência ou operacionais e dos procedimentos de emergência para perda de potência a baixa altura.

(20) Chame a torre para obter autorização de posição e decolagem.

(21) Verifique se não existe aeronave taxiando sobre a pista ou na reta final de pouso.

(22) Tome posição para decolagem e verifique indicação na *bússola.* A indicação magnética deve coincidir com o valor da direção magnética (número da cabeceira) da pista.

11.2.6 Inspeção de parada (estacionamento)

A operação do avião não estará terminada enquanto o aparelho não tiver seu motor desligado e estiver hangarado ou preso no solo pelos seus calços e amarras (estaqueado).

(1) Desligue a parte elétrica (luzes, rádio, equipamentos elétricos etc.).

(2) Motor reduzido: manete de potência (preto) todo para trás.

(3) Corte a mistura: manete todo para trás.

(4) Desligue o *master*.

(5) Luz de anticolisão desligada (caso haja).

(6) Desligue a chave de magnetos e retire-a.

(7) Trave os comandos (se houver travas).

(8) Coloque os cintos de segurança sobre os bancos.

(9) Coloque as capas de proteção: painel, para-brisa, motor e tubo de pitot.

(10) Freio de estacionamento – *solto*.

(11) Coloque os calços e estacas – amarre cuidadosamente o avião.

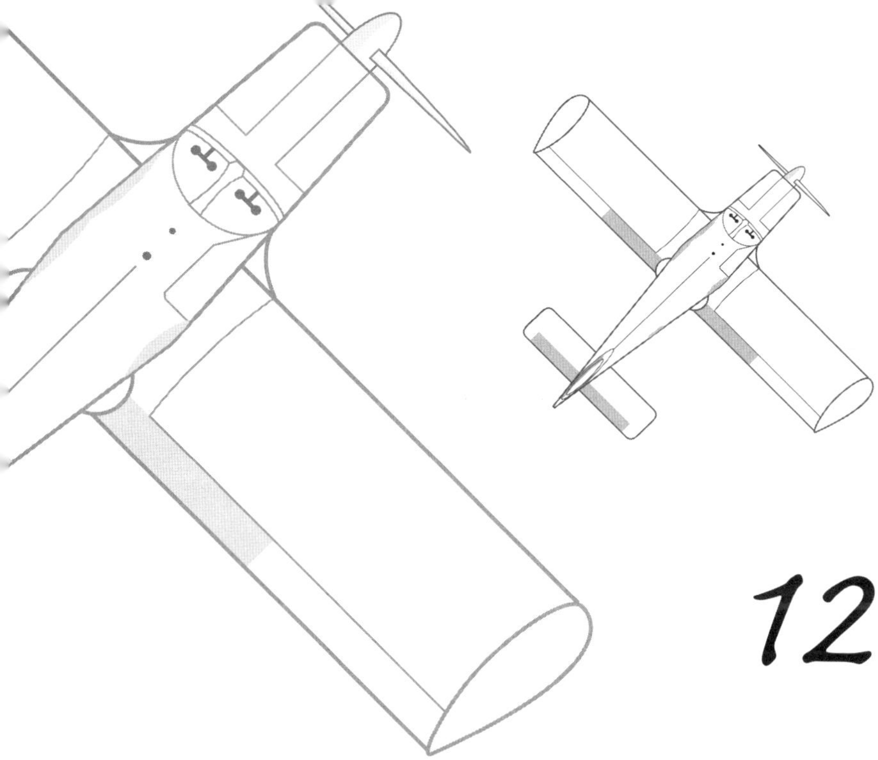

12 Radiofonia e fraseologia para o aluno piloto

A comunicação aeronáutica é feita por meio de radiotelefonia, também chamada radiofonia, fonia rádio ou, simplesmente, fonia. Com o desenvolvimento da aviação, e, portanto, de um tráfego aéreo mais intenso, a comunicação de uma aeronave com uma estação de terra ou, eventualmente, com outro avião, tornou-se cada vez mais importante. Em regiões de tráfego aéreo intenso e constante, como nas terminais de São Paulo e Rio de Janeiro, a comunicação avião-terra-avião é imprescindível para controle de fluxo e separação entre aviões. Essa comunicação deve ser bilateral, isto é, podendo-se transmitir e receber mensagens por meio de aparelhos transceptores de muito alta frequência – VHF (*very high frequency*).

O rádio VHF do avião capta os sons das mensagens transmitidas de uma estação de terra ou de outro avião, reproduzindo-as dentro da cabine da aeronave por meio de um alto-falante ou por intermédio de fones de ouvido usados pelos pilotos.

As palavras emitidas pelo piloto, junto a um microfone de tecla, são transmitidas para o ar, sendo captadas pelas estações de terra e outros aviões que estejam com seus rádios ligados na mesma frequência.

O microfone de transmissão possui uma tecla ou interruptor digital que, quando pressionada, abre o circuito para a transmissão, impedindo a recepção dos sons. Portanto, o piloto deverá pressionar o botão do microfone quando for falar, soltando-o em seguida à mensagem, mantendo-se na escuta.

O alcance das estações de rádio em terra varia de acordo com sua potência e com as elevações geográficas que as cercam. Se o piloto não obteve resposta de uma estação chamada, deverá esperar aproximar-se mais dela ou, eventualmente, solicitar a retransmissão de sua mensagem por meio do rádio de outro avião que esteja na mesma escuta e encontre-se mais próximo da estação ou numa altura maior. Quanto mais alta estiver a aeronave, maior será o alcance de seu rádio VHF.

A comunicação terra-avião é um fator crítico nos serviços de controle de tráfego aéreo. Poderá ser um valioso auxiliar do piloto e do controlador, porém, se mal empregada, acarretará resultados críticos e até desastrosos. O objetivo mais importante, nas comunicações piloto-controlador, é o entendimento mútuo, sendo importantíssimo para o controlador saber em que lugar do espaço está o avião e sua altura, assim como as intenções ou necessidades do piloto.

A brevidade e a clareza das frases é muito importante, devendo, no entanto, o controlador e o piloto poderem entender-se perfeitamente por meio delas.

Para tanto, existe uma fraseologia padrão que deverá ser bem conhecida pelos pilotos, desde sua fase inicial de instrução e treinamento. A finalidade dessa fraseologia padrão é reduzir ao mínimo o tempo de transmissão para não interferir ou atrasar a comunicação com as outras aeronaves. No entanto, sempre que surgirem circunstâncias especiais, principalmente no que for relativo à segurança do voo ou eventual desorientação, tanto o piloto como o controlador poderão usar frases adicionais, procurando afastar-se o mínimo da fraseologia padrão.

A comunicação via rádio de um avião em voo com uma estação de terra resume-se, praticamente, ao seguinte:

(1) **Chamada inicial e identificação do avião.** Chamar a estação (Torre, Rádio, Controle, Solo, Tráfego ou outro avião) e dizer quem está chamando, ou seja, identificar o avião pelo seu prefixo.

No início da Comunicação (chamada inicial), sempre deverá ser dado o prefixo inteiro do avião. Exemplo: "Torre Marte, Papa Tango India Zulu Kilo."

(2) **Aguardar a resposta ou contestação de sua chamada inicial por parte da estação.** Exemplo: "Papa Tango, India Zulu Kilo, Torre Marte, prossiga". Ao pronunciar a palavra "prossiga", o operador da estação estará na escuta, aguardando que você continue a mensagem (chama-se *mensagem* toda frase de comunicação aeronáutica).

(3) **Transmitir sua mensagem, ou seja, seguir o regulamento, dando:**
   a) sua procedência (de onde decolou);
   b) seu destino (onde vai pousar);
   c) sua posição no espaço (setor geográfico, vertical de uma referência ou través de um lugar);
   d) sua altitude;
   e) sua intenção (aproximação e pouso ou cruzamento da área de aeródromo). No diálogo subsequente a seguir, o prefixo da aeronave poderá ser abreviado, usando-se as três últimas letras. Exemplo: "India Zulu Kilo, procedente de Ubatuba, com destino ao Campo de Marte, na vertical de Metrô, 4.000 pés, instruções".

(4) **Instrução da estação (no caso, a Torre de Marte), ou seja, o que o piloto deverá fazer.** Exemplo: "India Zulu Kilo, a pista em uso é a 12 (uno dois), pressão mil e quinze hectopascals (uno zero uno

cinco), acuse na perna do vento, través torre, no setor sul".

5. **Encerramento da mensagem.** A mensagem estará encerrada quando o piloto, ao final, pronunciar o prefixo do avião e a palavra *ciente*. Exemplo: "India Zulu Kilo, ciente."

Toda vez que uma frase não for entendida, o piloto não deverá titubear em solicitar sua repetição, dizendo: "Confirme mensagem para India Zulu Kilo", ou "Mensagem não entendida, queira repetir para India Zulu Kilo".

12.1 Sequência operacional e considerações básicas sobre a técnica de radiotelefonia

(1) Selecione corretamente a frequência da estação que vai ser chamada. Exemplo: Solo Marte – 121.6; Torre Marte – 133.35; Controle de Aproximação São Paulo – 129.5.

(2) Ligue o rádio (ON – *ligado*).

(3) Coloque o botão de volume no meio.

(4) Pense antes de iniciar a transmissão. Mentalize exatamente o que vai dizer. Se for uma mensagem longa, como o plano de voo ou outra, escreva um resumo dela antes de usar o microfone. Se a sua mensagem for transmitida ao mesmo tempo que outro piloto está veiculando a dele, ambas serão misturadas e o controlador não entenderá nenhuma, contribuindo, assim, para diminuir a segurança do fluxo de tráfego. Portanto, *espere sua vez* de falar sem interromper nenhuma comunicação.

(5) O microfone deverá ficar bem próximo aos lábios e, após pressionar o botão de transmissão, uma pequena pausa poderá ser necessária, a fim de assegurar que a primeira palavra seja transmitida.

- Fale numa tonalidade normal de conversação. Não fique inibido ou temeroso em se comunicar. Se titubear ou errar nas primeiras vezes, o controlador de voo saberá tolerá-lo, pois perceberá ou saberá que você é um piloto aluno.
- Se tiver dúvidas quanto à resposta a ser dada, não permaneça pressionando a tecla do microfone e gaguejando. Apenas diga: "Aguarde, por favor" e desligue o microfone; concentre-se na boa pilotagem enquanto pensar na resposta a ser dada.
- Chame novamente a torre e dê sua mensagem clara e simples.
- Sua voz deve ser natural e as palavras pronunciadas com calma e pausadamente. Não há necessidade de gritar ao microfone nem de falar tão rapidamente que suas palavras tornem-se uma cascata de sons incompreensíveis.
- E nunca esqueça: a radiofonia é muito importante, *mas nunca deverá interferir nas manobras de pilotagem, afetando a segurança do voo.* Os con-

troladores de voo sabem muito bem disso e entenderão perfeitamente um pedido de "aguarde", por alguns minutos, até que a calma e a ordem estejam restabelecidas dentro da cabine do avião.

(6) Esteja alerta para os sons ou ausência de sons em seu receptor. Ajuste o volume, confira a frequência e assegure-se de que o microfone não está com a tecla travada na posição de transmissão e que os pinos e encaixe do fio do microfone estejam realmente fixados no lugar.

(7) Muitas vezes, as mensagens aeronáuticas tomam-se entrecortadas por diversos fatores, como:

- defeito no rádio do avião;
- defeito no transmissor-receptor de terra;
- distância da estação;
- montanhas entre a linha de visada do avião e da estação;
- cargas elétricas atmosféricas.

Nesse caso, poderá ser necessário fazer um teste de rádio, por meio de uma transmissão-recepção com outra estação. A seguinte escala de clareza é adotada:

- clareza 1 – ininteligível;
- clareza 2 – inteligível por vezes;
- clareza 3 – inteligível com dificuldade;
- clareza 4 – inteligível;
- clareza 5 – perfeitamente inteligível.

Em certas áreas muito populosas sobrevoadas (Ex: a cidade de São Paulo), existem estações de rádio clandestinas cujas irradiações dificultam a comunicação aeronáutica. Neste caso pode ser solicitada pelo controlador ou, eventualmente, pelo piloto, uma nova frequencia de rádio. As estações clandestinas são criminosas, oferecendo risco para as operações aéreas e devem ser denunciadas.

Em aeroportos de grande movimento, existem órgãos de controle com frequências especiais para controle das aeronaves que se movimentam no solo, com o fim de autorizar o plano de voo e/ou orientar o taxiamento até a posição de espera.

A partir da *posição de espera*, o piloto seleciona a frequência da torre de controle. Enquanto estiver voando na zona de tráfego do aeródromo, ficará na escuta desta frequência. Dependendo do lugar e das circunstâncias, após abandonar a zona de tráfego do aeródromo, passará à frequência livre avião-avião ou ao radiocontato com o *controle de área terminal* (controle de aproximação). Após abandonar a área terminal, o contato para controle ou informação de voo será feito nas frequências dos *centros de controle* ou em frequências livres regionais.

A sequência para comunicação com os diversos setores e órgãos seria, então, a seguinte:

a) *tráfego* – para autorização do voo que eventualmente poderá ser na frequência do solo;
b) *solo* – para controle no solo (autorização para acionar motores e taxiamento);
c) *torre* – para decolagem, cruzamento de zona de aeródromo e pouso;
d) *controle de aproximação* – para aproximação, cruzamento ou saída de áreas terminais.
e) frequência indicada pelo Controle.

No aeroporto de Marte existe o controle de solo, na frequência 121.6.

Sua finalidade será comunicar a aprovação do plano de voo ou notificação, autorizando o voo e orientando o avião em sua rolagem no solo, até a posição de decolagem.

O controle do solo também poderá determinar a autorização para acionar motores e liberar a comunicação via rádio após o avião estar definitivamente parado e desligado.

A sequência de uma comunicação bilateral do avião de instrução com o órgão de controle de Marte, será a seguinte, antes do taxiamento até a cabeceira da pista:

Chamada inicial – Nessa chamada, o piloto chamará o controle de solo, dando o prefixo do avião. Se não obtiver resposta ou contestação, aguardará 15 segundos antes de fazer nova chamada. Exemplo:

Avião: "Solo Marte, Papa Tango, India Zulu Kilo."

Solo: "India Zulu Kilo, prossiga."

Avião: "India Zulu Kilo no (área de estacionamento, pátio do Aeroclube ou pátio Infraero) com *notificação* ou *plano* para (localidade de destino), pronto para acionar."

Solo: "India Zulu Kilo, livre acionar chame para o táxi (ou aguarde para acionar, mantendo-se na escuta do solo)."

Uma vez liberado, o piloto poderá acionar o motor e preparar-se para taxiar o avião. Isso feito, chamará novamente o controle de solo.

Avião: "Solo Marte, India Zulu Kilo pronto para o táxi."

Solo: "India Zulu Kilo, livre táxi para cabeceira (em uso), pressão atmosférica ou ajuste de altímetro (será dado pelo solo)." Dependendo do aeroporto nesta frequência, também poderá ser fornecido o código numérico para inserir no transponder.

Avião: "India Zulu Kilo, ciente."

O estudante verá adiante que certas informações de voo poderão tanto ser oferecido pelas frequências do solo, torre ou rádio, como por uma gravação automaticamente irradiada em inglês e português (ATIS).

Após a rolagem ou taxiamento até a posição de espera, junto à cabeceira da pista (*posição 2*), será feita a verificação pré-decolagem do avião (*check* de cabeceira) e, após terminada, o piloto chamará a torre:

Avião: "Torre Marte, India Zulu Kilo na posição de espera, pronto."

A torre poderá responder uma das alternativas seguintes:

Torre: "India Zulu Kilo, aguarde" ou "India Zulu Kilo, tome posição, livre decolagem, vento (*direção e intensidade*)."

É muito importante que o piloto esteja atento a essa mensagem para não confundir a tomada de posição de decolagem ou alinhamento da pista com a liberação para decolagem. *Em caso de dúvida, chamará a torre e pedirá confirmação de livre decolagem.* Após decolado o avião, a torre dará a hora da decolagem, em minutos da hora.

Em determinado momento ou posição no espaço, o piloto será instruído, pela torre, a passar para a frequência rádio do Controle São Paulo (129.5) e entrar em contato com ele.

Avião: "Controle São Paulo, Papa Tango, India Zulu Kilo."

Controle: "India Zulu Kilo, controle, prossiga."

Avião: "India Zulu Kilo, decolado do Campo de Marte, com destino a Jundiaí, cruza 3.600 pés para o corredor Juliet, câmbio" (transponder poderá estar no código Charlie).

Controle: "India Zulu Kilo, mantenha-se em condições visuais, corredor Juliet, acuse passando posição pedágio. Atento ao tráfego de outra aeronave na sua posição duas horas."

Avião: "India Zulu Kilo, ciente."

No retomo para o aeródromo de Marte, a fraseologia-exemplo será a seguinte:

Avião: "Torre Marte, Papa Tango, India Zulu Kilo."

Torre: "Zulu Kilo, Marte, prossiga."

Avião: "Zulu Kilo, procedente de Jundiaí, entrando no tráfego, instruções para pouso."

Torre: "Zulu Kilo, a pista em uso é a 30 (três zero), pressão uno zero uno quatro hectopascals, acuse na perna do vento, no través da torre" ou, então: "...acuse interceptando longa final para pista três zero."

De acordo com o tráfego, poderá, ainda, o controlador dar uma instrução, menos usual, como manter espera, executando curvas de 360º, ou instruir a aproximação pelo setor norte do aeródromo, com subsequente cruzamento sobre a pista e interceptação da perna do vento da pista em uso.

Avião: "Zulu Kilo, na perna do vento três zero, través torre."

Torre: "Zulu Kilo, avistando, acuse na perna base (ou reta final)."

Avião: "Zulu Kilo, ciente."

Avião: "Zulu Kilo, na perna base; trem fixo."

Torre: "Zulu Kilo, acuse na curta final."

Avião: "Zulu Kilo, ciente."

Avião: "Zulu Kilo, na curta final."

Torre: "Zulu Kilo, livre pouso, vento de trezentos graus, três zero zero graus com dez nós, uno zero nós."

Avião: "India Zulu Kilo, ciente."

Torre: "Zulu Kilo, no solo aos (*tempo em minutos*) livre táxi" ou "passe agora para a frequência do solo (*121.6 em nosso exemplo*)."

A partir desse momento o avião passa a ser orientado pelo controle de solo, até sua posição de estacionamento. Caso o piloto não receba comunicação do solo, deverá chamar essa frequência para solicitar abandono da pista e ingresso na pista de rolagem (táxi).

Avião: "Solo Marte, India Zulu Kilo para ingresso na pista de táxi."

Solo: Zulu Kilo, autorizado táxi, até estacionamento, chame nos calços."

Avião: "Zulu Kilo, ciente" (ou em caso de dúvida solicita orientação para determinado lugar do aeródromo).

Após a parada final e corte do motor:

Avião: "Solo Marte, India Zulu Kilo nos calços."

Isso significa que o avião está parado, motor desligado, freado ou calçado.

Solo: "Ciente Zulu Kilo, livre frequência."

Somente então o piloto desligará o rádio VHF e o *master*, procedendo ao *check* de abandono de aeronave.

Todo avião brasileiro, operando em território nacional, deverá comunicar pela radiofonia, na perna-base de pouso, a situação do seu trem de aterragem, encerrando a mensagem de posição com a frase "trem baixado e travado" ou "trem fixo".

12.2 Alfabeto Fonético Aeronáutico Internacional

A = ALFA (AL-FA)
B = BRAVO (BRA-VO)
C = CHARLIE (CHAR-LI)
D = DELTA (DEL-TA)
E = ECHO (É-CO)
F = FOXTROT (FOX-TROT)
G = GOLF (GOLF)
H = HOTEL (HO-TEL)
I = INDIA (IN-DIA)
J = JULIET (DJU-LIET)
K = KILO (KI-LO)
L = LIMA (LI-MA)
M = MIKE (MAI-QUE)
N = NOVEMBER (NO-VEM-BER)
O = OSCAR (ÓS-CAR)
P = PAPA (PA-PA)
Q = QUEBEC (QUE-BEC)
R = ROMEO (RO-MEO)
S = SIERRA (SI-E-RRA)
T = TANGO (TAN-GO)
U = UNIFORM (IU-NI-FORM)
V = VICTOR (VIC-TOR)
W = WHISKEY (UIS-QUEI)
X = X-RAY (EKS-REI)
Y = YANKEE (IAN-QUI)
Z = ZULU (ZU-LU)

12.3 Números em radiofonia

Os algarismos abaixo, para clareza de percepção, são pronunciados e enumerados do seguinte modo:

1 – Uno;
6 – Meia.

Com exceção dos milhares redondos, todos os números são transmitidos enunciando-se cada algarismo separadamente:

10 – uno zero;
75 – sete cinco;
106 – uno zero meia;
1.000 – uno mil;
6.000 – meia dúzia mil;
500 – cinco zero zero;
15.000 – uno cinco mil.

Números que contenham fração decimal (tal é o caso das frequências de rádio) são pronunciados da mesma forma, enunciando-se a palavra "decimal" ao invés da vírgula:

118,7 – uno uno oito decimal sete;
119,1 – uno uno nove decimal uno.

12.3.1 Vento

A direção do vento é enunciada em três algarismos. Exemplo: vento de 210º (vento dois uno zero graus).

A velocidade do vento é também enunciada em dois algarismos, seguidos da palavra *nós*. Exemplo: vento com intensidade de 15 nós (uno cinco nós).

Assim sendo, um avião aproximando-se para pouso de um aeródromo provido de torre, e onde estará reinando um vento de superfície que sopra da direção de 210º com uma intensidade de 15 nós, receberá, do controlador da torre, a seguinte informação:

– Livre pouso, vento dois uno zero graus, com uno cinco nós.

Em certos aeroportos de intensa movimentação aérea, existe uma transmissão automática de informações e indicações aos pilotos prestes a decolar ou, eventualmente, servir de facilidade àqueles que se aproximam para pouso. Sua sigla indicativa é ATIS (Air Traffic Information Service), o que, em nosso idioma, é conhecido como *Serviço de Informação de Tráfego Aéreo*. A gravação dessa mensagem é atualizada a cada período de tempo ou mudança brusca de condições ou eventos que possam afetar o voo e recebe uma letra do alfabeto para identificá-la (Alfa, Bravo, Eco etc.).

Onde existir a facilidade ATIS (ex: Campo de Marte – frequência 127.72), é mandatório que o piloto a acesse e anote as informações recebidas, como: pressão atmosférica, temperatura, direção e intensidade do vento, pista em uso e outros informes cabíveis na ocasião. Somente depois de estar a par dos dados informados, irá chamar a frequência de solo (ou tráfego), comunicando estar ciente da mensagem gravada (ex: Solo Marte Papa Tango India Zulu Kilo, com notificação para Jundiaí, ciente da mensagem Eco). Poderá ser solicitado pelo controlador a repetir as informações que recebeu antes (cotejar informações recebidas).

As mensagens de irradiação automática visam informar previamente os pilotos antes de entrarem em comunicação rádio com o controle, para ganhar tempo e evitar congestionamento de comunicações.

12.4 Glossário de termos mais frequentes e usuais na fraseologia radiotelefônica aeronáutica

ACUSAR – Acusar recebimento de mensagem, avisar quando em determinada posição, situação ou altitude.

AFIRMATIVO – Significando o SIM a determinada questão.

AJUSTE – Mesmo significado de ajuste do altímetro.

AJUSTE DO ALTÍMETRO – Parte da mensagem na qual é fornecida ao piloto a pressão atmosférica do aeródromo, para que o altímetro possa ser regulado de acordo com ela e para que haja noção exata de sua altura sobre o terreno (*vide* Meteorologia).

ALTÍMETRO – Mesmo significado de ajuste do altímetro.

ALTITUDE – Altitude indicada no altímetro, estando este ajustado para a altitude de pressão atmosférica do local sobrevoado.

ARREMETER – Quando um pouso tiver que ser cancelado e o avião tiver que seguir em frente, retomando o voo ascendente.

AUTORIZAÇÃO – Palavra que pode anteceder outras referentes a uma solicitação (ex.: autorização de pouso, táxi, decolagem etc.),

BLOQUEIO – O mesmo significado de vertical, porém em relação a uma estação radiogoniométrica ou radiodifusora.

BROADCAST – Estação de radiodifusão normal.

CÂMBIO – Palavra que, quando pronunciada ao final de uma mensagem, significa que o piloto espera resposta imediata da mensagem.

CINCO FORA – O avião acusando estar a cinco minutos de voo do tráfego do aeródromo.

CLAREZA – Clareza da transmissão, seguida por um número de grau de clareza.

CONDIÇÕES DE VOO – Visual ou instrumentos.

CONFIRMAR – Repetir a mensagem.

CONTESTAR – Responder a uma mensagem.

COPIAR – Anotar mensagem ou instrução do controlador.

COTEJAR – Repetir para conferir determinada instrução, dada por um controlador, para que este se certifique de que o piloto a entendeu perfeitamente. Usado frequentemente nas instruções de tráfego iniciais.

ESTIMADO – Refere-se ao tempo de voo, calculado ou estimado, ou à hora estimada de chegada ou sobrevoo de determinada localidade, denominada também *fixo* ou *posição*.

INFORMAÇÕES – De qualquer natureza, referentes ao voo, inclusive informações meteorológicas, prestadas pelos órgãos de controle ao piloto ou pelo piloto aos órgãos de controle.

INSTRUÇÕES – São ordens ou solicitações feitas por um controlador de voo ao piloto em comando.

LIVRE DECOLAGEM – Liberação para decolagem.

LIVRE FREQUÊNCIA – Liberação por parte do controlador da frequência rádio que vinha sendo mantida, podendo o piloto passar para outra escuta.

LIVRE POUSO – Liberação para pouso.

LIVRE TÁXI – Liberação para rolar ou taxiar o avião no solo.

MAGNÉTICA – A proa bússola mantida ao aproar uma determinada posição, referência ou estação rádio (*vide* Navegação).

MANTER ESCUTA – Permanecer naquela frequência rádio até nova ordem.

MANTER POSIÇÃO – Manter determinada posição no solo.

MENSAGEM – Frase radiotelefônica.

MENSAGEM NÃO CONTESTADA – Significa que a mensagem não foi respondida.

METAR – Boletim meteorológico.

NÃO ENTENDIDO – Quando não foi entendida parte ou toda a mensagem.

NEGATIVO – Significando o *não* a determinada questão.

NÍVEL – A altitude é referida em termos de nível, quando acima de uma altitude variável com o local onde foi introduzido no altímetro um ajuste padrão (*vide* Meteorologia).

POSIÇÃO – Posição do avião no solo ou posição do avião no ar, tendo como referências marcas geográficas, marcações radiogoniométricas ou a proa magnética da aeronave e o setor geográfico em relação à estação de terra.

PRESSÃO – Mesmo significado de ajuste do altímetro.

PROA – A proa bússola, mantida pela aeronave (*vide* Navegação).

SETOR – Posição geográfica em relação a uma referência ou estação, tendo esta como centro dos quatro quadrantes dos pontos cardeais (*vide* Navegação).

TRÁFEGO ESSENCIAL – Qualquer tráfego aeronáutico existente na área que está sendo penetrada pelo avião e que possa interferir ou afetar sua trajetória no espaço.

TRAVÉS – Quando o avião estiver passando ao lado de determinada referência no solo, num ângulo aproximado de 90º, entre o rumo e a linha de visada do avião até a referência.

VERTICAL – Quando o avião estiver passando exatamente em cima de determinada referência no solo.

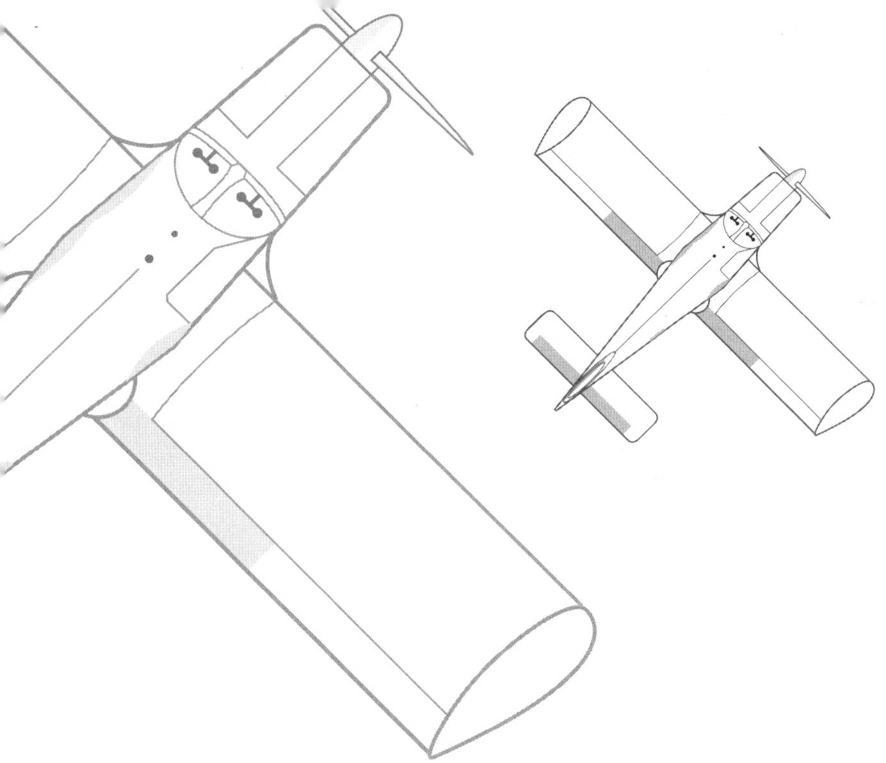

13 Decolagem

13.1 Comentários

O avião é taxiado até a posição de espera: espaço junto à cabeceira da pista, onde será levado a efeito o *check* pré-decolagem. Uma vez conferidos e estando com respostas satisfatórias todos os itens da lista de verificações, o piloto chamará, pelo rádio, a torre e aguardará que lhe seja dada autorização para ocupar a posição de decolagem. Caso a pista onde você estiver operando não possua órgão de controle, dê sua posição no solo e intenção, pela frequência livre da área.

De qualquer maneira, você é responsável por verificar a área, estando certo de que não irá interferir com o tráfego em fase de aproximação final e pouso, que sempre tem *prioridade*. Mesmo autorizado a tomar posição pela torre de controle, examine a área da reta final, pois pode haver tráfego em emergência ou sem rádio, ou mesmo sem ter sido avistado ou contactado pelo operador da torre. O avião é, então, taxiado até o limite aproveitável da cabeceira de decolagem e alinhado com o eixo da pista. Mesmo que a pista seja bastante longa, taxie sempre de forma a tê-la inteira à sua disposição. Qualquer instrutor de voo lhe dirá vezes seguidas que não existe *nada mais inútil para um piloto do que altitude acima e extensão de pista que ficou para trás.*

Uma vez decidida sua decolagem, por liberação da torre ou por sua própria iniciativa, quando for o caso, será dado início à *decolagem*; o piloto faz uma última análise dos instrumentos indicadores, para certificar-se de que todas as indicações estão normais.

A decolagem é sempre efetuada com potência máxima (manete todo à frente). No entanto, o manete deve ser aberto num movimento suave e contínuo, e não com um tranco. A abertura brusca do manete pode causar falha e afogamento do motor, por superinjeção de combustível. Os pés devem ter suas pontas apoiadas sobre os pedais e os calcanhares repousando no assoalho. Em casos excepcionais, o avião é mantido freado até que se desenvolva sua potência máxima. Então é solto o freio para que a inércia seja vencida rapidamente, tornando a corrida no solo mais curta (caso de pistas curtas ou com obstáculos à frente).

O piloto olhará para a frente, à medida que o avião começa a acelerar e ganhar velocidade, e manterá o avião sobre o eixo da pista. A mão esquerda estará segurando o manche e a mão direita, repousando sobre o console dos manetes – junto destes. Isso permitirá acioná-los rapidamente, caso uma decolagem tenha de ser abortada (cancelada), e o fato de manter a mão justaposta aos manetes, sobre o console, fará que eles permaneçam travados nessa posição.

À medida que o avião desenvolve sua corrida no solo, a força de torque da hélice será sentida, tendendo a desviá-lo para a esquerda. Como já dissemos, ao falar sobre as forças que agem sobre o avião, o piloto irá aplicando o pedal direito para compensar o efeito do torque. Calçando o pedal, fará que o avião mantenha-se centrado sobre o eixo da pista.

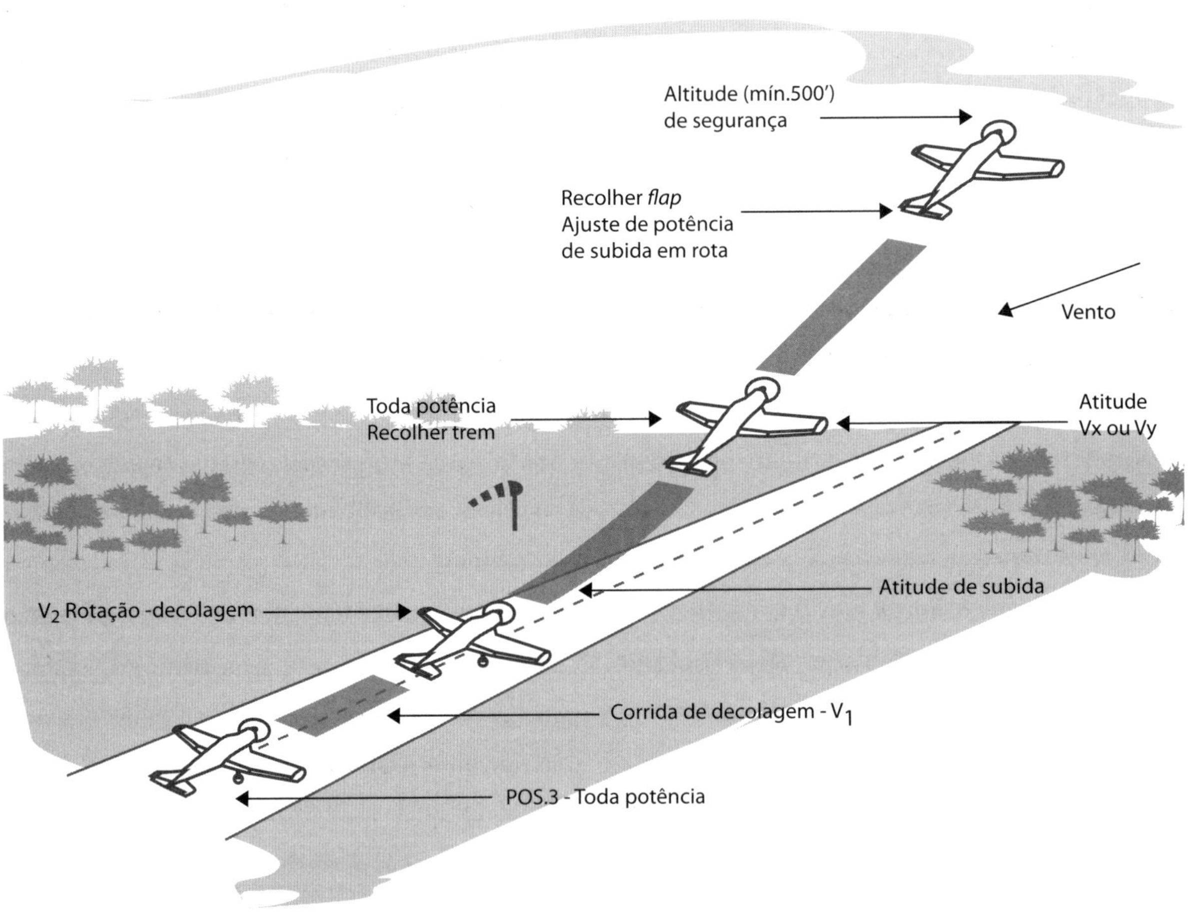

Figura 13.1: Corrida de decolagem e subida normal.

Durante a corrida no solo, o piloto irá relanceando seu olhar, para verificar se a RPM máxima está sendo desenvolvida e "manterá um olho" no velocímetro, esperando a velocidade de rotação e decolagem (Vr).

À medida que a velocidade aumenta, o fluxo de ar que passa pelas asas faz que estas comecem a gerar sustentação. O avião vai tornando-se mais leve e, pela pressão sobre as superfícies de comando, você começará a sentir os controles respondendo à sua solicitação.

O leme começará a responder à ação dos pedais e os ailerons e profundor terão efeito positivo quando o manche for solicitado.

À medida que se ganha velocidade de decolagem, o avião adquire sua identidade como máquina especializada.

A uma dada velocidade, o piloto pode tracionar levemente o manche, para aliviar a roda do TPN. Quando atinge a Vr, o manche é trazido para trás, assim aumentando o ângulo e ataque. Com isso, a sustentação aumentará o bastante para permitir que o peso seja vencido. Dá-se o fenômeno do voo: o avião ergue-se no ar. O manche é cedido para a frente, apenas um pouquinho, diminuindo o *pitch* do nariz e permitindo ao avião alcançar a velocidade de subida (Vy).

Ao piloto caberá, em síntese, o seguinte:

- Manter a atitude do avião (pelo *pitch* do nariz), para assegurar a velocidade de subida.
- Estabilizar o avião nessa atitude.
- Manter as asas niveladas.
- Manter o alinhamento da pista (usando referências visuais ou mantendo a direção magnética pela bússola).

Nessa fase do voo ascendente, ou de subida, o nariz do avião obstruirá uma parte da visão à frente. A atenção do piloto deve ser redobrada, ao examinar a área à sua frente. Lembre-se: *não existe desculpa para colisão em voo em condições visuais.*

O piloto concentra-se em manter o alinhamento da pista, podendo corrigir suavemente o efeito do vento que esteja desviando o avião para um ou outro lado. Fará essa correção girando o avião levemente contra a direção do vento que o desvia.

Atingida uma altitude segura sobre o terreno, normalmente faz-se um ajuste de redução na potência (ajuste de potência para o voo ascendente). Esse ajuste de RPM, pouco menor que o máximo, visa a estabelecer um regime de rotações do motor que, embora permitindo uma velocidade normal de subida (Vy ou Vx), poupe o motor – evitando seu superaquecimento e desgaste excessivo.

Após essa primeira redução de potência, é estabelecida uma atitude do avião (pelo *pitch* do nariz) que mantenha a velocidade requerida para a subida, sendo o avião estabilizado nessa atitude (lembre-se de que, logo após mudar-se a atitude do avião para uma nova configuração de voo, ou feita uma alteração na potência, deve o aparelho ser estabilizado, neutralizando o excesso de pressão sobre o manche).

Não se apresse a ponto de ficar afobado com a radiofonia. Concentre-se primariamente na pilotagem correta e segura e na análise dos instrumentos de voo, nunca deixando de examinar a área em que está penetrando.

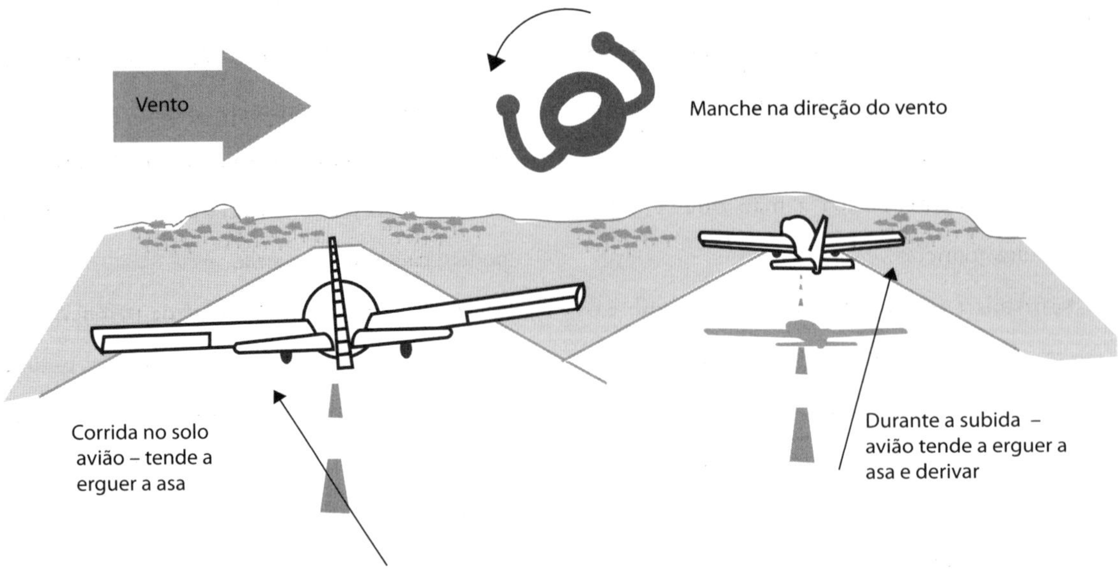

Figura 13.2: Compensando o vento cruzado (través) na decolagem.

Muitos aeródromos possuem circuitos de tráfego preestabelecidos e que devem ser seguidos a rigor. Esses circuitos de tráfego para aproximação e pouso ou abandono de aeródromo são publicados em folhas chamadas CP (Cartas de Pouso, ou Cartas de Aproximação Visual) ou, em termos internacionais, denominados *visual approach and landing* (VAL). No entanto, a maioria dos aeródromos, principalmente os não controlados, não possuem CP publicada. Para estes, prevalece a operação padrão de abandono, ou seja, após a reta de decolagem e atingidos 500 pés AGL, executa-se curva à esquerda de 45º, seguindo o rumo desejado. Também poderá ser feita a saída em frente, caso essa proa coincida com a rota desejada (saída em rota).

Uma vez atingida a altitude de cruzeiro passará o piloto à operação de nivelar o avião e prosseguir no voo reto horizontal. Apenas para recapitular, lembremo-nos de que o nível ou altitude estabelecida para o voo em rota deve ser fixada levando-se em conta o rumo a seguir (360° a 179° ou 180° a 359°), elevação do terreno a ser sobrevoado e limitações de altitude determinadas pelas *cartas de área* do terminal onde se esteja operando, ou aquelas designadas em corredores visuais estabelecidos.

13.2 Demonstração de decolagem normal (instrução)

- Alinhar o avião com o eixo da pista.
- Mentalizar procedimento para pouso forçado.
- Acelerar suavemente, levando o manete toda à frente (verifique de relance os instrumentos do motor).
- Manter o eixo da pista, calçando o pedal direito.
- Observe o velocímetro: ao atingir 65 MPH, alivie a roda do TPN; exerça leve tração sobre o manche.

- Logo em seguida será atingida a Vr, de 75 MPH. Traga o manche firme, mas suavemente, para trás.
- Decole (mantenha a mão direita junto dos manetes).
- Após a decolagem, alivie a tração sobre o manche, até o avião acelerar um pouco; não deixe cair muito o nariz.
- Estabeleça a *atitude* de voo ascendente. Estabilize na Vy = 90 MPH.
- Ao atingir 500 pés sobre o solo, reduza o motor para 2.400 RPM.
- Estabilize.
- Desligue a bomba elétrica e verifique a pressão do combustível (faixa normal de operações).
- Verifique instrumentos do motor – normais (faixa verde).
- Ao atingir 1.000 pés AGL, execute a saída de tráfego padrão ou de acordo com a CP.
- Se indicado, siga o corredor visual até a área de treinamento designada.

---

1. A critério do chefe de instrução, o *check* cruzado dos instrumentos indicadores de voo e do motor passará a ser feito pelo aluno, já na fase inicial.
2. Ao alinhar o avião com a pista – verifique a indicação da bússola magnética.
Esta deverá indicar o número de graus que coincida com a orientação da pista. (Ex.: Pista 30 – Leitura da bússola 300º.)
3. Aparelhos elétricos, como ventiladores ou condicionadores de ar, devem ser desligados ao se efetuar as leituras da bússola. O campo magnético gerado por esses aparelhos causa desvios no compasso magnético. Da mesma forma, objetos metálicos deixados sobre o painel e próximos da bússola podem causar desvios nela.
4. *Check* de potência – O *check* de potência é um procedimento para verificar se o motor do avião está desenvolvendo a RPM mínima necessária para efetuar-se a decolagem. Proceda da seguinte forma, para o P28-A (Cherokee 140):
a) Verifique se o indicador de temperatura do óleo já se encontra na faixa verde, demonstrando que o óleo já atingiu temperatura suficiente para que se possa acelerar ao máximo o motor.
b) Aplique o freio de estacionamento e mantenha a ponta dos seus pés sobre o topo dos pedais (freios de pedal).
c) Leve o manete de potência todo à frente (todo aberto), num movimento contínuo e suave.
d) O indicador do tacômetro (conta-giros) deverá mostrar uma rotação mínima de 2.200 RPM.
e) Verificada a rotação mínima necessária, retroceda o manete para 1.000 RPM.
f) Durante a aceleração, o motor não deverá falhar nem apresentar explosões de retrocesso.
5. Na leitura da lista de verificações de pré-decolagem, o aluno deverá pronunciar, em voz alta, cada item – proceder à verificação e dizer "checado" ou "OK" (significa: em ordem, de acordo ou positivo, no sentido afirmativo, dentro do jargão oficioso, em inglês internacional aeronáutico).

13.3 Saída de tráfego (instrução)

- Após a decolagem, o avião estará estabilizado na atitude de voo ascendente na Vy (90 a 95 MPH) e mantendo a direção do eixo da pista, até ultrapassar a reta de decolagem.
- Ao atingir 500 pés AGL, desligar a bomba de combustível (verificar o ponteiro indicador de pressão de combustível – este cairá um pouco para a esquerda, devendo, no entanto, manter-se dentro da faixa verde).
- Examine, sempre com atenção, a área na qual está penetrando. Se necessário, abaixe um pouco o nariz do avião e execute pequenas curvas em S, para poder enxergar melhor o espaço à sua frente. Se achar que alguma aeronave está se aproximando sem vê-lo, acenda o farol de pouso.
- Verifique os instrumentos do motor – normais.
- A saída de tráfego padrão será feita a 1.000 pés AGL (em outros aeródromos,

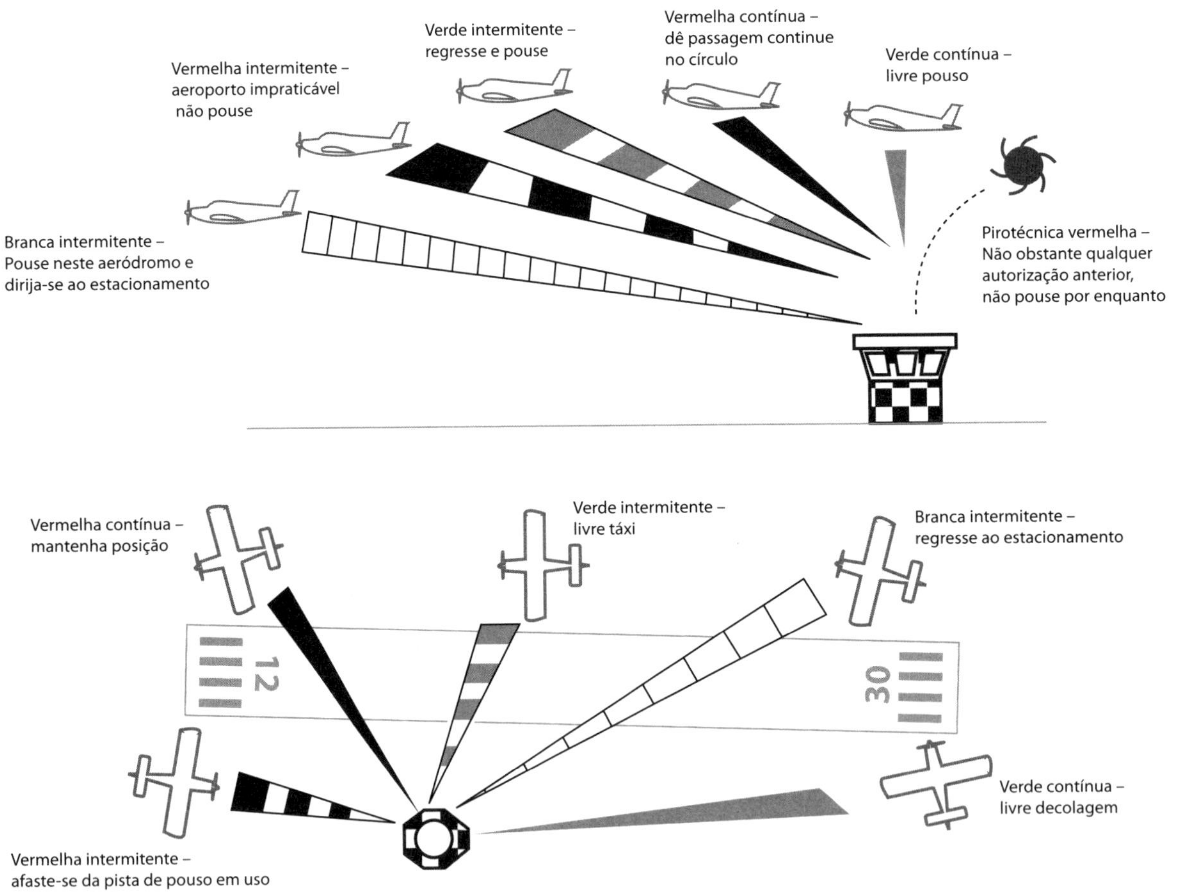

Figura 13.3: a) Luzes exibidas pela torre, para aeronaves em voo. b) Luzes exibidas pela torre, para as aeronaves nas áreas de movimento e manobras. (Aeronaves sem rádio)

isso também dependerá da elevação dos obstáculos em sua rota).

- A saída padrão, será com uma curva à esquerda de 45° ou seguindo em frente, dependendo da sua rota a seguir.
- A saída padrão não se aplica às pistas de Marte (consultar CP – Marte).
- Antes de executar qualquer curva, olhe para a frente, para trás e para o lado para o qual vai girar o avião. Diga em voz alta: "Esquerda (ou direita)... Livre."

Para operações de avião sem rádio, existem sinais luminosos padronizados, emitidos por um sinalizador na torre de controle.

O piloto deve conhecer claramente as mensagens por sinais luminosos, que funcionam como ordens para o piloto, controlando o avião no solo e no circuito do tráfego do aeródromo. (vide ilustração esquemática)

13.4 Nivelando o avião – voo reto horizontal

13.4.1 Comentários

Quando o avião é nivelado, após o voo de subida, uma série de pequenos ajustes serão efetuados:

- Inicialmente, o nariz do avião é relacionado com a linha do horizonte, estabelecendo a atitude do avião para o voo reto horizontal.
- As forças aerodinâmicas serão sentidas no manche, que está sendo pressionado para a frente. Deve-se, então, eliminar esse efeito, agindo sobre os compensadores e estabilizando o avião.
- A potência será mantida na RPM do voo de subida, até que a velocidade de cruzeiro (Vcr) para o voo reto horizontal seja atingida.
- Uma vez atingida a Vcr, a potência será reduzida para o ajuste de voo de cruzeiro (segunda redução de potência).
- Como mexemos na potência, haverá necessidade de fazer uma nova pequena correção na atitude. Tire a mão do manche e verifique a tendência do aparelho.

Parece muito fácil permanecer sentado e, consciente ou inconscientemente, ficar exercendo pressões sobre o manche e pedais, procurando manter o avião nivelado, sem estabilizá-lo. No entanto, essa será uma pilotagem deficiente, pois, além de extenuante, tão logo o piloto relaxe a pressão sobre os comandos o avião mudará para a atitude para a qual estava tendendo.

Admitem-se, como padrão normal estabelecido para julgar um voo reto horizontal correto, variações que devem ficar dentro dos seguintes limites:

- A altitude deverá ser mantida, com variações máximas de 100 pés, para mais ou para menos.
- A velocidade deve ser mantida, com variações máximas de 5 kt.
- A proa magnética deve ser mantida, procurando-se mantê-la com correções que não necessitem ultrapassar 5º de desvio.

Após o avião estar bem estabelecido na configuração de voo reto horizontal e estabilizado, você poderá agir sobre os controles, a fim de experimentar os seus efeitos, tanto no aspecto visual da atitude do avião e a indicação instrumental como pelas sensações que irá sentir no seu corpo, particularmente... no seu traseiro. Se o traseiro afunda no banco, o avião está sendo cabrado energicamente ("G" elevado). Se o piloto parece ficar leve sobre o assento, o avião está sendo picado com certa intensidade ("G" reduzido ou "G" negativo em picadas violentas). No entanto, sempre é melhor confiar nos instrumentos.

Somente voar reto horizontal já é uma experiência gratificante. Um voo perfeito não significa apenas executar todas as operações corretamente e saber o que está acontecendo. Estando tudo sob controle, o piloto pode olhar para baixo, vendo o descortinar da paisagem até os limites do horizonte, de um ponto de vista do qual apenas poucos seres humanos podem fazê-lo.

Vamos testar um pouco as reações de nosso avião, mexendo com os comandos.

Sem agir sobre o manche (aileron e profundor), pisemos energicamente no pedal esquerdo (leme). O avião vai guinar à esquerda, "derrapando" no ar. Você sentirá certo desconforto, a partir da sensibilidade sob o traseiro. A bolinha do "pau e bola" vai rapidamente para a direita. O nariz do avião poderá cair levemente. Soltando o pedal, o avião oscilará um pouco e voltará gradualmente ao reto horizontal.

Agora usemos somente o aileron, sem tocar nos pedais. Gire o manche para a direita, e o que vai acontecer? A asa direita vai baixar, mas o nariz tenderá a manter a direção do voo reto horizontal, acompanhando a curva iniciada, sob protesto, e querendo apontar para a linha de voo anterior. A bolinha do indicador de curva vai novamente sair para o lado direito, indicando uma curva derrapada. Afrouxe a pressão sobre o manche – a asa subirá e, após algumas oscilações, o avião voltará ao voo reto horizontal.

Agora, vamos fazer a coisa como se deve. Iremos exercer pressão conjunta, agindo coordenadamente sobre o manche e pedal do mesmo lado. Observe o nariz do avião, à medida que ele gira suavemente em tomo do horizonte. A bolinha do marcador permanece centrada, pois estamos executando uma curva coordenada. Você poderá perceber que o nariz do avião tende a cair, tanto por referência à altitude em relação ao horizonte como por perda de altitude, indicada no altímetro. Você terá de corrigir essa tendência, procurando manter a altitude, aplicando suave pressão para trás no manche. Algumas vezes, dependendo do grau de inclinação da curva, deverá ser aumentada a potência.

Repare que, uma vez estabelecida a curva, com o grau de inclinação desejado, você pode relaxar a pressão inicial sobre o manche e o pedal; o avião continuará executando a curva suavemente – estando os comandos neutralizados. Quando quiser desfazer a curva, aplique pressão sobre os comandos, no sentido oposto, antecipando-se em relaxar a pressão para trás, no manche, tão logo o avião role para a posição de nivelado em reto horizontal.

O segredo de uma pilotagem suave e de precisão é a antecipação do piloto em relação ao comportamento do avião. Aprenda a entender a manobra que pretende realizar e aplique força nos controles, de maneira calma, contínua e suave, sentindo o tempo que as superfícies de controle levam para produzir o efeito desejado. Por exemplo: se você inclinou o avião em 30º (curva de média inclinação ou curva padrão), para executar uma curva e alcançar determinada proa magnética (marcação da bússola), inicie a recuperação para o nivelamento 10º antes da proa desejada, antecipando-se à reação do avião. Assim fazendo, você sairá da curva na exata proa bússola que estava pretendendo.

Vamos, agora, sentir os efeitos do profundor quando acionado (exercendo-se pressão para a frente ou para trás sobre o manche). Se você puxar o manche para trás e segurá-lo nessa posição, o nariz do avião subirá, mudando a atitude do avião para voo ascendente. O avião começará a ganhar altitude e perder velocidade. Se você puxar mais o manche, a velocidade irá caindo até atingir a velocidade de estol. Mais um pouco de manche para trás e o avião começará a vibrar e estremecer, "avisando" que está perdendo sustentação e que irá estolar. Alivie a pressão sobre o manche e solte-o. O nariz do avião baixará por si mesmo e, após algumas oscilações, voltará à altitude de voo reto horizontal. Se o manche for pressionado para a frente (sem tocar no manete de potência ou no comando do estabilizador), o avião entrará em mergulho, numa atitude de voo descendente, perdendo altura e aumentando sua velocidade aerodinâmica. Basta aliviar a pressão sobre o manche para que o avião volte à condição de voo reto horizontal. Essa volta à atitude primitiva do avião, na qual estava estabilizado, deve-se à sua *estabilidade estática*. As oscilações (muitas vezes suaves ou imperceptíveis) que acompanham a estabilização resultam da *estabilidade dinâmica* do avião.

Isso, posto em termos básicos, mostra que o piloto está controlando a energia proveniente do peso e velocidade do avião. Uma vez que o avião esteja estabilizado para certa velocidade e atitude, tenderá a voltar sempre à posição inicial, após qualquer alteração temporária sobre um dos controles. No entanto, algo diferente acontece se um dos elementos que desenvolve energia for alterado continuamente; se no voo reto horizontal for reduzida a potência, o nariz cairá e o avião entrará em voo descendente, mantendo aproximadamente a mesma velocidade anterior. Contrariamente, se for aumentada a potência, o nariz subirá e o avião iniciará voo ascendente suave, até um novo ponto de equilíbrio da potência.

13.4.2 Do voo ascendente para o reto horizontal (nivelando) – (instrução)

- Estabeleça a atitude de voo reto horizontal, com referência visual ao horizonte, ao atingir a altitude de nivelamento, para voo de cruzeiro.
- Mantenha pressão positiva sobre o manche, deixando o *pitch* do nariz levemente picado, até atingir a velocidade de cruzeiro (Vcr) de 110 MPH.
- Ajuste a potência para 2.400 RPM, trazendo o manete suavemente para trás,
- Estabilize o avião na *altitude*.
- Mantenha as asas niveladas.
- Verifique altímetro: indicação da altitude a ser mantida, com variação máxima de 100 pés.
- Procure manter o *Climb* a zero.
- Verifique: instrumentos do motor – normais.
- Mantenha a proa bússola ou alinhe o nariz do avião com uma referência visual no horizonte.

13.5 Transição do voo reto horizontal para o voo ascendente

13.5.1 Comentário

Iniciar um voo ascendente, a partir do reto horizontal, começa com um aumento de potência (variável de acordo com cada equipamento) concomitante com uma tração sobre o manche, fazendo o avião posicionar-se na atitude de voo ascendente. Você vai verificar que a linha do horizonte, que se estendia pouco acima do nariz do avião, vai ficar nivelada com ele ou pouco abaixo dessa referência. A velocidade será estabelecida pelo ajuste da potência e *pitch* do nariz. O avião será estabilizado na nova atitude. Você notará que a bolinha do indicador estará levemente fora do centro e para a direita, mostrando que deve ser aplicado o pedal direito, a fim de compensar o torque da hélice.

À medida que o avião sobe, ganhando maior altitude, a pressão atmosférica irá diminuindo, ocasionando também uma redução na potência do motor, por rarefação do ar. Será, portanto, necessário avançar o manete a curtos intervalos, a fim de ser mantida a potência para o voo ascendente.

Ao atingir a altitude pretendida, ultrapasse-a em aproximadamente 100 pés. Nivele o avião e mantenha a potência, até que a velocidade de cruzeiro seja novamente atingida. Para ajudar a ganhar essa velocidade, o avião será picado levemente (havíamos ultrapassado em 100 pés nossa altitude pretendida) até a altitude de nivelamento. Uma vez atingida a altitude correta e a velocidade de cruzeiro, ajusta-se novamente a potência, reduzindo-a, e estabiliza-se o avião.

13.5.2 Voo ascendente (instrução)

- Faça pressão sobre o manche para trás, até o nariz do avião atingir uma *atitude* de voo ascendente.
- A velocidade cairá e deve ser mantida em tomo de 90 MPH (Vy).
- A potência deve ser ajustada, para completar e manter 2.400 RPM.
- Estabilizar o avião na *atitude*.
- Manter as asas niveladas.
- Verificar instrumentos do motor – *normais*.
- O altímetro indicará ganho de altitude.
- O *Climb* indicará razão de subida.
- Manter a proa bússola ou uma referência visual no horizonte.
- Mantenha exame visual constante da área em torno.

13.6 Transição do voo reto horizontal para o voo descendente

13.6.1 Comentário

Bem, agora chegou a hora de descer. Para o voo descendente, não basta apenas inverter os fatores usados para o voo de subida. Existem algumas diferenças relativas à maneira como o motor trabalha e ao fato de que a força da gravidade estará sempre presente, também agindo como força de tração sobre o avião na atitude de voo descendente.

A primeira coisa a fazer é reduzir a potência para um ajuste que proporcione a razão de descida pretendida. Se você quiser descer, numa razão de descida acentuada, traga o manete todo para trás. Caso contrário, ajuste-a de forma a perder aquelas centenas de pés por minuto que julgar conveniente, para atingir seu objetivo, numa descida mais lenta ou mais prolongada.

Você notará que, nas reduções de potência maiores, a força da gravidade ajudará como fator adicional na tração do avião e que, ao invés de levar o manche para a frente, fazendo baixar o nariz do avião, você vai achar-se trazendo-o para trás, procurando manter o nariz do avião na atitude de descida desejada e mantendo a razão de descida e velocidade pretendidas.

Se a potência for toda cortada, estabeleça uma atitude de nariz que mantenha a velocidade de voo planado (Vpln). Se o voo planado for mantido por um período maior, o ar quente do carburador deve ser ligado. A intervalos de 15 a 20 segundos devem ser aplicadas rajadas de potência, para evitar acúmulo de carbono sobre as velas de ignição, mantendo-as limpas, e evitar gelo no carburador, para que o motor esteja em condições de funcionar a todo rendimento quando novamente solicitado.

Para recuperar o avião do voo descendente e estabelecer novamente o reto horizontal, aplique potência até o requerido para a velocidade de cruzeiro, nivele o avião para a atitude de reto horizontal e estabilize-o. Feche o comando de ar quente do carburador.

13.6.2 Voo descendente (instrução)

- Reduza a potência para 2.000 RPM.
- Estabeleça uma *atitude* (*pitch* do nariz) abaixo da linha do horizonte, para mater uma velocidade de 110 MPH.
- Estabilize o avião na *atitude.*
- Asas niveladas.
- Verifique instrumentos do motor – normais.
- O altímetro indicará perda de altitude.
- O *Climb* indicará razão de descida.
- Mantenha a proa predeterminada.

13.7 Exercícios de coordenação

13.7.1 Manobra de 1ª coordenação (comentário)

Essa manobra tem a finalidade de desenvolver a sensibilidade do piloto na coordenação dos comandos ativados pelo pé e a mão (manche e pedal). Consiste em inclinar as asas alternadamente de um lado para outro (cerca de 45°), mantendo o nariz do avião apontado para uma referência fixa no horizonte. Durante a manobra, o nariz não deverá sair da referência e o avião não poderá ganhar ou perder altura.

O piloto iniciará a manobra como se fosse entrar em curva, inclinando a asa. Não deixará, porém, o avião entrar em curva, isto é, tão logo a asa atingir a inclinação, comandará pedal e manche contrários, inclinando-o para outro lado. Ao atingir a mesma inclinação do outro lado, comandará novamente pedal e manche contrários. Assim, o avião irá "balançando as asas" sem que seu eixo longitudinal seja desviado da trajetória, ou seja, o nariz deverá manter-se na referência escolhida.

Sequência (instrução)

(1) Altitude: 1.500 pés AGL.
(2) Escolher uma referência próxima do horizonte (na linha de visada do nariz do avião).
(3) Verificar área livre, olhando em volta.
(4) Estabilizar o avião corretamente.
(5) Inicie o exercício e faça-o até que domine perfeitamente a coordenação dos comandos, sem perder a referência e mantendo a altitude.

13.7.2 Manobra de 2ª coordenação (comentário)

A finalidade dessa manobra é a mesma da 1ª coordenação, ou seja: desenvolver a sensibilidade do piloto, para perfeito domínio dos comandos (pé e mão).

Consiste em executar curvas alternadas, com mudança de direção de 45º para cada lado – asas com média inclinação – e mantendo-se a referência visual no meio.

Inicia-se a manobra comandando uma curva coordenada para um dos lados, fazendo o nariz do avião deslocar-se 45° da referência.

Atingindo-se esta posição, sem parar, comanda-se pé e mão contrários (manche e pedal), fazendo curva para o outro lado, passando pela referência (sem parar) – até 45° do outro lado dela. Dessa maneira, após 45° iniciais, teremos uma série de curvas de 90° com a referência no meio das curvas. Durante a manobra, as curvas deverão sempre ser executadas com a mesma inclinação e não deverá haver perda nem ganho de altura.

Sequência (instrução)

(1) Altitude: 1.500 pés AGL.
(2) Escolher uma referência próxima ao horizonte, no longo eixo visual do nariz do avião.
(3) Verificar área livre – olhando em volta.
(4) Estabilize o avião corretamente.
(5) Inicie o exercício e faça-o até dominar bem a coordenação dos comandos.

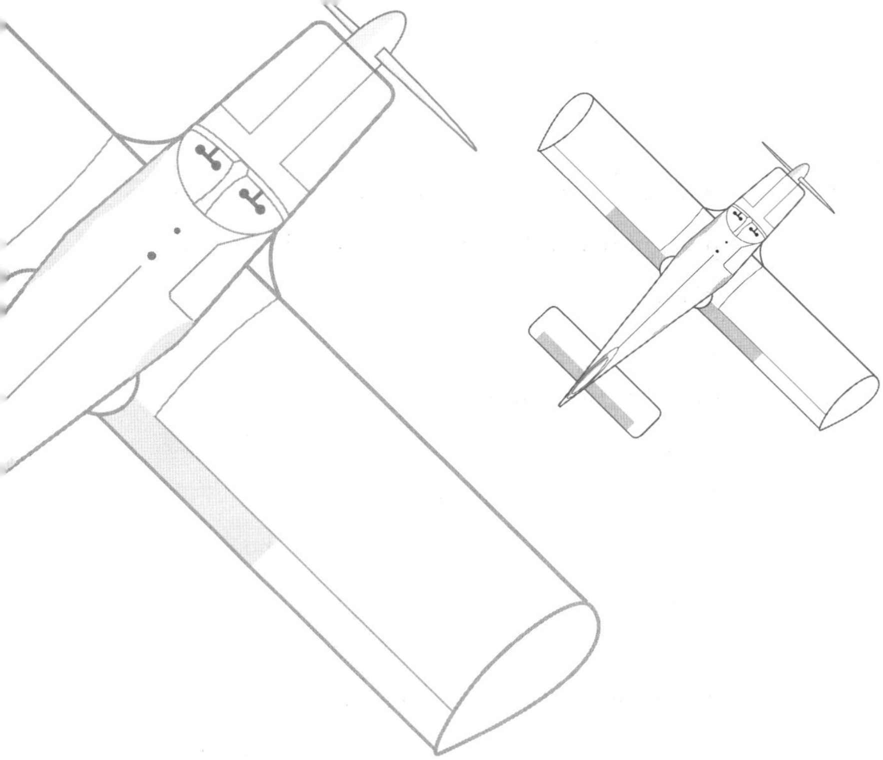

14 Curvas

14.1 Considerações gerais

Curvas são manobras básicas de voo que visam a mudar uma direção de voo ou retomar a uma direção primitiva.

- Envolvem coordenação perfeita dos três controles de voo: *aileron, profundor e leme.*
- As curvas integram-se com as demais manobras do avião, sendo importante que o piloto conheça sua dinâmica, para que possa realizá-las com perfeição.
- As curvas, de acordo com a inclinação imposta às asas do avião, dividem-se em curvas de pequena, média e grande inclinação.
- Quanto maior a inclinação das asas, menor será o raio da curva e mais rápida será a mudança de direção.
- O grau de inclinação da curva pode ser avaliado pela posição das asas e pelo ângulo formado com a carenagem do motor em relação à linha do horizonte.
- O piloto deverá manter uma postura relaxada e deixar-se soltar para o lado da inclinação do avião, para bem poder avaliar o grau de inclinação.
- Em aviões de assento lado a lado, o piloto estará sentado lateralmente ao eixo longitudinal do avião sobre o qual ele rola. Esse fato faz que o nariz do avião *aparente* erguer-se quando a curva é para a esquerda e *aparente* afundar quando a curva é para a direita (Figura 14.3).
- O grau de inclinação também pode ser verificado pelo "pau e bola", ou instrumento indicador de curvas e inclinações. Em curvas bem coordenadas, a bolinha preta do indicador permanecerá centrada.

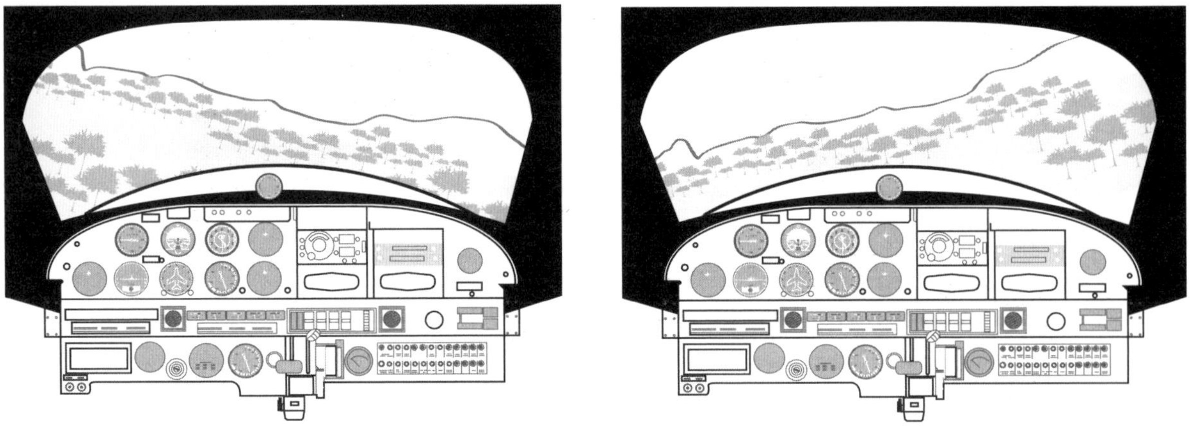

Figura 14.1: A atitude do nariz aparenta ser diferente em curva à esquerda ou direita.

- *Curvas de pequena inclinação* são aquelas em que a inclinação é tão pequena (menos de 20º) que a estabilidade, inerente ao avião, estará atuando para nivelar as asas, a não ser que alguma pressão seja mantida sobre os controles (manche e pedal), para manter a rolagem, O ponteiro do indicador de curvas estará pouco acima do primeiro traço.
- *Curvas de média inclinação* são aquelas resultantes de uma inclinação de aproximadamente 25º a 40°. Nessa inclinação, o avião tenderá a manter a curva sem que seja necessário continuar-se a exercer pressão sobre o manche. A curva de média é chamada de curva padrão, quando a inclinação é constante, de 25°. O ponteiro indicador estará sobre o primeiro traço do instrumento.
- *Curvas de grande inclinação* são aquelas resultantes de inclinações com grau superior a 45°. O avião terá a tendência de sobrepujar a inclinação, superando sua estabilidade. A inclinação tende a aumentar, havendo necessidade de exercer pressão sobre o manche para evitar que isso aconteça. O nariz tende a cair pela ação da gravidade, sendo preciso tracionar o manche para manter altitude. O ponteiro indicador cairá abaixo do primeiro traço do instrumento.
- Para desfazer uma curva, ou diminuir sua inclinação, gire o manche suavemente e aplique o pedal para o lado contrário à curva (*sempre* para o lado da direção do giro do manche).
- Tão logo um avião role da posição de asas niveladas para a inclinação de curva, o nariz deve iniciar seu percurso ao longo da linha do horizonte (Figura 14.2). Qualquer variação desse aspecto indicará uma descoordenação em algum dos controles). As seguintes variações servem como indicações:
  a) se o nariz do avião começa a se mover antes de iniciar-se a rolagem, o pedal está sendo aplicado precocemente ou com muita intensidade;
  b) se a rolagem inicia antes de o nariz do avião se mover, ou se o nariz deslocar-se em sentido oposto à curva, o pedal está sendo aplicado tardiamente ou com pouca pressão;

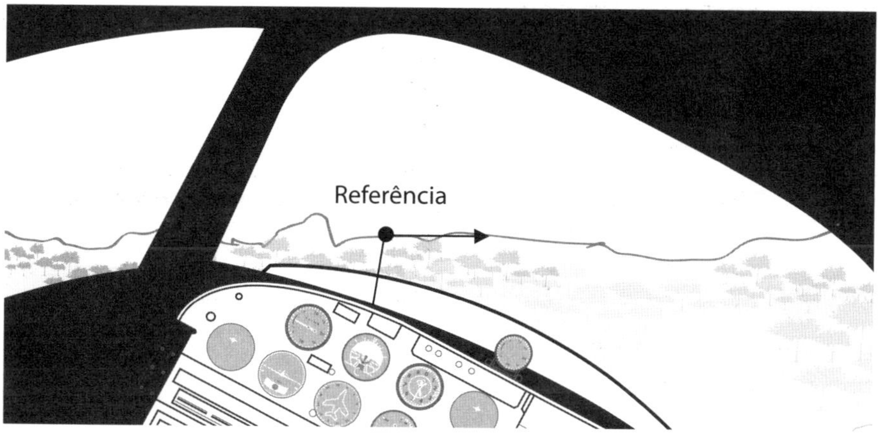

Figura 14.2: O ponto de referência visual desloca-se de acordo com o grau de inclinação do avião.

c) se o nariz do avião sobe ou cai, em relação à linha do horizonte: excessiva ou insuficiente tração está sendo exercida sobre o manche.

- Quando a bolinha do pau e bola estiver fora do centro, uma regra prática é a de "pisar na bola", ou seja, aplicar pedal do lado para o qual a bola se deslocou.
- Na execução de curvas muito acentuadas, uma tração considerável sobre o manche deverá ser exercida, para manter a altitude. Será geralmente necessário aplicar potência, para manter uma velocidade segura e não perder altitude. Frequentemente desenvolve-se uma tendência acentuada de o nariz do avião afundar, resultando numa perda sensível de altitude. Para recuperar-se de uma *atitude* de nariz baixo, durante uma curva de grande inclinação, o piloto deverá inicialmente reduzir o ângulo de inclinação, aplicando manche e pedal para o lado oposto. Em seguida, a tração sobre o manche poderá ser exercida, a fim de recuperar a *atitude* de *pitch* correta de nariz. Tentar erguer o nariz do avião antes,

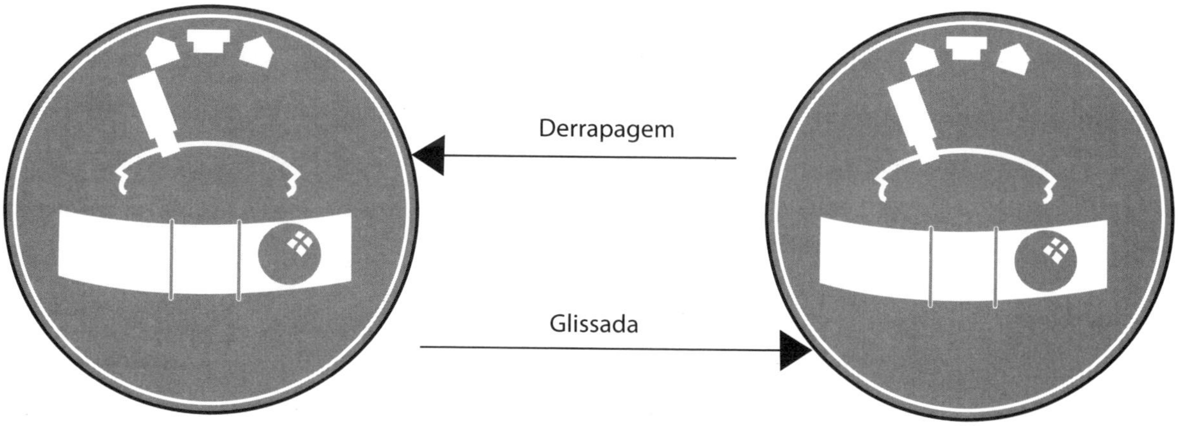

Figura 14.3: Indicações do "pau e bola" em curvas descoordenadas.

por meio de tração sobre o manche, pode ocasionar uma descida em espiral violenta e apertada e causar sobrecargas estruturais sobre a aeronave (estol em curva).

14.2 Curvas em voo reto horizontal

Precaução

Antes de efetuar qualquer curva, examine a área para o lado da qual vai girar; olhando para trás, para o lado, para cima e para baixo. Habitue-se a dizer em voz alta: "Área livre".

14.2.1 Curva de pequena inclinação em voo reto horizontal (instrução)

- Gire o manche e aplique pedal para o lado para o qual deseja levar o avião (20° de inclinação).
- Pare pouco antes da referência no horizonte e nivele as asas.
- Faça a mesma curva para o lado oposto.
- Não deve ganhar nem perder altitude: altímetro imutável, *Climb* a zero.
- O indicador de curvas deverá mostrar ponteiro acima do primeiro traço e a bolinha centrada.

14.2.2 Curva de média inclinação em voo reto horizontal (instrução)

- Verifique "Área livre".
- Incline as asas gradativamente, dando manche e pedal, de forma coordenada.
- Estabeleça a atitude do avião (25° a 40°).
- Ajuste a pressão sobre os comandos.
- Mantenha o indicador sobre o primeiro traço e a bolinha centrada.
- Exerça leve pressão sobre o manche, para manter a altitude, se necessário.
- Altímetro imutável: *Climb* a zero.
- Desfaça a curva pouco antes da referência no horizonte.
- Execute o mesmo procedimento para o outro lado.
- Verifique instrumentos do motor – normais.

14.2.3 Curvas de grande inclinação com giros de 360° e 720° (instrução)

- Marque uma referência no horizonte. Essa marcação poderá, posteriormente, ser complementada com o registro da proa bússola.
- Verifique instrumentos do motor – normais.
- Verifique sua altitude.
- Deverá estar voando, no mínimo, a 1.500 pés AGL.
- Aumente a potência para 2.500 RPM.
- Estabilize corretamente o avião.
- Verifique a área "livre" para o lado em que vai girar.
- Incline o avião suavemente, cerca de 45° a 50°. Use referência visual e o "pau e bola", coordenando pressão sobre o pedal e o manche.

- Procure não perder nem ganhar altitude.
- Mantenha pressão suave para trás, sobre o manche, permitindo que o nariz do avião percorra a linha do horizonte, sem subir nem descer. Verifique, de relance, o altímetro para confirmar a manutenção da altitude (variação máxima permitida para mais ou para menos: 100 pés).
- Mantenha o giro até pouco antes de atingir a referência.
- Desfaça a curva (giro de 360° = uma volta completa) ou mantenha o giro, passando pela referência e desfazendo-a somente quando chegar à referência pela segunda vez (giro de 720° = duas voltas completas).
- As curvas poderão ser alternadas para qualquer lado.
- Desfaça a curva pouco antes de atingir a marcação da proa bússola.
- Ao mesmo tempo que for desfazendo a curva, o piloto deve ir aliviando a pressão sobre o manche. Essa coordenação de desmanchar a curva (manche e pedal contrário ao lado da curva) e alívio do manche (para a frente), visa a sair da curva e nivelar o avião, sem que o nariz do aparelho suba.
- Após desfazer a curva, reduza novamente a potência para 2.400 RPM e estabilize o avião.

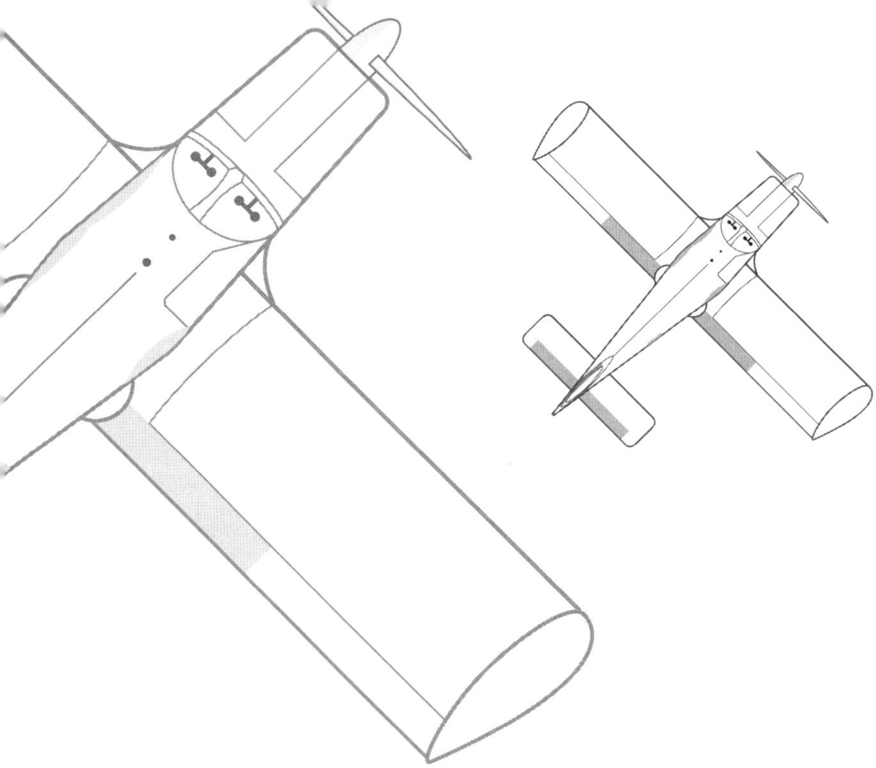

15 Voo planado

15.1 Comentário

O treinamento de voo planado é de grande importância, pois poderá ser empregado durante os pousos normais. Acresce dizer que será o único tipo de voo descendente disponível durante o treinamento ou na eventualidade real do pouso forçado sem potência.

É de bom alvitre que o piloto execute os procedimentos e mantenha o controle positivo do avião, durante o voo planado, de maneira segura e reflexa, como consequência de um treinamento adequado e continuado. No caso de uma necessidade real (pane de motor), sua atenção imediata e principal terá de estar voltada para uma série de outras medidas e procedimentos a executar.

O voo planado poderá ser:

a) descendente reto, com ou sem flape;
b) descendente em curva, com ou sem flape.

15.2 Considerações sobre o voo planado

(1) O deslocamento longitudinal do avião (tração) é fornecido pela força da gravidade. O avião não "cai" como qualquer outro objeto atraído pela gravidade, porque possui asas que lhe dão a sustentação no ar, desde que mantido em uma atitude adequada. Se mantido, virá em voo planado até o solo.

(2) A razão de descida é controlada pelo piloto, comandando o profundor, assim mantendo um equilíbrio entre a força da gravidade e a sustentação.

(3) Esse equilíbrio é traduzido pela velocidade segura de planeio.

(4) A melhor velocidade de planeio é aquela na qual o avião perde o míni-

mo de altura para uma determinada extensão de planeio.

(5) A atitude do avião deve ser ajustada para manter uma velocidade de planeio constante.

(6) Um vento de proa, de considerável intensidade, diminui a distância de planeio. Entretanto, um vento de cauda ajudará a aumentar a distância de planeio.

(7) O piloto deve usar de muita precaução ao tentar esticar a distância de voo planado, reduzindo a velocidade do avião, pois, além de poder aproximar-se inadvertidamente da velocidade de estol, causará um afundamento mais rápido do aparelho.

(8) A aplicação de flape acentua o ângulo de descida, encurtando a distância de planeio.

15.3 Treinamento do voo planado (instrução)

(1) Abrir o ar quente do carburador.

(2) Mistura toda rica.

(3) Ligar bomba elétrica de combustível.

(4) Reduzir suavemente o manete de potência, até totalmente fechado (todo para trás).

(5) Segure o manche do avião, para estabelecer uma atitude abaixo da linha do horizonte, que permita desenvolver a velocidade de voo planado Vpln de 90 MPH.

(6) Estabilize o avião nessa atitude, mantendo a velocidade.

(7) A cada 30 segundos, aplique uma rajada de potência (aceleração a 3/4 do manete, seguida de desaceleração). Isso serve para evitar acúmulo de carbono nos polos das velas – tendo toda a potência disponível quando for requerida.

(8) Determine uma referência visual para apontar o nariz do avião e mantê-lo nessa direção. Aplique pedal para corrigir a direção e comande o manche para deixar as asas niveladas.

(9) O altímetro indicará a perda de altitude e o *Climb* mostrará a razão de descida que, na Vpln de 90 MPH do Cherokee 140, será de 500 a 600 pés por minuto.

(10) As curvas executadas serão sempre de pequena para média inclinação, a fim de evitar o afundamento maior, causado pela diminuição de sustentação nas curvas de grande inclinação. No voo planado com flape, o avião afundará mais acentuadamente, ou seja, sua razão de descida será maior, embora a velocidade mantida possa ser menor. A cada aplicação de flape será necessário pressionar o manche para manter a atitude e também corrigir a estabilização.

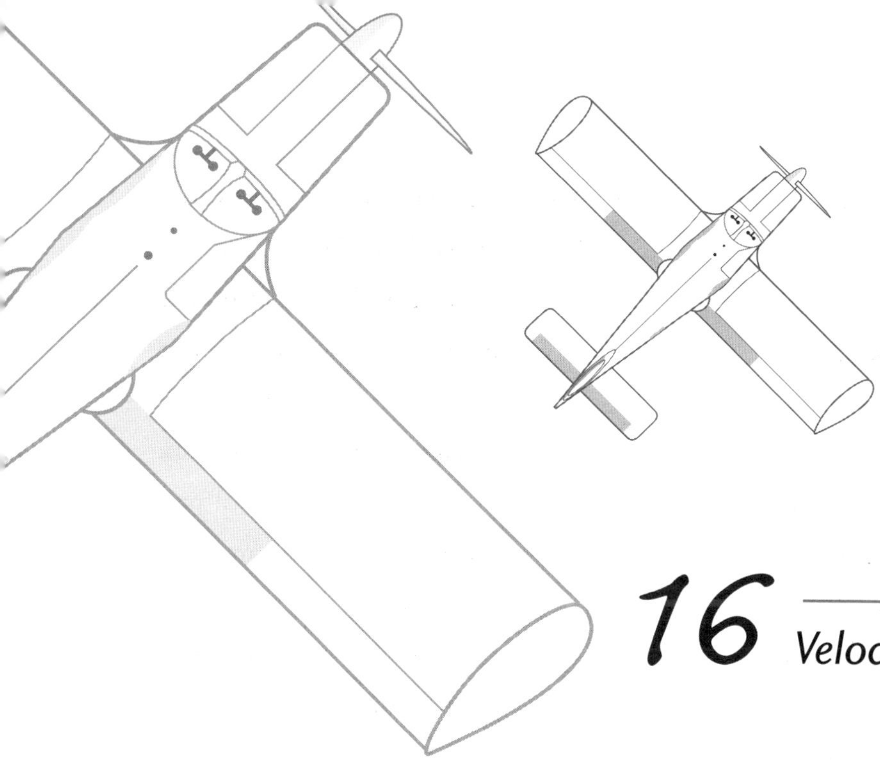

16 Velocidade mínima de controle

16.1 Considerações gerais

- Dentro do programa de treinamento de um piloto, serão realizadas manobras que englobem as características de maneabilidade e comportamento geral aerodinâmico do avião de instrução, diante da ação dos comandos. A prática de tais manobras visa a desenvolver no aluno piloto a sensibilidade de voo e a percepção dos fenômenos aerodinâmicos, em função das atuações sobre os controles.
- O voo à velocidade mínima de controle sobre o avião, ou seja, à menor velocidade possível, na qual o aparelho ainda possa ser controlado positivamente, é um desses treinamentos, pois permite ao piloto sentir objetivamente a relação entre atitude e controle de velocidade.
- A finalidade principal do treinamento de voo lento será a de aprender, sentir e dominar a relação entre *potência* e controle de *altitude*, assim como controle de profundor, (tangagem ou *pitch*) em relação à velocidade aerodinâmica.
- A prática do voo à velocidade mínima de controle (Vmc) prepara o aluno piloto para as técnicas de manobras em baixa velocidade, usadas imediatamente após decolagens e aproximações para pouso, pouco antes do toque.
- A Vmc é praticada a uma velocidade pouco acima da velocidade de estol sem flapes.
- A velocidade de voo lento (Vmc) será a mínima possível para controle do avião, de forma tal que qualquer redução da velocidade ou aumento de carga aero-

dinâmica resultará nos sinais de alarme anunciadores de estol iminente.

- O treinamento da Vmc, geralmente, é praticado a uma velocidade cerca de 10 MPH acima da Vstol publicada no manual de operações do avião.
- A tarefa de entrar na Vmc, a partir do voo reto horizontal com velocidade de cruzeiro (Vcr), irá desenvolver no aluno a capacidade de coordenação suave dos controles de profundor, leme e potência.
- A fase inicial do treinamento será a de conseguir uma transição suave da atitude de voo de cruzeiro (Vcr) para atitude de voo lento (Vmc), enquanto é mantida a mesma altitude.
- O procedimento geral para transicionar da Vcr para Vmc é o seguinte:
  a) abra o ar quente do carburador (se indicado para o equipamento);
  b) reduza a potência de 400 a 300 RPM (Vmc com potência) ou totalmente (Vmc sem potência);
  c) aumente a tração sobre o manche para diminuir a velocidade;
  d) continue segurando o manche, até atingir a Vmc, e manter a altitude do voo reto horizontal que vinha sendo seguida.
     - Se a tração no manche for muito brusca, o avião tenderá a subir (errado). O avião não deverá ganhar nem perder altitude.
     - Se a aplicação de profundor (manche) for muito retardada, o avião tenderá a afundar e perder altitude (errado).
     - À medida que for estabelecida a atitude do nariz para voo lento (o nariz ficará mais para cima do que no voo reto horizontal), e a velocidade cair para Vmc, o aluno deverá ir estabilizando o avião.
  e) Quando atingida a atitude e velocidade mínima de controle, a altitude terá de ser mantida por pequenos aumentos de potência.
     Assim será mantida a altitude com a Vmc e o avião estabilizado;
  f) Será necessário aplicar pedal direito (leme) para boa coordenação e controle direcional, pois, com ângulo de ataque aumentado, a baixa velocidade, será aumentado o torque que tende a desviar o nariz do avião para a esquerda. O aluno piloto poderá referir-se ao indicador de curvas (pau e bola) para manter a esfera do instrumento centrada, indicando-lhe o quanto de pressão no pedal será necessário.
- Os controles parecerão "moles" e pouco eficientes. Maiores pressões serão necessárias sobre os controles e a resposta do avião mais lenta. Por quê? Você já é capaz de responder?
- É isso mesmo: porque no voo lento a pressão aerodinâmica do ar é muito menor, necessitando-se maior amplitude de

movimento das superfícies de controle para obter-se a resposta positiva do avião.

- No treinamento da Vmc, a função primária dos controles toma-se evidente.
- Uma tentativa de subir usando somente profundor (manche) causará imediatamente a aproximação do estol, pela perda da pequena margem de velocidade. Uma tentativa de perder altitude somente deixando afundar o nariz (*pitch* para baixo pelo efeito do profundor) fará que a velocidade aumente além do tolerável para voo em Vmc.
- O procedimento correto para ganhar altitude será aumentar a potência (pequeno aumento no *pitch* do nariz poderá ser necessário para manter a velocidade em Vmc).
- Para perder altitude, a potência terá de ser reduzida (em conjunção com um pequeno decréscimo no *pitch* do nariz).
- Conclusão: pode-se visualizar, teoricamente, o que você irá sentir no voo real:
  a) O controle primário de altitude é dado pela potência.
  b) O controle primário de velocidade é feito pelo profundor (*pitch* do nariz para cima ou para baixo). Ou seja, manche para a frente: a velocidade aumenta; manche para trás: a velocidade diminui.
  c) Podemos, em outras palavras, dizer que para uma velocidade constante (atitude – *pitch* constante) será a potência que controla a altitude. Se o avião tende a subir, basta reduzir um pouco a potência. Se o avião tende a perder altitude, basta aumentar um pouco a potência.
  d) Uma boa aplicação prática desses princípios primários de controle do avião diz também respeito ao voo descendente de uma aproximação para pouso, quando se deseja manter uma dada razão de descida. A velocidade de aproximação será determinada pela atitude do avião. Para uma velocidade de aproximação constante (atitude ou *pitch* do nariz constante), a razão de descida será aumentada se diminuirmos a potência, e vice-versa.

16.2 Curvas em velocidade mínima de controle

Como em qualquer tipo de curva, parte da força total de sustentação será perdida para fazer o avião rolar. No voo normal de cruzeiro, ao fazer uma curva um pouco mais inclinada, o piloto traciona o manche para manter a altitude. Nesse caso, perde um pouco de velocidade para compensar a força da gravidade. Contudo, como vimos antes, a Vmc está um pouco acima da velocidade de estol. Portanto, não se pode perder velocidade em curvas executadas na Vmc, sob risco de estolar o avião. *Para manter a altitude em curvas a baixa velocidade, deve-se aumentar a potência, para contrabalançar a gravidade e manter a altitude.*

16.3 Uso de flapes em velocidade mínima de controle

A prática do voo em Vmc inclui o treinamento com flapes aplicados e trem de pouso baixado (aviões com trem retrátil). Durante o treinamento, o aluno será instruído a baixar os flapes em cada uma das graduações: 10° – 25° – 40° e a controlar o avião em Vmc, para cada nova situação aerodinâmica. A cada posição de flape, será preciso ajustar o compensador para estabilizar o avião, aliviando a necessidade de excesso de pressão sobre os controles.

Você verá que poucos ajustes serão necessários para o primeiro dente de flape (10°). Já quando se baixam 25° de flape, o nariz terá de ser baixado, aumentada um pouco a potência, para manter a altitude, e realizado ajuste no controle de estabilização.

Quando todo o flape é baixado (40°), a mudança no comportamento do avião é bastante sensível, pois se aumenta a sustentação a par de um grande incremento do arrasto.

A posição do nariz do avião deve ser abaixada quase que para a atitude de voo reto horizontal. Uma considerável atuação será necessária na roda do compensador, para estabilizar o avião. Um grande aumento de potência será preciso para manter a altitude e contrabalançar o enorme arrasto induzido pelo 3° dente de flape. Com todo o flape baixado, a possibilidade de subida é muito limitada, às vezes até impossível.

Como já dissemos antes, o piloto precisa ter em mente o grande arrasto produzido pelo flape todo baixado, quando numa configuração de pouso surgir a necessidade de uma arremetida de último instante. Nessa circunstância, deve dar toda a potência para manter altitude e exercer pressão sobre o manche para manter velocidade. Tentar um voo ascendente, trazendo o nariz para cima, com todo o flape ainda baixado, poderá levar o avião a afundar sobre a pista, ou pior – fazê-lo estolar a baixa altura. Deverá, pois, manter a velocidade segura com toda potência e atitude do nariz (*pitch*) e recolher *lentamente* o flape, até aumentar a velocidade e poder iniciar um voo ascendente seguro.

Para retomar ao voo de cruzeiro, partindo da Vmc com flapes, inicialmente aplica-se toda a potência. Os flapes serão recolhidos lentamente, para uma posição de cada vez. A cada dente recolhido deve ser mantida uma tração adequada sobre o manche, ajustada a potência e estabilizado o avião.

À medida que cada extensão de flape é recolhida, o aluno piloto aguardará o avião aumentar a velocidade, antes de recolher para outro dente. Isso o habituará a aguardar uma velocidade segura antes de recolher todo o flape, principalmente quando voando próximo ao solo ou transpondo obstáculos.

16.4 A velocidade mínima de controle também será treinada sem motor

Logicamente, não será possível manter altitude, pois não haverá potência disponível. O avião estará em configuração de voo planado. A Vmc vai estar abaixo da velocidade normal de planeio, portanto, o afundamento (ou razão de descida) também será maior. Esse treinamento visa a dar ao aluno a sensibilidade para controlar o avião numa Vmc sem potência, eventualmente necessária durante um pouso forçado. Claro está que tanto a velocidade como a razão de descida serão unicamente controladas pela atitude (*pitch* do nariz) do avião.

Lembre-se de que a cada aplicação de flape a Vmc poderá ser um pouco reduzida, mas o afundamento e o ângulo de descida do avião serão maiores.

16.4.1 Velocidade mínima de controle com motor (instrução)

- Reduza a potência para 1.800 RPM ou menos.
- Mantenha a altitude, trazendo o manche e esperando a velocidade atingir a Vmc de 70 MPH.
- Mantenha altitude, ajustando a potência.
- Vmc para treinamento:
  70 MPH – sem flape;
  65 MPH – com 10º de flape;
  60 MPH – com 25° de flape;
  60 MPH – com 40° de flape.

16.4.2 Velocidade mínima de controle sem motor (instrução)

- Ligar bomba elétrica.
- Mistura toda rica.
- Ar quente aberto.
- Reduzir totalmente o manete de potência (suavemente).
- Estabeleça atitude de voo planado (90 MPH).
- Mantenha controle direcional (pedal) – bolinha centrada.
- Estabilize o avião.
- Aumente o *pitch* do nariz, tracionando o manche para reduzir a velocidade até a Vmc,

---

As velocidades mínimas de controle (Vmc) aqui sugeridas variam de acordo com a carga do avião, sendo baseadas na performance do avião básico Piper PA28-A. Logicamente estas velocidades são diferentes para cada tipo de avião.

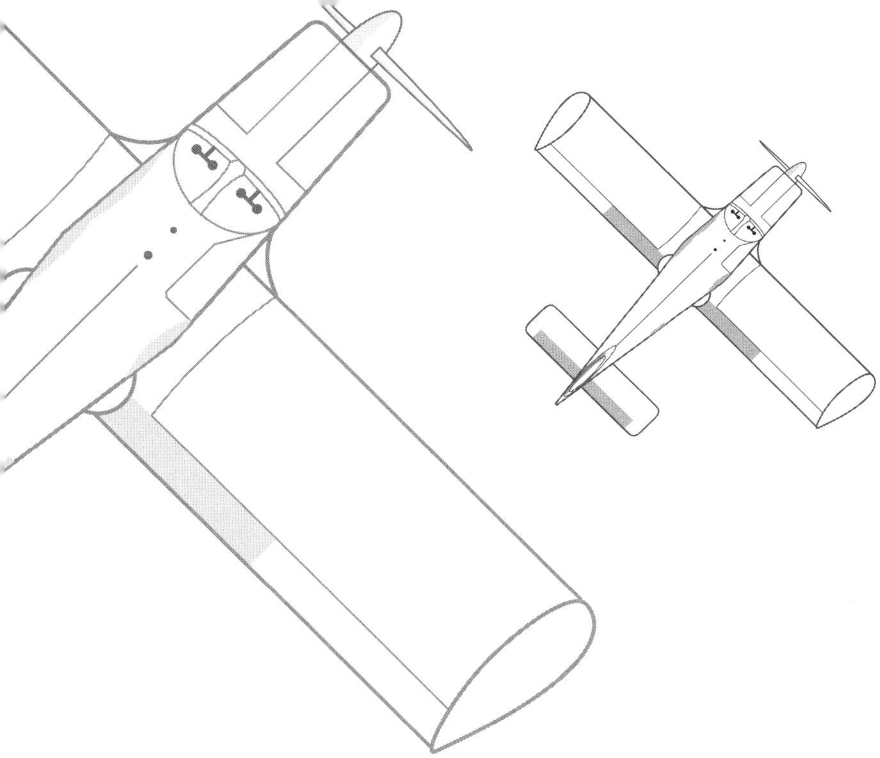

17 Estóis (perdas)

17.1 O fenômeno do estol – Análise

Considerações gerais sobre o fenômeno do estol (perda) e as manobras de recuperação:

- O estol também é chamado "perda" (de sustentação) em termos de treinamento, pois na verdade o estol nada mais é do que uma perda momentânea de sustentação, fazendo o nariz do avião cair mais ou menos bruscamente no espaço.
- Essa perda de sustentação acontece quando o fluxo de ar, que passa suave e continuamente sobre as asas, entra em turbilhonamento, despregando-se da superfície das asas e rompendo a resultante de sustentação.
- O estol pode ocorrer a qualquer velocidade, ajuste de potência ou atitude do avião. O que determina a condição de estol é o ângulo de ataque das asas.
- *Poder sentir e determinar a iminência de um estol e saber preveni-lo ou recuperar prontamente o avião é da máxima importância no treinamento de qualquer piloto.*
- O objetivo do treinamento de perdas intencionais e sua recuperação é de familiarizar o piloto com essas situações – habituando-o a sentir o estol, prevenir-se contra ele e saber recuperar o avião com técnica imediata e correta.
- O aluno, inicialmente, poderá ter algum receio na prática do estol e sua recuperação. No entanto, deverá saber que essa é uma manobra perfeitamente normal, quando executada a uma altura de segurança sobre o terreno. Adota-se como mínima uma altitude de 2.000 pés AGL, assegurando boa margem para o

mergulho, recuperação e retorno ao voo reto horizontal.

- Existem diversos sistemas de alarme, de acordo com o tipo de avião, para avisar ao piloto a aproximação de um estol iminente: luz de alarme, buzina, oscilação automática do manche e outros. No entanto, para que o piloto torne-se proficiente, é aconselhável que saiba reconhecer a condição de estol iminente pela situação de voo do avião e por características inerentes ao comportamento do aparelho. As seguintes sensações servem como indicações de estol iminente, mesmo que a velocidade de estol não esteja sendo observada, ou o ângulo de ataque pareça não ser excessivo:

  a) **Visão** – A visão é útil para julgar o estol iminente, pois notar-se-á a atitude anormal do avião (nariz muito para o alto). No entanto, a visão somente poderá servir como alarme quando o estol resulta de uma atitude anormal do avião. O aspecto visual será de pouca utilidade quando o estol desenvolve-se a partir de uma atitude normal do avião (nesse caso, concorrendo outros fatores que serão analisados).

  b) **Audição** – É utilizável como alarme, pois o nível de ruído e o tom deste diminuem sensivelmente com o decréscimo da velocidade aerodinâmica. Em aviões com hélice de passo fixo (nosso caso), em uma condição de estol com motor (com potência), a mudança de som consequente à queda de RPM será claramente ouvida. Além disso, a diminuição do ruído do fluxo de ar passando ao longo das estruturas do avião, à medida que a velocidade decresce, também é bastante notável. Quando o estol está quase acontecendo, a vibração que percorre o avião e seus ruídos consequentes são uma indicação característica do estol iminente.

  c) **Cinestesia (sensação nervosa de mudança de direção e velocidade)** – Essa sensação é um bom indicativo para o piloto experiente e treinado. Se essa sensação estiver bem desenvolvida, fará o piloto perceber sensorialmente a perda de velocidade e o afundamento e "amolecimento" do avião.

  d) **A *sensibilidade de pressão necessária*** sobre os comandos também é muito importante. À medida que a velocidade é reduzida, a resposta do avião às pressões exercidas sobre os comandos toma-se mais lenta. Percursos maiores dos comandos (manche e pedais) e com pressões mais intensas serão necessárias para obter uma resposta do avião. O avião vai ficando "mole" e lento nas respostas, muitas vezes tendendo a inclinar as asas. Quanto mais tempo demorar-se a reconhecer a iminência do estol, mais completamente o fenômeno irá desenvolver-se. Havendo maior demora na recuperação, maior será a perda de altitude que se deve esperar até a recuperação do estol.

17.2 Recuperação do estol – Comentário

- A manobra de recuperação do estol envolve ações conjuntas e harmônicas dos pedais, manche e manete de potência. Para efeito de instrução e esclarecimento, iremos dividir a atuação do piloto em três itens que, na prática, serão executados conjuntamente:
  a) Ao surgir a indicação de estol, a atitude do *pitch* do nariz e, consequentemente, o *ângulo de ataque das asas deverão ser diminuídos de forma positiva e imediata*. Como a causa básica do estol é sempre um ângulo de ataque excessivo, essa causa tem de ser eliminada inicialmente. Isso se faz diminuindo a tração sobre o manche, que foi necessária para atingir tal atitude de ângulo de ataque, ou *levando o manche à frente, fazendo picar o nariz e restabelecendo um ângulo de ataque efetivo (sem turbilhonamento de ar no extradorso das asas)*. A quantidade de pressão sobre o manche ou movimento para a frente dele depende do tipo de avião, severidade do estol e a proximidade do solo.

Em alguns aviões, o movimento moderado do controle do profundor (manche) será suficiente, ao passo que, para outros equipamentos, um empurrão forte será necessário. No entanto, uma carga negativa excessiva, imposta sobre as asas, por movimento exagerado do profundor, pode impedir, ao invés de apressar, a recuperação do estol. O objetivo será *reduzir o ângulo de ataque*, mas somente o suficiente para permitir que as asas recuperem a sustentação, neutralizando-se o manche logo em seguida.

O estol torna-se realmente perigoso quando o avião está próximo ao solo, razão pela qual o piloto deverá estar atento a baixas velocidades (próximas à velocidade de estol) e ângulos de ataque excessivos, quando nas configurações de pouso e decolagem.

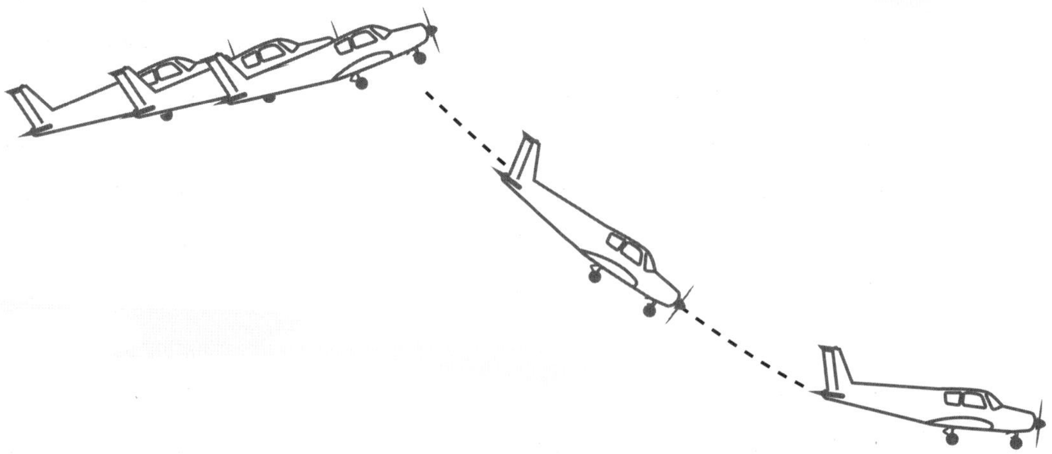

Figura 17.1: Perda ou estol.

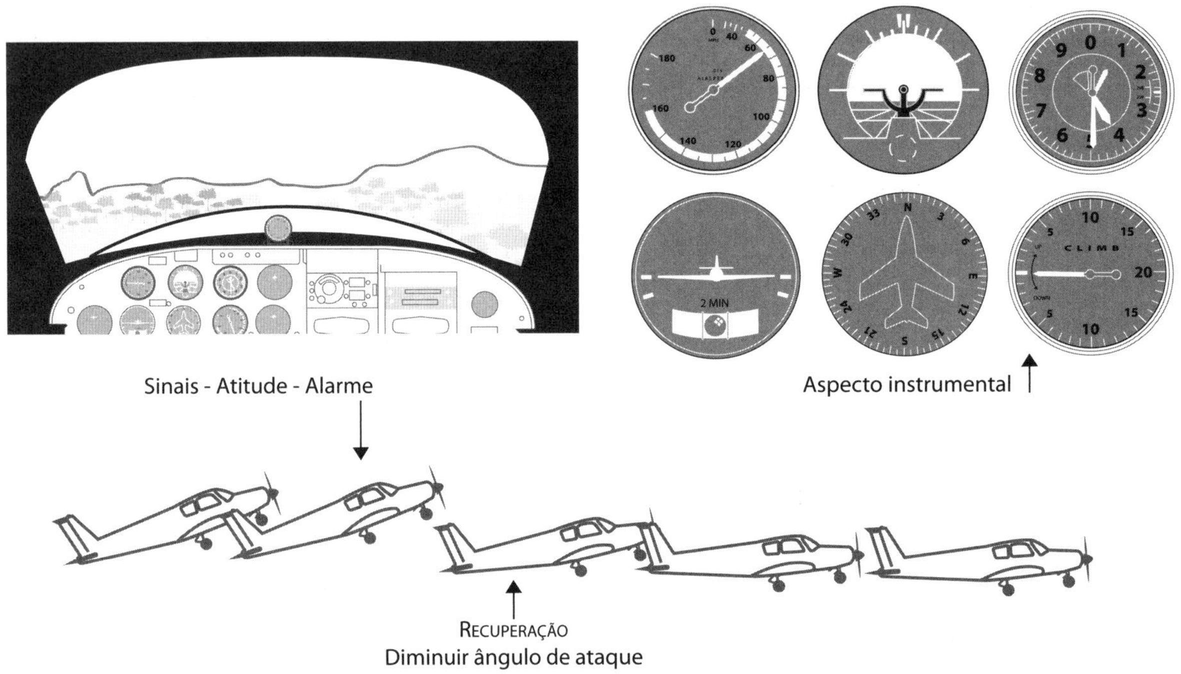

Figura 17.2: Aproximação ao estol – estol iminente.

b) Toda a potência disponível deverá ser aplicada para aumentar a velocidade do avião (fluxo de ar sobre as asas) e ajudar a diminuir o ângulo de ataque. Geralmente o manete de potência deve ser levado todo à frente, de maneira imediata, porém, suave.

Embora as recuperações de estol (perdas) devam ser treinadas com potência e sem potência, ao ocorrer um estol acidental na prática de voo admite-se que toda a potência deverá ser empregada para ajudar a recuperação. Evidentemente, esse não é o caso do pouso forçado sem potência, quando o piloto disporá apenas do comando de profundor para ajustar a atitude (ângulo de ataque) e velocidade.

De maneira prática usual, a aplicação de toda potência disponível na recuperação do estol é recomendada. Deduz-se também que, quanto mais pronta e intensa a aplicação de potência, menor será a perda de altitude na recuperação. No entanto, é necessário reduzir o manete tão logo esteja o avião recuperado da perda, para não aumentar excessivamente a velocidade. Durante os treinamentos de perdas, a indicação de RPM do tacômetro não deverá ultrapassar o traço vermelho do instrumento.

c) O voo reto horizontal deve ser restabelecido com o uso coordenado de todos os controles.

O treinamento de perdas com motor e sem motor é muito importante, pois simula situações de estol possíveis de acontecer, durante manobras normais e rotineiras de voo. Queremos deixar claro ao aluno esse conceito, para que você veja quão sério é o assunto. *O indivíduo que se negar a praticar o treinamento de perdas definitivamente não poderá ser piloto de avião.* Veja, por exemplo: o treinamento de perda com motor é praticado para mostrar o que pode acontecer se o avião estivesse subindo a um ângulo de ataque excessivo (atitude acentuada de *pitch* do nariz para cima), logo após uma decolagem ou numa curva em voo ascendente.

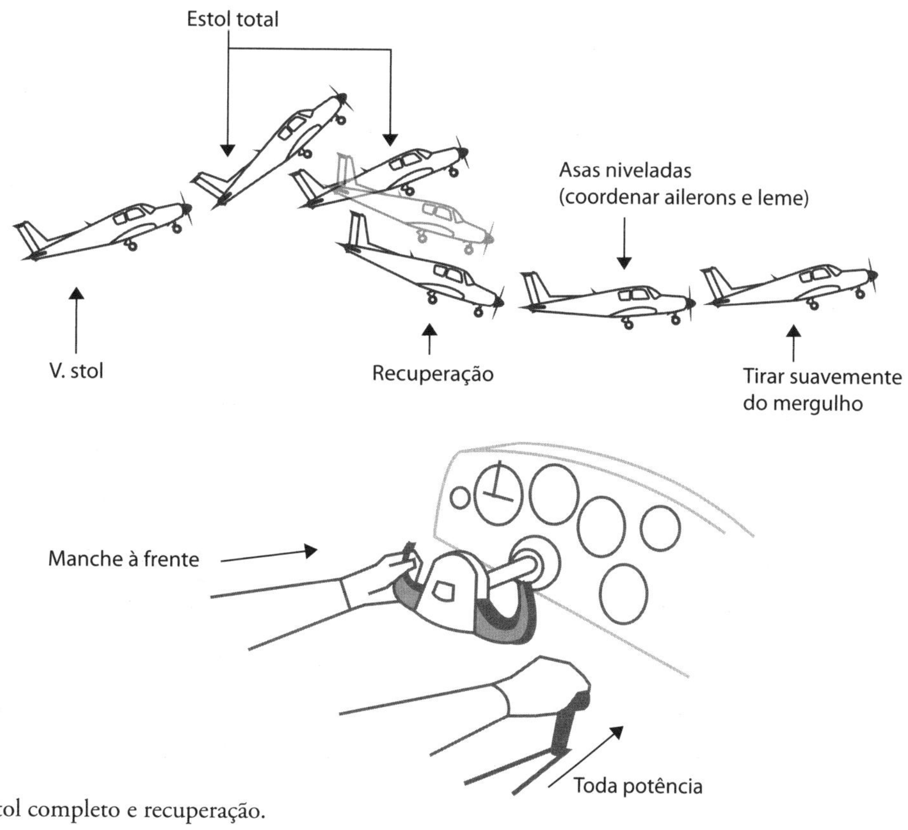

Figura 17.3: Estol completo e recuperação.

O treinamento de perda sem motor mostra o que pode acontecer numa aproximação para pouso em voo planado, se tentarmos "esticar" o planeio, erguendo excessivamente o nariz do avião, assim aumentando proporcionalmente o ângulo de ataque das asas.

O estol sem motor, em curva, mostra o que pode acontecer se os comandos não forem corretamente usados no giro da perna base para a reta final (*esse exemplo foi citado pois esse tipo de estol, nessa configuração e situação, já causou diversos acidentes*).

Usualmente, as poucas primeiras instruções praticadas serão de 1º tipo (aproximação ao estol), para que o aluno se familiarize com a situação, o reconhecimento do estol iminente e sua recuperação, sem na verdade ainda estolar o avião completamente. A recuperação da perda será inicialmente praticada sem a aplicação de potência. Posteriormente será feita a instrução de perda com motor, para que o aluno sinta a diferença, vendo o quanto a atuação do motor concorre para a demora da entrada em perda e para a maior rapidez da recuperação.

Acidentes decorrentes de estol geralmente resultam de perdas inadvertidas a baixa altitude, nas quais a recuperação não é possível antes de o avião atingir o solo.

Para a recuperação do estol com perda mínima de altitude será preciso atuar conjunta e coordenadamente sobre os comandos reduzindo o ângulo de ataque (manche à frente), aplicando potência (manete à frente), mantendo as asas niveladas (ação dos pedais) e sustando a razão de descida do avião, sem entrar em estol secundário.

A recuperação do mergulho consequente ao estol deverá ser feita de imediato, porém suavemente. Tracionar o manche bruscamente pode induzir cargas excessivas sobre as asas do avião, levando, além disso, a uma nova atitude de grande ângulo de ataque. Isso pode ter como consequência um segundo estol, embora o avião esteja com boa margem acima da velocidade de estol (estol de velocidade).

O estol acontece tanto com o avião "limpo" como estando o aparelho com flapes baixados (sustentação aumentada). Estando aplicados os flapes, o avião terá sua velocidade de estol diminuída.

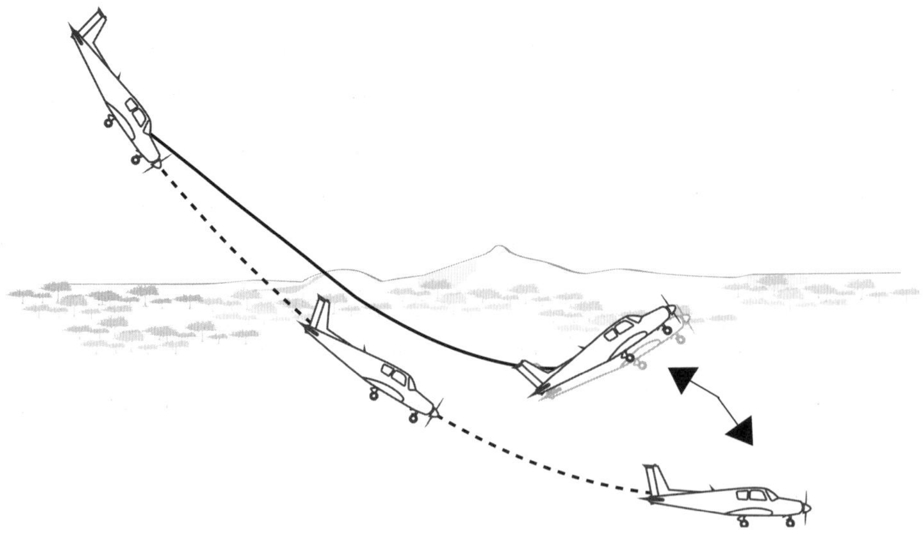

Figura 17.4: Recuperação muito abrupta pode causar estol secundário.

17.3 Fatores que afetam a velocidade de estol

As velocidades de estol, geralmente, estão indicadas junto aos arcos coloridos do velocímetro. Assim, a velocidade marcada junto ao final do arco verde (lado direito – baixa velocidade) indica a Vsi do avião, ou seja, a velocidade de estol em configuração de voo de cruzeiro: com flapes e trem de pouso recolhidos.

A velocidade de estol, em configuração de pouso (Vso), equivale ao número situado na extremidade do arco branco (lado esquerdo – baixa velocidade): flape e trem baixados.

No entanto, as velocidades de referência básicas (ou operacionais), relativas à Vstol, encontradas no manual de operações, ou marcadas *junto aos arcos do velocímetro, são apenas números básicos guia. Isso porque o estol pode acontecer a velocidades maiores do que as indicadas, se a carga aerodinâmica sobre as asas for aumentada.*

O piloto realmente consciente deve ter conhecimento desse fato, para perfeita segurança do voo. Vejamos por que:

- O avião, em voo normal e nivelado de cruzeiro, está sujeito à força de 1 G (uma vez a força da gravidade). Se a carga aerodinâmica sobre as asas foi aumentada do normal 1 G para 2 G, o ponto de separação do fluxo do ar sobre as asas (entrando em turbilhonamento e rompendo a sustentação) vai ocorrer a uma velocidade cerca de 40% maior que a velocidade de estol normal. Aumentar a carga aerodinâmica sobre as asas, de 1 G para 2 G, pode ser consequência de uma puxada brusca no manche, a fim de erguer abruptamente o nariz do avião. Ao exceder-se o peso bruto do avião, por sobrecarga (passageiros, bagagem ou combustível), também estará sendo aumentada a carga sobre as asas e *aumentando-se a velocidade de estol.*

Uma outra maneira de aumentar a carga aerodinâmica efetiva sobre o avião será executar uma curva muito inclinada e puxar o manche para manter altitude. Nesse caso, a força centrífuga aumentará consideravelmente. Numa curva com 60º de inclinação, a sustentação necessária para manter o avião deve ser dobrada, assim como a carga aerodinâmica sobre as asas também será o dobro.

Nesse ângulo de curva de 60º, a velocidade de estol não será mais aquela indicada no manual ou no velocímetro. Provavelmente estará por volta de 40% acima. Assim, por exemplo: *se a Vstol de um avião é basicamente de 50 MPH, numa curva de 60º esse mesmo avião pode estolar a 70 MPH.*

Deve ficar bem claro, na mente de todo piloto, que as velocidades de estol de referência são indicações para voo nivelado desacelerado. Quando o avião rola para uma curva, o piloto deve saber que a velocidade de estol irá aumentar. O aumento da velocidade de estol em curvas de pequena inclinação é mínima. Num ângulo de rolagem de 45º, a velocidade de estol da maioria dos aviões de treinamento aumenta cerca de 14 MPH, em média. No entanto, aumentando-se o ângulo de inclinação para mais de 45º, a velocidade de estol aumenta rapidamente.

Conclusão, o treinamento de curvas de grande inclinação somente deve ser executado a altitudes de segurança sobre o terreno, tendo o piloto sempre em mente o que foi lido acima.

Um dos princípios de segurança de manobra de voo é: *nunca executar curvas de grande inclinação e a baixa velocidade quando muito próximo ao solo.*

Pode parecer ao meu caro leitor, aluno ou já piloto, que estou estendendo muito o assunto sobre o estol (perda). No entanto, o conhecimento teórico e prático do tema é básico em aviação, ou seja: o avião voando, ou tendo rompido o equilíbrio de forças que o fazem voar. *Afinal de contas, conhecer as reações da máquina voadora é a melhor forma de trazê-la de volta ao solo, sempre suavemente, fazendo o trem de pouso tocar a pista (e não o nariz).* Portanto, vamos falar um pouco mais sobre o fenômeno.

17.4 Síntese dos fatores que afetam as condições de estol de um avião

- Altitude de *pitch* (tangagem) do nariz (ângulo de ataque crítico das asas).
- Potência e ângulo de ataque.

  Lembremo-nos que o vento relativo sopra sempre na mesma direção e sentido contrário ao da trajetória do avião. Um avião, com potência aplicada (com motor), poderá estar numa trajetória de subida e seu ângulo de ataque será pequeno.

  Um avião, sem potência aplicada (sem motor), poderá estar com *pitch* de nariz mais baixo, mas o ângulo de ataque será maior, pois sem tração da hélice, sua trajetória será descendente, formando-se um ângulo de ataque maior entre a corda das asas e essa trajetória.

  Isso nos permite concluir que será possível termos um grande ângulo de ataque com uma atitude de nariz mais baixo (avião afundando), ou um ângulo de ataque menor, com uma atitude de nariz mais alto (avião subindo, com potência). Procure visualizar e entender essa diferença, pois aí estará a chave da compreensão do porquê dos treinamentos de perda, com e sem motor.

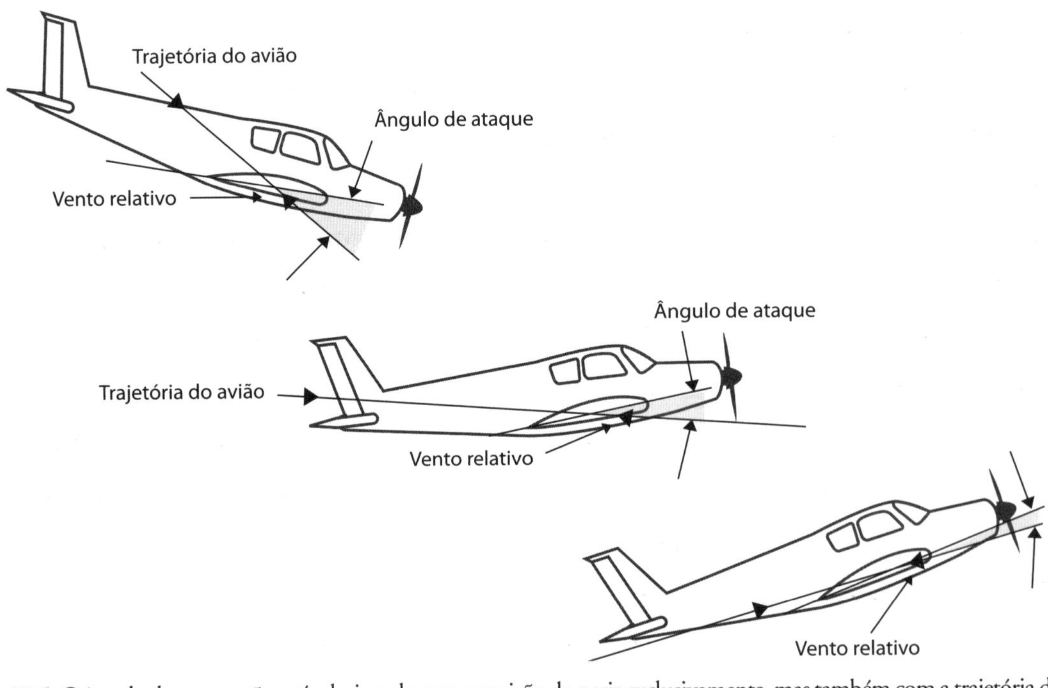

Figura 17.5: O ângulo de ataque não está relacionado com a posição do nariz exclusivamente, mas também com a trajetória do avião.

- *Ângulo de inclinação lateral das asas (grau de rolagem)* – afetando a carga aerodinâmica.
- *Peso bruto do avião* – quantidade de carga.
- *Distribuição da carga* – localização do centro de gravidade.
- *Dispositivos hipersustentadores* (flapes e outros).
- *Uso correto dos controles* – coordenação.

17.5 O uso do manche (ailerons) e pedais (leme) durante a entrada em estol e recuperação da perda

Diferentes tipos de aviões possuem também características diversas de estol. No entanto, na maioria dos aviões, as asas são construídas com certa torção, desde suas raízes até suas pontas. Isso faz que as partes, junto à fuselagem (raízes), tenham um ângulo de incidência maior, portanto, um ângulo de ataque maior que a parte junto às pontas. Ao ser atingido o ângulo de ataque crítico (estol), as raízes das asas estolarão antes das pontas. Disso resulta um controle de aileron mais eficaz durante o estol.

Quando o avião se aproxima de uma condição completa de estol, as pontas das asas ainda estarão gerando certa sustentação, permitindo alguma atuação dos ailerons (manche). Mas a aplicação do manche deve ser feita com finesse e cuidado, pois a condição de estol pode ser agravada se for aplicado manche exagerado, contrário a uma asa que tende a inclinar ("cair").

Na entrada e na recuperação do estol, o avião tende, muitas vezes, a derrapar ou guinar lateralmente e a pender a asa para um dos lados. Se a inclinação sobre uma das asas for se acentuando e não for corrigida, o avião poderá entrar em parafuso (rotação descendente em tomo de um eixo vertical).

Para corrigir a tendência de guinada do avião e manter seu controle direcional, o piloto deve aplicar pedal suficiente ao mesmo tempo que procura manter as asas niveladas, girando o manche sem torções bruscas.

Em conclusão, *a técnica correta de recuperação consiste em*:

- diminuir a atitude de grande ângulo de ataque (baixar o nariz do avião), aliviando ou empurrando o manche para a frente, a fim de "quebrar" o estol, e logo neutralizar o manche;
- avançar o manete de potência para aumentar a velocidade;
- simultaneamente, manter o controle direcional, pela aplicação coordenada de manche e pedais.

17.6 Generalidades sobre o treinamento de perdas (estol)

17.6.1 Medidas de precaução para segurança

Antes de qualquer treinamento que envolva mudança brusca de altitude e/ou direção da aeronave, devem ser estabelecidos procedimentos de segurança, para prevenir a possibilidade de colisão aérea:

a) escolha uma área onde o tráfego aéreo seja menor;

b) altitude de segurança: no mínimo 2.000 pés AGL;

c) executar curvas de 90º para cada lado, a fim de examinar visualmente a área acima, para os lados e abaixo;

d) comunicar, pelo rádio, na frequência livre, sua posição e tipo de treinamento;

e) após o término de cada manobra, a perda de altitude deve ser compensada, subindo-se novamente para a altitude mínima de segurança;

f) após o término de cada manobra (principalmente as perdas de 3º tipo ou parafuso), antes do início de uma manobra seguinte do mesmo tipo, deverá ser feito, obrigatoriamente, o *check* de área (*vide* item "c").

g) após a execução de cada manobra, o aluno piloto deverá verificar as indicações dos instrumentos do motor e sua normalidade.

17.6.2 Aproximação ao estol (estol iminente) com ou "sem" potência – reconhecimento e recuperação

Um estol iminente é aquele no qual o avião está bem próximo da condição de estol, não entrando nele pela pronta ação do piloto, que soube reconhecer a situação em tempo. Essa manobra básica visa primariamente a fazer que o aluno saiba reconhecer o pré-estol e tomar providências para manter (ou recuperar) o controle total sobre o avião, antes que se desenvolva a perda completa de sustentação.

A prática desse treinamento leva o piloto a desenvolver maior sensibilidade no manejo de determinado avião, permitindo-lhe efetuar manobras nas quais a máxima performance do equipamento deve ser exigida, até seus limites. Portanto, essas manobras requerem um tipo de voo executado na tangente das velocidades de estol e uma recuperação preventiva, antes que uma perda completa se desencadeie.

Essas manobras podem ser executadas em qualquer configuração de voo (voo de cruzeiro, voo planado, voo em curva, aproximação de pouso simulada, com ou sem flapes etc.). Contudo, em vez de permitir o desenvolvimento de um estol completo, quando os primeiros "sinais" de perda se apresentarem (comandos pouco atuantes, vibração das estruturas, sinais dos equipamentos de alarme, indicação de velocidade de estol, som anormal do motor), o ângulo de ataque deve ser reduzido prontamente, relaxando a tração sobre o manche e aplicando todo o manete de potência à frente.

Como o avião não foi completamente estolado, o *pitch* do nariz deve ser baixado somente até o ponto em que uma velocidade mínima de controle será obtida, ou até que seja ganho um controle efetivo sobre as superfícies de comando.

A técnica desenvolvida pelo aluno piloto será insatisfatória se:

- não souber tomar ação pronta ao reconhecer o pré-estol, permitindo ao avião entrar em perda total (3º tipo);
- deixar cair muito o nariz, na recuperação, condicionando perda excessiva de altitude e aumento considerável de velocidade.

Esses treinamentos recebem o nome de *perdas do 1º tipo*.

17.6.3 Estol completo com potência (perda com motor)

O estol completo com motor, também chamado perda de 2º e 3º tipos, e sua recuperação, é um treinamento que visa a mostrar o estol acidental, que pode ocorrer durante um voo ascendente em curva (15° a 20°).

Será a simulação de estol em decolagem e voo ascendente em rota. Esse treinamento poderá, portanto, ser feito com o avião "limpo" (trem de pouso e flapes recolhidos) e "sujo" (trem de pouso e flapes baixados), como só é de acontecer logo após uma decolagem com flapes.

O avião deverá ser estabilizado numa velocidade equivalente à velocidade de decolagem ou de voo ascendente, enquanto se estabelece uma atitude de voo ascendente. A velocidade pode ser diminuída, reduzindo-se a potência até se obter a velocidade de decolagem (Vr). A diminuição da velocidade visa a evitar uma atitude excessiva de nariz para cima durante muito tempo antes que o avião estole.

Uma vez estabelecida a atitude de voo ascendente, o nariz é trazido de forma contínua, porém suave, até uma posição para cima, obviamente impossível de ser mantida sem que se ultrapasse o ângulo de estol.

A velocidade aerodinâmica irá caindo gradativamente até a Vstol. A luz de alarme do painel se acenderá e o avião começará a estremecer. O avião vai ficando "mole" e os comandos necessitam de maior pressão, para obter-se uma resposta efetiva do avião, em função da atuação sobre as superfícies de controle. O ruído do motor se torna diferente, como o de um automóvel a subir uma ladeira. Em alguns aviões é necessário "colar" o manche, ou seja, trazê-lo totalmente para trás, para que o estol ocorra. Nesse momento, o avião parece parar no ar e escorregar para trás; o nariz cairá. O aluno deve aguardar o estol completo, para logo em seguida iniciar a recuperação. O nariz deve ser baixado e mantido em atitude de picar, somente o suficiente para recuperar a velocidade de voo. O manete deve ser levado todo à frente e as asas, mantidas niveladas pela ação conjunta do manche e pedais. Logo após a recuperação, o avião deve ser estabilizado em voo reto horizontal e a potência, reajustada para a RPM de cruzeiro normal.

A recuperação do mergulho, trazendo novamente o nariz do avião para cima, deve ser continua e suave, evitando a sobrecarga aerodinâmica sobre as asas.

Estol secundário, assim chamado porque pode ocorrer após a recuperação do primeiro estol. É causado pela pressa em recuperar o avião de uma condição de estol, antes que este tenha desenvolvido uma velocidade suficiente e segura. Esse tipo de estol geralmente ocorre quando o piloto está por demais ansioso em recuperar o avião da perda ou parafuso, sem atentar para a velocidade aerodinâmica, ainda muito baixa.

17.6.4 Estol completo sem potência (perda sem motor)

A prática de manobras de perda sem motor visa a simular o estol durante as aproximações de pouso. Pode ser feita com os flapes baixados, assim como com o trem de pouso baixado (em aviões com trem de pouso retrátil), para simular a configuração de pouso. Velocidades em excesso, maiores do que a Vap ou Vref, não são recomendáveis para a entrada em estol, por poderem dar como resultado uma atitude exagerada de nariz alto.

Após estender os flapes (e trem de pouso), abre-se o ar quente, se for aplicável ao equipamento.

O manete deve ser totalmente reduzido ou manter-se o ajuste para uma potência normal de aproximação de pouso.

O avião será então mantido numa altitude constante, agindo-se sobre o profundor (trazendo o manche suave e continuamente para trás), até que seja obtida a velocidade normal de aproximação. Em seguida, cede-se o manche para a atitude de aproximação e manutenção dessa velocidade (Vap ou Vref). Nesse momento poderão ser estendidos os flapes (10º ou 25º) e restabelecida a atitude e velocidade de aproximação, atuando sobre o profundor. Quando estabilizado nessa atitude e velocidade, o nariz deve ser erguido contínua e suavemente, até uma atitude que induza o estol.

O controle direcional deve ser mantido pelo leme (ação sobre os pedais) e as asas mantidas niveladas, pela atuação sobre o manche, coordenado com o pedal.

O estol completo será evidenciado por "sintomas" como: manche totalmente para trás, grande afundamento do avião, nariz picando de forma incontrolável e possível vibração do manche e estruturas do avião. A recuperação será obtida levando o manche à frente, ao mesmo tempo que se aplica toda a potência. Será necessário aplicar pressão sobre o pedal direito, para compensar o efeito e torque do motor, à medida que o nariz é baixado e aplicada potência.

O nariz será baixado até a recuperação, para uma velocidade de voo segura. Logo após, o avião será estabilizado em velocidade normal de cruzeiro em voo reto horizontal e o manete, ajustado para RPM condizente.

A recuperação de estol sem motor também pode ser praticada em curvas de média inclinação, visando a demonstrar o estol acidental no giro da perna base para a reta final, caso não seja mantida a velocidade de segurança da Vso. Da mesma forma, poderá ser praticada a manobra de estol em curva (sem motor), com os comandos cruzados (descoordenação de comandos). *No entanto, o treinamento de tal manobra deverá ser levado a efeito em estágio mais avançado de instrução, em avião homologado para entrada intencional em parafuso,* Particularmente, consideramos de grande importância o treinamento de todas as manobras que levem ao estol, para uma boa proficiência e segurança de pilotagem.

Mais adiante, o aluno piloto saberá por que, ao abordarmos a manobra de entrada e recuperação de parafuso.

- Durante o treinamento de perda sem motor, em curva, deve-se cuidar para que a curva continue numa razão constante, até ocorrer o estol. Se o avião estiver glissando a asa de fora estolará antes e cairá abruptamente. No entanto, isso não afetará a recuperação de nenhuma maneira. O estol deverá ser inicialmente "quebrado" (manche à frente); as asas niveladas e o manete avançado. A recuperação do mergulho será sempre feita suavemente, porém sem que se permita acumular velocidade excessiva, com a consequente perda exagerada de altitude.

No treinamento de estol em curva, não será aconselhável procurar estolar o avião a uma proa bússola predeterminada. Porém, para uma boa visualização da situação de estol em configuração de pouso, durante o giro de base para final, será objetivo fazer curvas com mudança de proa de aproximadamente 90º e, durante esse giro, fazer estolar o avião.

Após ocorrer o estol completo, a recuperação deve ser feita na direção em frente, com uma perda mínima de altitude e com os procedimentos abordados antes.

Os treinamentos de perdas sem motor devem ser realizados de ambas as maneiras: aplicando e não aplicando potência durante a recuperação. Tanto para as perdas com motor como para aquelas sem motor, a recuperação pode ser efetuada logo que o estol ocorra ou tão somente após o nariz cair abaixo da linha normal de voo reto horizontal.

Com finalidade didática, há uma divisão dos treinamentos de estol em três categorias:

a) *Perda do 1º tipo (estol iminente)*

   A recuperação será preventiva, antes que o estol realmente ocorra, como já vimos.

b) *Perda do 2º tipo (estol normal)*

   A recuperação é efetuada logo que o nariz do avião começa a cair, auxiliando-se com aplicação de potência.

c) *Perda do 3º tipo (estol completo)*

   A recuperação é efetuada somente após o nariz do avião cair abaixo da linha do horizonte. O ganho de velocidade segura virá por meio de um mergulho mais acentuado, não sendo auxiliado pela aplicação ou aumento de potência.

17.7 Perdas com motor (3 tipos)

Precaução

Inicie essas manobras no mínimo a 2.000 pés AGL;

Faça a verificação da área (*check* de área), como já vimos antes.

17.7.1 1° tipo (estol iminente ou pré-estol) – instrução

- A partir do voo reto horizontal, puxe o manche contínua e suavemente para trás. Atitude pouco acima de voo ascendente.
- O avião irá ganhando um pouco de altitude e a velocidade começará a cair.
- Aproximadamente de 10 MPH a 15 MPH acima da Vstol, a luz de alarme de estol irá acender-se.
- Logo que a luz de alarme acender, ceda o manche e leve o manete de potência todo à frente, de forma decidida, porém suave.
- Ao atingir novamente a atitude de voo reto horizontal e a velocidade de cruzeiro, ajuste o manete para 2.400 RPM.
- Verifique instrumentos de motor – normais.

17.7.2 2° tipo (estol normal, recuperação com aumento de potência) – instrução

- A partir do voo reto horizontal, puxe o manche firme, mas suavemente, para trás, com uma atitude pouco acima da perda do 1º tipo.

- Observe a atitude do nariz alto do avião e os sinais gerais de aviso de estol iminente vistos antes (velocidade, luz de alarme, estremecimento, avião mole, comandos com pouco efeito).
- Mantenha as asas niveladas (manche).
- Mantenha controle direcional (pedais).
- Quando o nariz do avião começar a cair, ceda o manche e deixe o nariz mergulhar aproximadamente 20° abaixo da linha do horizonte, simultaneamente levando o manete suavemente todo à frente.
- Ao atingir a velocidade segura (em torno da velocidade de cruzeiro) – recupere o avião do mergulho, tracionando o manche suavemente.
- Estabeleça atitude de voo reto hoizontal e ajuste a potência para 2.400 RPM.
- Estabilize o avião e verifique instrumentos do motor – normais.

17.7.3 3° tipo (estol completo – recuperação sem aumento de potência) – instrução

- A partir do voo reto horizontal, inicie a tração sobre o manche, até que o avião apresente os "sintomas" de estol iminente. A atitude será pouco acima da perda do 2° tipo.
- Nesse momento, puxe totalmente o manche (colar o manche) e segure-o até que o avião estole totalmente e o nariz caia abaixo da linha do horizonte.
- Recupere o avião do estol, levando o manche todo para a frente e neutralizando-o logo a seguir.
- Entre em mergulho, até ganhar velocidade segura de voo, sem aumentar a potência. A velocidade deve ser recuperada somente pela atitude de mergulho (*pitch* do nariz).
- Mantenha asas niveladas e o controle direcional (manche e pedais).
- Recupere suavemente do mergulho, tão logo seja atingida a velocidade de voo segura.
- Estabeleça atitude de voo reto horizontal.
- Verifique instrumentos do motor – normais.

17.8 Perdas sem motor (3 tipos)

17.8.1 1° tipo (estol iminente ou pré-estol) – instrução

- Ligar bomba elétrica auxiliar de combustível.
- Mistura – toda rica.
- Ar quente do carburador – aberto.
- Partindo do voo reto horizontal, reduzir totalmente o motor, mantendo altitude pelo *pitch* do nariz (voo planado).
- Elevar gradativamente o nariz, trazendo o manche para trás, até uma atitude pouco acima daquela de voo ascendente.
- Aos primeiros sinais de estol iminente (alarmes, luz de estol, trepidações suaves, comandos moles), proceda à recupera-

ção, cedendo o manche e aplicando toda a potência.

- Ao atingir a atitude de voo reto horizontal e a Vcr ajuste a potência para 2.400 RPM e estabilize o avião.
- Verifique instrumentos do motor – normais.
- Desligar bomba elétrica, fechar ar quente e ajustar a mistura (se for o caso).

17.8.2 2° tipo (estol normal – recuperação com aplicação de potência) – instrução

- Bomba elétrica, mistura rica, ar quente aberto.
- Partindo do reto horizontal, fechar totalmente o manete de potência.
- Segure o avião na atitude pouco acima da perda de 1º tipo.
- A velocidade irá caindo gradativamente e o avião principiará a afundar.
- Os comandos vão ficando moles e a resposta a eles é mais demorada.
- A luz de estol estará acesa.
- O avião começará a vibrar.
- Quando o nariz cair, inicie prontamente a recuperação empurrando o manche e levando o manete de potência todo à frente.
- Mantenha o controle de nivelamento das asas e o direcional (pedal).
- Na recuperação, a força de torque fará sentir-se com mais intensidade do que na perda com motor. Portanto, aplique o pedal direito, para compensar o torque.
- Assim que o avião atingir velocidade segura, traga o manche suavemente, recuperando o aparelho do mergulho, até a atitude de reto horizontal.
- Ajuste a potência para 2.400 RPM e estabilize o avião.
- Verifique instrumentos do motor – normais.
- Desligue bomba de combustível; feche ar quente e ajuste a mistura (se for o caso).

17.8.3 3° tipo (estol completo – recuperação sem auxílio de potência) – instrução

- Bomba elétrica, mistura rica, ar quente aberto.
- Partindo do voo reto horizontal, reduza totalmente o motor.
- Elevar gradativamente o nariz do avião, numa atitude pouco acima da perda de 2º tipo.
- A velocidade irá decrescendo e o avião principiará a afundar.
- Ao se instalarem os sinais de estol, puxe totalmente o manche para trás (colar o manche).
- Mantenha as asas niveladas e o controle direcional (pedais).
- Mantenha o manche colado até o nariz cair abaixo da linha do horizonte.
- Leve o manche à frente para "quebrar" o estol, neutralize o manche em seguida,

mantendo o avião na atitude de mergulho, até que seja atingida uma velocidade segura (em torno da Vcr).

- Atenção à compensação do torque – aplique o pedal direito.
- *Não permita que o mergulho se acentue demasiadamente,* com perda excessiva de altitude e aumento exagerado de velocidade.
- *Recupere o avião do mergulho, trazendo o manche suavemente para trás.*
- Quando o nariz do avião estiver próximo à linha do horizonte, ajuste o manete de potência para 2.400 RPM.
- Estabilize o avião.
- Verifique instrumentos do motor – normais.
- Desligar bomba elétrica (se for o caso).

17.9 Perdas com flape (estol com flape)

Os flapes são hipersustentadores, portanto, aumentam a sustentação do avião. O avião com flapes baixados estolará a uma velocidade menor. A prática da manobra de perdas será feita com os flapes baixados em suas três graduações (10º, 25º, 40º). As entradas em estol são feitas nas maneiras antes consideradas, exceto que os flapes serão baixados nas graduações desejadas, à medida que o avião tenha sua velocidade diminuída.

A manobra de estol com flapes poderá ser executada em frente ou em curvas de moderada inclinação.

À medida que o estol torna-se iminente, serão necessárias pressões de aileron (manche) e leme (pedal) para manter o nivelamento das asas e o controle direcional.

A recuperação poderá ser na aproximação ao estol ou após a instalação do estol completo, usando-se os procedimentos usuais de saída do estol.

Uma diferença significativa da recuperação da perda com flapes está na atitude de mergulho do avião. O *pitch* para baixo (mergulho mais acentuado) será necessário para recuperar a velocidade aerodinâmica, devido ao arrasto produzido pelas superfícies dos flapes. Quanto maior a angulagem de flape, mais acentuado deve ser o *pitch* do nariz para adquirir a velocidade de recuperação. *As recuperações de perdas com flape são parte importante no treinamento de um piloto, pois a extensão ou o recolhimento de flapes geralmente é feita próximo ao solo.*

Veja como é importante gravar o seguinte:

Se os flapes forem recolhidos rapidamente, em baixa velocidade, sem esperar o aumento até uma velocidade segura, será possível condicionar um estol secundário ou um afundamento brusco do avião. Por exemplo: se o avião estiver voando a 50 MPH com todo o flape estendido e os flapes forem recolhidos bruscamente, o avião poderá estolar, pois estará numa velocidade abaixo da velocidade de estol sem flapes. Contudo, se o piloto esperar até que o avião adquira, pelo menos, a Vx (velocidade de melhor ângulo de subida) e *recolher os flapes gradualmente,* a probabilidade de estol secundário ou afundamento rápido será eliminada.

17.9.1 Procedimento geral para o treinamento (instrução)

- O treinamento inicia-se a partir da perda de 3º tipo sem motor.

- Baixa-se o grau de flape desejado.
- Trazer o manche até a atitude de perda do 3º tipo sem motor e "colar" o manche até o nariz cair.
- Recuperar identicamente à perda de 3º tipo sem motor (o mergulho será mais acentuado).

17.10 Estol em decolagem e subida – reto ou em curva

Esse tipo de perda pode ocorrer durante a manobra de decolagem e o voo ascendente subsequente. Acontece em virtude de distração ou falta de perícia do piloto, *podendo até ser consequência de exibicionismo sem técnica ("puxadas" a baixa altura com curvas acentuadas e nariz alto)*. A gravidade do estol em decolagem ou aproximação para pouso está no fato de que a perda se dá à baixa altura, sendo no mais das vezes impossível sua recuperação a tempo de evitar colisão com o solo.

A manobra será realizada, evidentemente, a uma altitude de segurança, simulando a situação de decolagem e saída em voo ascendente.

A manobra se executa a uma velocidade igual à velocidade de decolagem e subida, para melhor ângulo (Vx) e na configuração (atitude) de decolagem. Se normalmente o piloto usa flapes para decolar, fará o treinamento com flapes baixados, assim como o trem de pouso (aviões de trem retrátil). O ajuste de potência estará de acordo com aquele usado para decolagens normais.

A manobra será feita a partir de voo ascendente reto e em curva moderada e constante (15° a 20° de inclinação).

Em curvas, geralmente, a asa mais alta estolará primeiro, na maioria dos aviões. O avião irá rolar abruptamente para o lado dessa asa (contrária à curva) ao sofrer a perda. A razão disso é que, à medida que se aproxima o estol, as asas perdem sustentação e o avião principia a afundar e a glissar. A glissada fará que o efeito de diedro provoque o rolamento do avião, abaixando a asa externa à curva. Essa asa terá, então, seu ângulo de ataque aumentado, propiciando o estol. Porém, isso nem sempre poderá acontecer, pois se o estol se der a uma velocidade maior e o avião entrar em derrapagem, a asa baixa estolará antes, pois o efeito de diedro atuará no sentido contrário.

Para recuperar, enfie o nariz do avião para baixo (manche para frente) e nivele as asas (manche e pedal), coordenadamente.

Essa manobra não deve ser executada em velocidades superiores a Vx ou Vy nem com inclinações das asas maiores de 20°, sob pena de sobrecarga estrutural.

17.10.1 Procedimento – sequência da manobra (instrução)

(1) Altitude mínima de segurança e exame visual da área.

(2) Reduza a velocidade para aproximadamente cinco milhas acima da Vstol.

(3) Aplique potência como se estivesse decolando e inicie uma curva suave de pequena inclinação para o lado desejado.

(4) Traga o manche para trás, suave, porém progressivamente, até "colar".

(5) Quando ocorre o estol, o nariz cai e o avião gira para o lado contrário à curva (geralmente).

(6) Recuperação: relaxe a tração sobre o manche e leve-o à frente, ao mesmo tempo que nivela as asas coordenadamente.

(7) Aplique o pedal contrário à asa inclinada, sustando o início de rotação.

17.11 Estol em aproximação de pouso

Esse estol também é denominado estol em curva de voo planado.

O avião estará em configuração de pouso, com flapes baixados (2/3) e trem de pouso baixo e travado (trem retrátil). A potência será reduzida e em atitude de voo planado. Esse tipo de manobra de estol procura demonstrar o que pode acontecer se a velocidade for muito baixa em uma aproximação de pouso.

17.11.1 Procedimento de sequência da manobra (instrução)

Altitude mínima de segurança e "*check*" de área.

(1) Mistura rica, ar quente aberto, bomba elétrica de combustível ligada.

(2) Estando o avião na configuração de pouso (25º de flape baixado), reduzir toda potência e estabilizar em voo planado.

(3) Incline as asas (para esquerda ou direita) de 30° no máximo.

(4) Reduza a razão de planeio, diminuindo a velocidade progressivamente, trazendo o manche para trás, até que ocorra o estol.

(5) Cesse qualquer tendência de rotação do avião, aplicando pedal, nivelando as asas, ao mesmo tempo que leva o manche à frente e aplica toda a potência.

(6) Recolha os flapes (e o trem de pouso) e estabeleça voo ascendente normal, até a altitude de início da manobra. Desligue a bomba elétrica e feche o ar quente.

17.12 Estol de estabilização (compensador de profundor)

O objetivo dessa manobra será o de demonstrar ao aluno piloto que, se o avião estiver estabilizado para determinada atitude, pela deflexão do compensador do profundor, uma aplicação súbita de potência fará mudar bruscamente sua atitude, podendo levá-lo a uma situação de grande ângulo de ataque e, portanto, ao estol. Caso o piloto não saiba sobrepujar a força exercida sobre os controles, aplicando correta e prontamente as pressões adequadas sobre os comandos e agilmente aliviar as pressões agindo sobre o comando do compensador de profundor, poderá desencadear o estol acidental a baixa altitude. Isso porque, normalmente, esse tipo de situação costuma ocorrer:

- em aproximação na curta final para pouso, com necessidade de arremetida no ar;
- em voo planado para treinamento de aproximação de pouso forçado simulado;

- logo após uma decolagem normal, com compensador de profundor mal ajustado ou desregulado (defeituoso).

17.12.1 Sequência para treinamento (instrução)

(1) Altitude mínima de segurança (1.500 pés AGL).

(2) Verificação de área livre (*check* de área).

(3) Ar quente aberto – bomba elétrica ligada – mistura rica.

(4) Reduza toda a potência, mantendo altitude até diminuir para velocidade de voo planado.

(5) Aplique dois terços de flapes (25°) e estabeleça atitude de voo planado.

(6) O avião estará então em configuração igual à de aproximação, na reta final de pouso, em voo planado com dois dentes de flapes baixados. A critério do instrutor, poderá também ser baixado o terceiro dente de flape, simulando pouso com todo o flape baixado, sempre com o avião estabilizado para essa atitude (compensador em nariz para cima).

(7) Durante esse planeio simulado para pouso, imagina-se uma situação de arremetida súbita. A potência será então aumentada, suave e continuamente – manete todo à frente.

(8) As forças combinadas de tração, torque e compensador para trás farão que o nariz se erga acentuadamente, tendendo a guinar para a esquerda.

(9) Para demonstrar o que poderia ocorrer se um controle positivo do avião não fosse efetuado (manche à frente, pedal direito e ajuste do compensador), nenhuma tentativa imediata será feita para corrigir a situação, até que, devido ao grande ângulo de ataque desenvolvido, se apresentem os sinais de estol iminente.

(10) *Recuperação – Aplicar toda a força sobre o manche para a frente, a fim de obter a atitude normal de subida. Manter essa pressão enquanto se reestabiliza o avião para a nova atitude.* Recolher o terceiro dente de flape estabilizar. Recolher a segunda e primeira graduação de flape e estabilizar na Vx ou Vy. Retomar o voo de cruzeiro normal.

17.13 Manobras avançadas de estol (treinamento opcional de proficiência)

As manobras a seguir descritas somente serão treinadas em aviões acrobáticos ou utilitários. A razão disso será entendida nas explicações desenvolvidas adiante.

Em nosso entender, todo aluno piloto deveria submeter-se ao treinamento (em duplo comando) da manobra de entrada e recuperação de parafuso. Terá, dessa forma, guardados em seu subconsciente os procedimentos a serem tomados em caso de parafuso acidental, o que poderá salvar-lhe a vida e a de seus passageiros.

17.14 Estol de manobra acelerada – Considerações gerais

Devemos recordar, inicialmente, que o estol ocorre sempre em consequência de um ângulo de ataque excessivamente aumentado.

Durante o voo, o ângulo de ataque de um avião é influenciado por diversos fatores, cabendo recapitular os principais, que são:

a) a velocidade aerodinâmica;
b) o peso bruto do avião;
c) os fatores de carga, aplicados durante as manobras.

Para um mesmo peso bruto, configuração de voo e ajuste de potência, determinado avião estolará sempre à mesma velocidade, se nenhuma aceleração* for imposta. Mas o mesmo avião estolará a uma velocidade indicada maior quando cargas excessivas forem impostas às suas estruturas (asas) por meio de manobras bruscas, como curvas de acentuada inclinação, puxadas fortes ou outras modificações abruptas na trajetória de voo.

Os estóis resultantes de tais situações de voo são denominados "estóis de manobras aceleradas", não tendo nada a ver com as velocidades indicadas envolvidas.

Os estóis que resultam de manoras abruptas, tendem a ser mais rápidos e severos do que os estóis não acelerados. Pelo fato de ocorrerem a velocidades indicadas maiores do que as normais, constantes do manual de operações de cada avião, poderão pegar de surpresa um piloto que não os tenha estudado, experimentado e entendido.

* O termo "aceleração", no caso, refere-se ao aumento das cargas aerodinâmicas (forças G).

A incompetência ou falha em tomar providência correta e imediata, quando ocorre um estol de manobra acelerada, poderá resultar em perda completa do controle de voo, notadamente a entrada em parafuso (com potência).

Devemos esclarecer que, segundo os padrões de aeronavegabilidade, os aviões menores (até 5.600 kg) são divididos em três categorias: *normal, utilitário* e *acrobático*. Cada categoria é limitada pelo número de G (+ ou -) que suas estruturas podem suportar sem sofrer danos. Em função da limitação pelos fatores de carga, as manobras permitidas para cada tipo de avião serão limitadas. Certas manobras permitidas a um avião homologado como *acrobático* ou *utilitário* nunca poderão ser realizadas por um avião da categoria *normal*, sob pena de este último ter suas asas desprendidas durante o voo – em casos extremos.

Para aviões de categoria *normal*, manobras acrobáticas, incluindo parafusos intencionais, não são autorizadas pelo fabricante. Voo Acrobático significa uma manobra intencional, envolvendo mudança abrupta na altitude do avião, atitude anormal ou aceleração anormal, não necessárias para um voo normal.

Para aviões da categoria *utilitário,* algumas manobras acrobáticas limitadas são autorizadas, devendo o piloto saber exatamente quais, pelo manual de operações.

O estol de manobra acelerada não deve ser executado intencionalmente em aviões não homologados para tal fim (caso dos aviões da categoria Normal). Mesmo quando autorizados pelo fabricante, não devem ser realizadas a velocidades maiores do que aquelas recomendadas no manual de operações e não superiores à velocidade de manobra. O ângulo de inclinação de curva deverá ficar em tomo de 45° a 50° (máximo 60°).

Apenas para recordar, diremos que a velocidade de manobra é aquela velocidade indicada máxima, na qual o avião pode ser estolado ou os controles defletidos totalmente, sem que se excedam os fatores de carga limites do tipo de avião. Abaixo ou nessa velocidade (Va), o avião, normalmente, estolará antes que o fator de carga limite possa ser excedido. Tais fatores não devem ser excedidos, em virtude das grandes cargas estruturais que agirão sobre o avião, principalmente em ar turbulento. Na maioria dos casos, os estóis serão praticados a uma velocidade indicada não superior a 1,2 (20%) da velocidade normal de estol.

O objetivo, em demonstrar o estol de manobra acelerada, não é o de desenvolver competência em instalar a perda propriamente, porém, antes: fazer o aluno piloto aprender como esse tipo de estol ocorre e desenvolver nele a habilidade de reconhecer tais estóis imediatamente, tomando pronta e eficiente atitude na recuperação.

É importante que as recuperações sejam feitas nas primeiras indicações de um estol iminente ou imediatamente após sua ocorrência normal. Uma situação prolongada de estol de manobra acelerada não deverá ser permitida.

Um avião estola a partir de uma curva acentuada coordenada, da mesma forma que o faz a partir do voo reto, exceto que a queda do nariz e a rolagem tendem a ser mais súbitas e acentuadas.

Se o avião está glissando para a parte interna da curva quando ocorre o estol, sua tendência será a de rolar para a parte externa da curva quando o nariz abaixa, pois a asa elevada perde sustentação e estola antes. Se, no entanto, o avião estiver derrapando em direção à parte externa da curva, terá a tendência de rolar para o lado da asa baixada, pois esta estolará antes. Contudo, se a coordenação de curva for perfeita, quando ocorrer o estol o nariz cairá de forma análoga ao estol reto, pois ambas as asas estolarão conjuntamente.

17.14.1 Estol acelerado

Esse estol ocorre mais frequentemente em consequência de tração excessiva sobre o manche, durante curvas acentuadas executadas impropriamente, saídas de mergulho acentuado e recuperações incorretas de estol e parafuso. Os objetivos da manobra são: determinar as características de estol do avião e desenvolver no piloto a habilidade para, instintivamente, recuperar-se de um estol em velocidades diferentes das normais e esperadas e em atitudes de voo anormais.

Nessa manobra os flapes devem estar recolhidos (também o trem de pouso em avião de trem retrátil).

17.14.1.1 Procedimento (instrução)

a) Altitude de segurança mínima e *check* de área.
b) Estabelecer voo reto horizontal, a velocidade igual ou inferior à de manobra (Va).
c) Rolar o avião para uma inclinação de asas acentuadas (45° a 60°).
d) Após estabelecido em curva, com essa inclinação, tração suave e progressiva aplicada no manche. A força centrífuga

resultante vai empurrar o corpo do piloto contra o assento e aumentar a carga aerodinâmica sobre as asas, diminuindo um pouco a velocidade do avião.

e) Quando a velocidade indicada estiver 20 kt acima da velocidade normal de estol, a tração no manche deve ser firmemente aumentada, até que ocorra o estol.

f) Quando ocorrer o estol, a recuperação deve ser executada imediatamente levando o manche à frente, nivelando as asas e aplicando potência.

g) A recuperação, após o pequeno mergulho, deve ser firme, porém suave.

As velocidades de entrada devem ser respeitadas, para evitar exceder os fatores de carga limites do avião. O piloto deve reconhecer quando o estol é iminente, sabendo tomar ação imediata de recuperação. É imperativo que se evite um estol prolongado, excesso de velocidade, excesso de perda de altitude ou a ocorrência de um parafuso.

17.14.2 Estol de comandos cruzados – Curva descoordenada com atitude de nariz alta

Essa manobra demonstrativa tem por objetivo mostrar o *grande fator de risco presente quando, por falta de perícia, negligência ou distração, o piloto executa curvas descoordenadas, com pitch de nariz alto e a baixa altura.*

Esse tipo de estol ocorre com os controles "cruzados" – ou seja, pressão sobre o manche (aileron) aplicada em uma direção e pressão sobre o pedal (leme) aplicada na direção oposta, conjuntamente com tração excessiva do manche (profundor), elevando anormalmente o nariz do avião.

O estol acidental de comandos cruzados é característico de uma aproximação de pouso, no giro da base para reta final; mal planejada e com tentativa incorreta de corrigir a situação. Geralmente é resultante de ultrapassagem da linha de visada do eixo da pista, com tentativa errônea de corrigir a posição e atitude do avião.

Quando, por falta de planejamento correto ou qualquer outro motivo, o piloto ultrapassar o prolongamento do eixo da pista, ao girar de base para final, a ação apropriada será aumentar a razão de curva, inclinando mais as asas, com ação coordenada de manche e pedal. Muitas vezes o avião encontra-se a uma altitude relativamente baixa, no giro de base para final, principalmente se a perna do vento foi encurtada, trazendo a perna-base para muito próximo da cabeceira de pouso.

Nessa situação, pilotos mal treinados poderão ficar apreensivos e temerosos em acentuar a inclinação das asas para aumentar a tração de curva. Assim sendo, em vez de aumentar a rolagem, mantêm a inclinação das asas constante. Contudo, o piloto do exemplo quer "fechar" a curva para alinhar com o eixo da pista, aplicando o pedal de baixo e mantendo a mesma inclinação de asas. A pressão sobre o pedal de baixo (do lado da curva) causará uma guinada no avião, aumentando a velocidade da asa de fora da curva (asa elevada) e, portanto, aumentando sua sustentação, com tendência a elevar-se mais. Ora, se essa asa se eleva, a outra é forçada a abaixar, aumentando o grau de inclinação.

O piloto do exemplo não quer deixar a inclinação se acentuar, portanto, sua reação subconsciente será a de abaixar a asa elevada, dando manche para o lado contrário à curva. Gradativamente o piloto estará cruzando os comandos, distraído com a aproximação à pista e preocupado com a proximidade do solo. Ao aumentar a pressão sobre o pedal do lado da curva, o nariz do avião tenderá a baixar. Percebendo isso, o piloto traciona o manche, para elevar o nariz. Está se formando o quadro do acidente: uma curva com leme aplicado numa direção e aileron na direção oposta, acompanhada de tração excessiva do manche. Nessa situação, o avião estará numa curva derrapada e a asa elevada aumentará de velocidade, produzindo mais sustentação do que a asa baixada; portanto, o avião será forçado a aumentar a inclinação, a despeito do esforço (errado) do piloto.

O aileron baixo da asa interna da curva ajuda a arrastar essa asa para trás, diminuindo sua velocidade e decrescendo sua sustentação, o que fará o piloto girar mais o manche ao contrário, para que o avião não se incline, apenas agravará a situação. Bastará agora que ele puxe um pouco o manche, na tentativa de erguer o nariz. O avião estola, rolando para o lado da asa baixa de maneira tão rápida que a inclinação será vertical ou além da vertical, girando-o sobre o dorso.

No estol de comandos cruzados, o avião muitas vezes estola com pouco aviso ou sinal de alarme. O nariz pode cair, a asa de dentro abaixa abruptamente e o avião rola para uma posição invertida, usualmente entrando em parafuso invertido. Obviamente, quando próximo do solo, essa situação é fatal.

Apenas como revisão mental, vamos repetir: *faça sempre curvas bem coordenadas, principalmente quando próximo ao solo. Cuidado com a atitude de nariz do avião!* Se achar que ultrapassou a linha do eixo da pista e está baixo para executar curvas de grande inclinação coordenadas, desmanche a curva, aplique potência para ganhar altitude e arremeter para nova entrada no tráfego!

17.14.2.1 Treinamento da manobra – sequência (instrução)

(1) Altitude mínima de segurança (3.000 pés AGL).
(2) Verificação de área livre.
(3) Ar quente aberto – mistura rica.
(4) Estabeleça voo planado – estabilize o avião.
(5) Não abaixe os flapes nessa manobra, para evitar sobrecarga estrutural.
(6) Role o avião para uma curva de média inclinação (como durante uma aproximação normal, no giro de base para final).
(7) Durante a curva, aplique pedal excessivo do lado da curva e procure manter a inclinação aplicando manche para o lado contrário. Ao mesmo tempo, o manche deve ser tracionado, para evitar que o nariz abaixe.
(8) Todas as pressões sobre esses controles serão aumentadas, até o avião estolar.

- Recuperação
  - **Se a recuperação puder ser feita antes de o avião entrar em atitude anormal (espiral vertical ou parafuso)** – relaxe a pressão sobre os coman-

dos, coordenando para nivelar as asas e recuperar do mergulho suavemente, enquanto aplica toda a potência. Restabeleça o voo normal reto horizontal.

- **O avião entra em atitude anormal (dorso)** – relaxe a pressão sobre os controles para "quebrar" o estol e permitir ao avião completar a rolagem. Nivele as asas e recupere do mergulho suavemente, sem aplicar potência (veja recuperação de parafuso). A aplicação de potência, quando o nariz estiver apontado em direção ao solo, somente agravará a grande perda de altitude.

- Parafuso

O parafuso pode ser considerado um estol agravado (não recuperado) que resulta em uma "autorotação" do avião em torno de um eixo vertical. As asas ainda estarão mantendo alguma sustentação, sendo o avião tracionado pela força da gravidade, girando e guinando numa trajetória espiralada descendente.

Todo piloto deve aprender as causas do parafuso e saber prevenir a entrada acidental nessa situação. Da mesma forma, é imprescindível, que saiba tomar ação Pronta, correta e imediata, para tirar o avião do parafuso e restabelecer o voo normal.

Os aviões da categoria *normal*, para transporte e turismo, são construídos para que dificilmente entrem em parafuso. Na verdade, será preciso forçar a manobra para que entrem intencionalmente em parafuso. No entanto, qualquer avião pode entrar em parafuso acidental, desde que levado a atitudes de voo que condicionem o fenômeno. Portanto, como já dissemos antes, todo e qualquer candidato a piloto deveria submeter-se ao treinamento dessa manobra. Esse treinamento só poderá ser feito em aviões homologados para tal fim; caso contrário, os esforços estruturais desenvolvidos durante a recuperação da manobra poderão exceder o limite de carga tolerado pelo avião.

17.14.2.2 Entrada em parafuso – sequência** (instrução)

(1) Altitude mínima de segurança (3.000 pés AGL).

(2) Verificação de área livre.

(3) Ar quente aberto – mistura rica.

(4) Reduzir manete de potência para 1.500 RPM.

(5) Elevar o nariz do avião até atitude de perda de 2º tipo.

(6) Quando o estol se instalar e o nariz começar a cair, reduza toda a potência, aplique todo o pedal para o lado que desejar a rotação e cole o manche, puxando-o firmemente para trás. Mantenha o pedal calçado e o manche colado, até o avião girar em parafuso, executando até duas voltas completas. Se o manche for aliviado, o parafuso transformar-se-á numa espiral descendente apertada, com perda acentuada e rápida de altitude.

** Sequência de procedimentos de manobra para o avião C-152 A Aerobat.

- Recuperação
  - Aplique pedal contrário ao sentido de rotação, fazendo cessar o movimento rotatório.
  - Empurre o manche para frente, quebrando o estol. Neutralize o manche! Mantenha as asas niveladas.
  - Recupere suavemente do mergulho, aplicando potência somente quando o avião estiver numa atitude próxima ao voo reto horizontal, restabelecendo velocidade de cruzeiro ou voo ascendente.

Em caso de entrada acidental em parafuso, com potência aplicada, o primeiro ato do piloto será reduzir toda a potência. Em suma, a recuperação de parafuso acidental será a seguinte:

a) reduzir toda a potência (manete para trás);

b) pisar pedal contrário à rotação – até cessar;

e) manche para a frente rapidamente (até "quebrar" o estol – em seguida o manche deve ser neutralizado);

d) recuperar suavemente do mergulho.

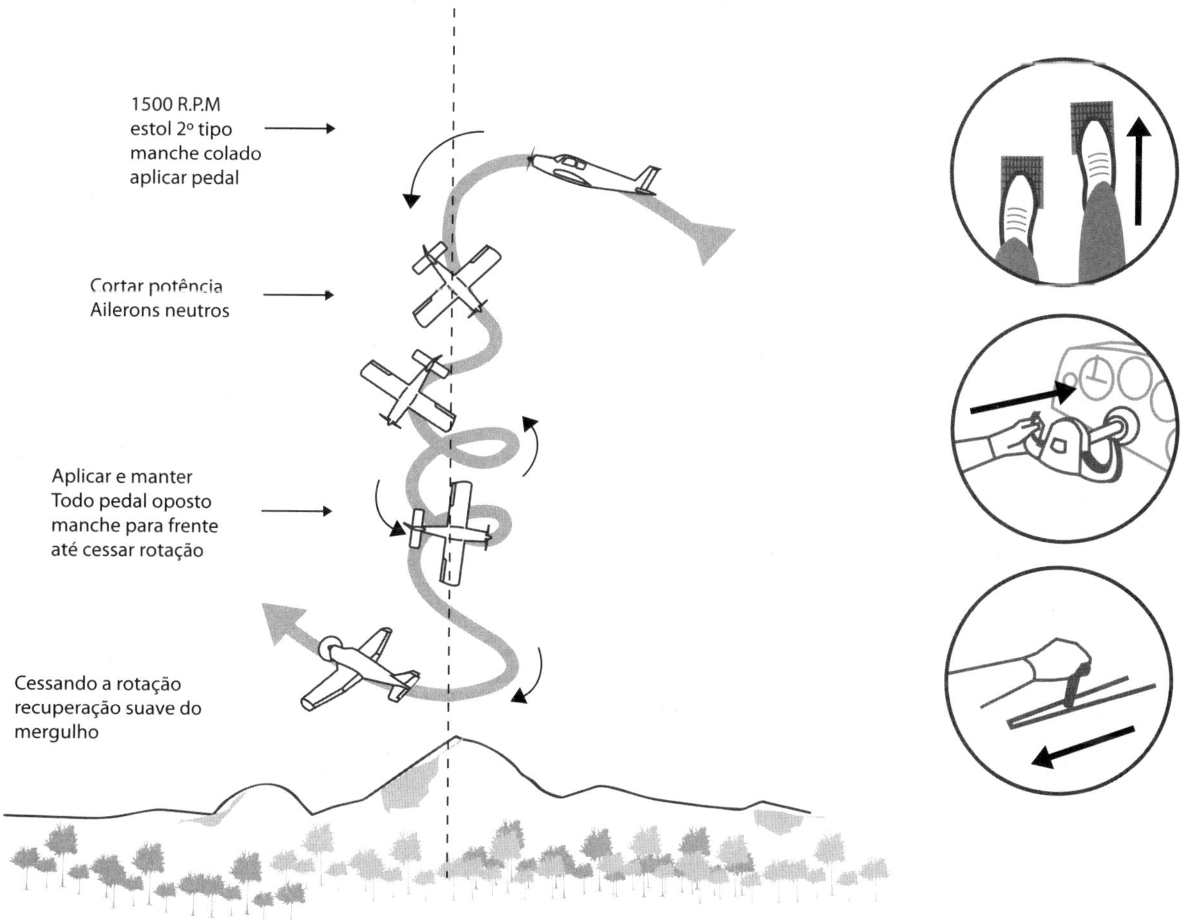

Figura 17.6: Parafuso e recuperação.

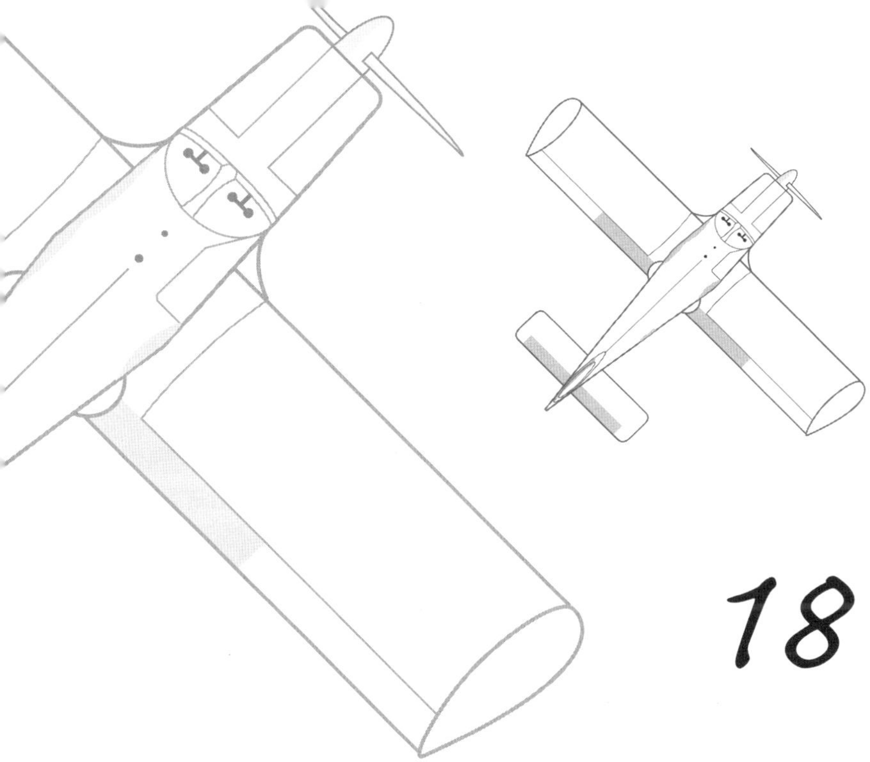

18 Glissada frontal e lateral

18.1 Considerações gerais

A glissada é uma atitude de voo variante do voo planado, que permite ao avião perder altura numa trajetória bem acentuada, sem causar um aumento da velocidade aerodinâmica. Em outras palavras: *a glissada permite um grande aumento na razão de descida, sem aceleração do avião.*

Os flapes podem servir para a mesma finalidade, porém, em certas ocasiões, sua aplicação não é indicada, como no caso de ventos cruzados fortes e rajadas. Portanto, o domínio da manobra de glissada é útil ao piloto. Acresce dizer que alguns tipos de aviões de treinamento básico não possuem flapes, sendo indispensável ao piloto saber glissar o avião (não é nosso caso específico).

A glissada frontal é um voo descendente, no qual o avião estará com uma asa baixada e seu eixo longitudinal (nariz) formando um ângulo com a direção da trajetória de voo. Se você está tentando visualizar a atitude do avião, creio que vou ajudá-lo em pensamento: é isso – o avião estará "voando meio torto". Pelo comando cruzado (comandos opostos) de aileron e leme, o avião é desviado sobre a direção de sua trajetória, expondo a superfície lateral da fuselagem à direção do vento relativo. Disso resulta um grande aumento de arrasto aerodinâmico.

Existem dois tipos de glissadas: *frontal* e *lateral.* As manobras de ambas são semelhantes quanto à aplicação dos comandos.

A manobra de glissada é feita a partir do voo planado, ou seja, sem potência. Não existe razão para usar-se motor na glissada, pois a finalidade é perder altura rapidamente, sem aumento de velocidade. Normalmente não se usam flapes durante as glissadas.

Em alguns aviões, a glissada em frente (frontal) com flapes não é autorizada pelo fabricante nas instruções operacionais, por condicionar cargas anormais sobre as estruturas.

Devido à localização do tubo de Pitot e tomada de ar estática, em alguns aviões, a indicação de velocidade está sujeita a uma considerável margem de erro, quando o avião está numa glissada. O piloto deve estar consciente desse fato ao executar essa manobra, sabendo reconhecer uma glissada bem executada: pela atitude do avião, pelo som do fluxo de ar e a sensibilidade dos controles.

18.2 Glissada frontal (em frente)

Manobra – O nariz do avião é desviado (guinado) para o lado escolhido, em cerca de 30º, com o uso do pedal. Tão logo o nariz seja desviado de sua trajetória, gira-se o manche no sentido oposto, abaixando a asa. Com o nariz desviado e os comandos cruzados, o avião prosseguirá descendo em frente, perdendo altitude, numa razão bem maior de descida. Continuará em direção à referência pré-escolhida, embora o nariz esteja desviado dela.

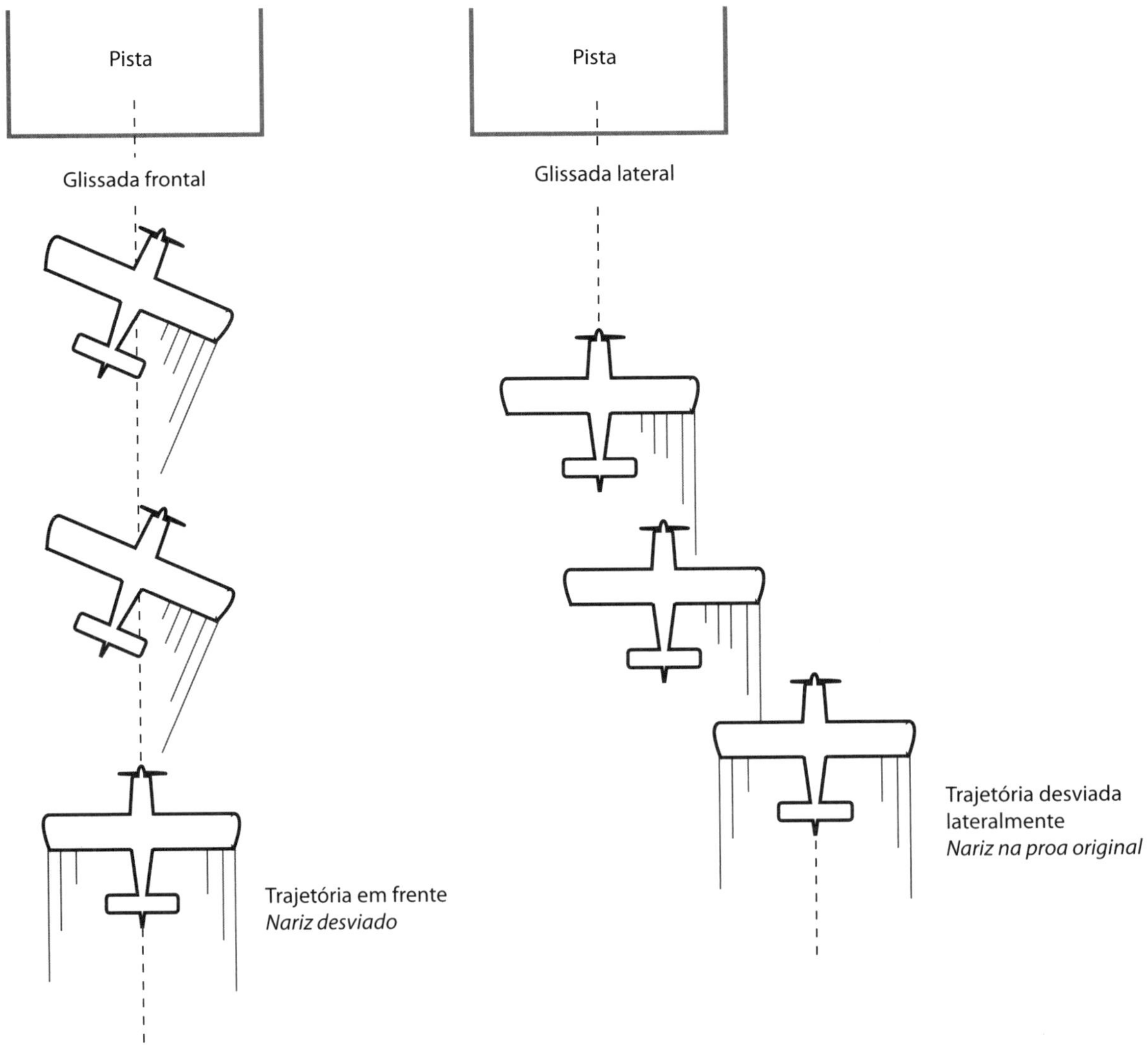

Figura 18.1: Glissadas.

Finalidade – A finalidade principal é dissipar altitude, sem aumentar a velocidade.

Existem algumas circunstâncias nas quais o piloto poderá ter necessidade de executar uma glissada em frente, como na aproximação para pouso sobre obstáculos; aproximação para pouso forçado com margem de segurança de excesso de altitude. Neste último caso, se houver erro ao julgar a altitude, na reta final, esse excesso poderá ser dissipado sem que ocorra o risco de aumentar a velocidade, ao abaixar o nariz para mergulhar em direção à pista.

Na glissada frontal, o avião será mantido numa trajetória de voo alinhada com o eixo da pista ou referência escolhida. Assim que a altitude suficiente for perdida, o avião deve ser comandado novamente para o voo planado normal; nivelando as asas, aliviando a pressão sobre o pedal e estabelecendo atitude correta (*pitch* do nariz).

Caso exista vento cruzado, será mais indicado abaixar a asa contra o vento, tornando a glissada mais controlada e efetiva.

18.3 Glissada lateral

Na glissada lateral, o eixo longitudinal do avião (direção apontada pelo nariz) permanece no mesmo rumo, porém, a trajetória de voo adquire uma componente lateral. Isso quer dizer que o avião tende a deslizar para o lado da asa baixada. Na glissada lateral, inicia-se a manobra a partir do voo planado, *aplicando manche e pedal contrário simultaneamente.*

Manobra – Inclina-se a asa do avião para o lado da glissagem desejado.

Portanto, gira-se primeiro o manche. Para que o avião não entre em curva, aplica-se pressão sobre o pedal oposto.

Finalidade – A glissada lateral é usada, principalmente, nas aproximações finais para pouso com vento cruzado (de través em relação à pista). Isso nós já vimos no capítulo de pouso com vento de través e chamamos essa manobra de "dar a asa ao vento" ou "abaixar a asa contra o vento". Por aí você pode ver que a *glissada lateral é efetuada levando-se em consideração a direção do vento.* Portanto, abaixa-se a asa para o lado de onde o vento sopra, para compensar a deriva do avião, causada por ele mesmo. A asa será tanto mais inclinada quanto maior a intensidade do vento. O ângulo de inclinação das asas está relacionado com a razão de descida. Quanto maior o grau de rolagem, maior será a razão de descida do avião.

Para manter um rumo constante (referência estabelecida ou eixo da pista) e uma trajetória reta, enquanto estiver glissando, será necessário manter as pressões sobre o manche e pedal bem equilibradas. Muito aileron comandado (manche) ou pouca pressão sobre o pedal oposto (leme), farão que o avião entre em curva para o lado da asa baixada. Em contrapartida, muita pressão sobre o pedal, com a asa pouco abaixada, proporcionalmente, ocasionará uma guinada contrária à inclinação.

Para acentuar a descida, tanto a pressão sobre o manche como sobre o pedal devem ser aumentadas de uma forma coordenada e proporcional.

18.4 Padrão geral de treinamento de glissadas (instruções)

18.4.1 Procedimento inicial, antes de qualquer glissada

- Altitude de início da manobra – 2.000 pés AGL.
- Verificar área livre.
- Ligar bomba elétrica de combustível.
- Mistura toda rica.
- Abrir ar quente do carburador.
- Reduzir toda a potência.
- Estabilizar o avião em voo planado (90 MPH).

18.4.2 Glissada frontal

- Escolher uma referência no solo.
- Aplicar pedal para o lado escolhido da guinada, desviando o nariz do avião para o lado, cerca de 30º de sua trajetória.
- Tão logo o nariz esteja desviado, pela ação do pedal, abaixar a asa oposta, girando o manche.
- Manter atitude de voo descendente planado e controlar a Vpln pelo profundor.
- Manter a referência predeterminada.

18.4.3 Glissada lateral

- Escolher uma referência no solo.
- Abaixar a asa para o lado escolhido ou contra o vento e, simultaneamente, aplicar pedal oposto, de modo proporcional, impedindo o avião de entrar em curva.
- O avião não deverá entrar em curva nem guinar o nariz para o lado contrário à asa baixada (coordenação de comandos).
- Se não houver vento soprando do lado da asa baixada, o avião descerá deslizando para a frente e para o lado da asa inclinada.
- Manter atitude de voo descendente e velocidade de voo planado.
- Manter referência no solo ou eixo de pista para sentir o comportamento do avião.

18.4.4 Saída de glissada

- Gire o manche para nivelar as asas e alivie a pressão sobre o pedal, suave e coordenadamente.
- Mantenha atitude de voo planado.
- Aplique potência para voo de cruzeiro ou de subida (2.400 RPM).
- Estabeleça atitude de voo de cruzeiro ou de subida (Vcr, Vs ou Vy).
- Desligue ar quente e bomba elétrica.
- Aguarde a velocidade desejada.
- Estabilize o avião. Ajuste a mistura, se for o caso.

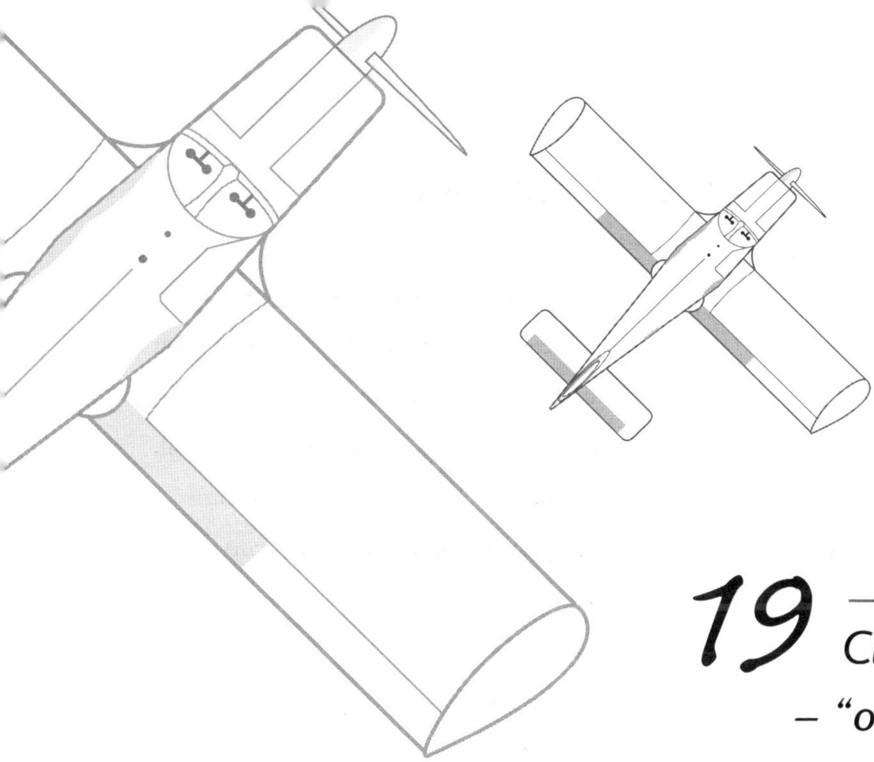

19 Curvas em "S" sobre estrada – "oito" ao redor de marcos e outras manobras de proficiência

19.1 Seguindo uma estrada reta (correção de deriva)

Esse treinamento visa demonstrar ao aluno piloto o efeito do vento de través (de lado) agindo sobre o avião, tendendo a desviá-lo de sua trajetória. Para tal manobra, será necessário que exista vento relativamente forte, soprando lateralmente à direção do avião (causando deriva).

Uma vez verificada a presença de vento, agindo lateralmente à direção da estrada (fumaça, inclinação de árvores, poeira), execute a manobra.

19.1.1 Sequência (instrução)

(1) Altitude: 600 pés AGL.

(2) Alinhe o avião com a direção da estrada, apontando o nariz na direção da linha central dela.

(3) Marque o rumo da bússola.

(4) Mantenha este rumo.

(5) Após alguns instantes, você verificará que o avião foi desviado de sua trajetória, sendo empurrado de lado, pelo vento, e passando a voar paralelamente à estrada.

(6) Volte novamente a alinhar o avião sobre a estrada. Dessa vez, aponte o nariz do avião contra a direção de onde vem o vento, executando pequena curva para este lado. O grau de curva vai variar de acordo com a intensidade do vento.

(7) O avião deverá continuar voando sobre a estrada, com o nariz desviado para um dos lados (de onde sopra o vento), assim compensando a deriva.

(8) A aparência será de que o avião está voando de lado, porém, a direção do vento relativo será a mesma.

(9) O grau de desvio do nariz (ângulo de correção de deriva) será obtido pelo método de tentativa, erro e correção, até que o ângulo aberto para a esquerda ou direita desvie o nariz somente o suficiente para manter o avião voando numa trajetória reta (seguindo a estrada).

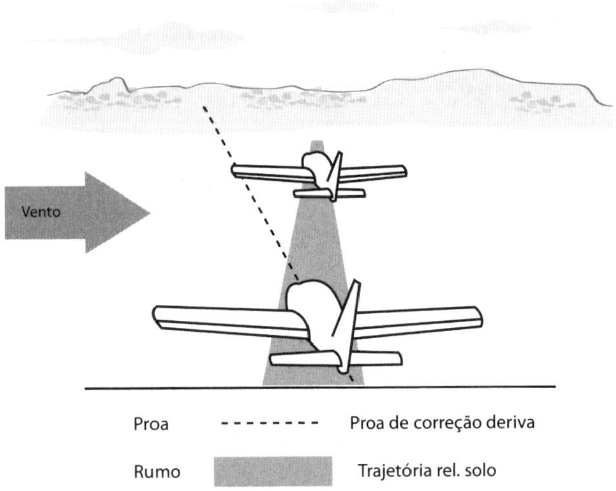

Figura 19.1: Corrigindo o efeito do vento sobre a trajetória do avião.

Esse treinamento pode ser feito, também, usando-se uma referência visual no horizonte e verificando-se o rumo bússola e suas alterações, em função da ação do vento.

Como já vimos, na técnica de pouso com vento de través, a compensação da deriva, causada pelo vento, apontando o nariz do avião contra a direção da qual sopra o vento, chama-se "caranguejamento", Por quê? Ora, você já viu um caranguejo andando na praia? Ele anda de lado.

19.2 Curvas em "S" sobre estrada – Considerações gerais

Essa manobra tem a finalidade de fazer o aluno piloto sentir o efeito do vento sobre o avião, em relação a uma referência constante no solo, ensinando-o a compensá-lo.

Ao mesmo tempo que exige cuidado de pilotagem, levando o aluno a considerar sempre o efeito da direção e intensidade do vento, obriga-o a estar atento à área de penetração do avião.

O primeiro passo para executar o "S" sobre estrada será selecionar uma referência mais reta possível (estrada, linha de trem, canal de irrigação ou rede de cabos de alta tensão bem visível).

Deverá estar presente o fator vento com intensidade considerável e perpendicular à estrada, portanto, a manobra deverá ser iniciada com o avião voando numa trajetória perpendicular à estrada e com *vento de cauda*.

Como na maioria das manobras com referência no solo, o treinamento será executado a uma altitude mínima de segurança de 600 pés AGL. (Posteriormente, à medida que a proficiência do aluno piloto for sendo desenvolvida, a altitude da manobra poderá ser elevada para aquela do tráfego de aeródromo.)

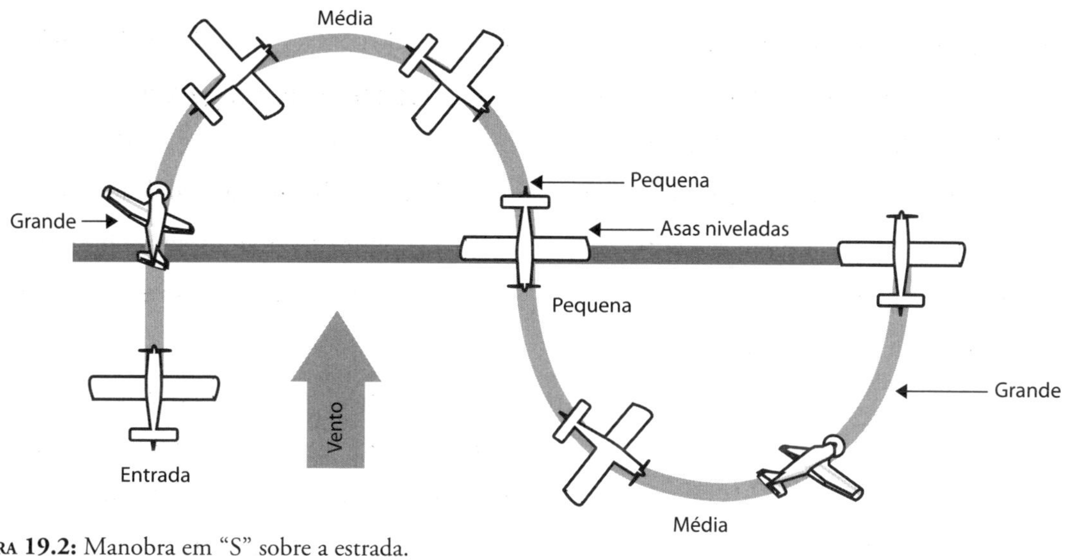

Figura 19.2: Manobra em "S" sobre a estrada.

Examinando a ilustração, podemos notar que as curvas em "S" são realmente duas metades de curvas de raio constante, nas quais a direção é invertida no meio do "S".

O afastamento do avião em relação à estrada deve permanecer constante, tanto de um lado como de outro.

Será necessário, portanto, compensar o efeito do vento de acordo com sua incidência sobre o avião, variando a inclinação das asas:

* Vento de cauda (Vs maior) = curva de grande inclinação.

** Vento de través = curva de média inclinação de transição.

*** Vento de proa (Vs menor) = curva de pequena inclinação.

19.2.1 Instrução

(1) Altitude mínima 600 pés AGL.

(2) Avião nivelado e estabilizado inicia a manobra, voando numa trajetória perpendicular à estrada, com vento de cauda.

(3) Logo após cruzar a estrada, entra em curva de grande inclinação, compensando à ação do vento de cauda, assim diminuindo o raio de curva.

(4) A inclinação das asas vai sendo desfeita gradativamente, sendo de média, quando o avião estiver recebendo o vento de través.

(5) À medida que o avião vai novamente aproximando-se da trajetória perpendicular à estrada (agora com vento de proa), a curva passará a ser de pequena inclinação. As asas estarão niveladas quando o avião cruzar a estrada.

(6) Assim que cruzar a estrada, deve ser comandada a curva para o lado oposto, de forma suave e coordenada. A curva será iniciada com pequena inclinação, pois o vento estará de proa.

(7) Ao receber o vento de través, a inclinação das asas deverá estar sendo transicionada de média para grande inclinação, assim compensando o vento que voltará a agir novamente pela cauda.

(8) O piloto deverá nivelar as asas no momento que estiver cruzando a estrada, completando o "S".

(9) Poderá ser iniciado outro "S" sobre a referência, até que a proficiência mínima seja conseguida.

19.3 Voo em retângulo

O voo em retângulo consiste na execução de um percurso, ao redor de uma referência retangular no solo, sempre com os lados da figura situados à esquerda da aeronave.

A distância do avião, dos lados do retângulo, deve permanecer a mesma. Assim sendo, quando nos vértices, do retângulo, deverão ser efetuadas curvas, com inclinação adequada e variada, para compensar a ação do vento, não permitindo que o avião seja afastado ou aproximado dos lados do retângulo.

A manobra é iniciada com vento de frente (perpendicular ao lado maior do retângulo).

19.3.1 Sequência (instrução)

(1) Altitude mínima a ser mantida: 600 pés AGL.

(2) Entrar com vento de frente, tendo o lado menor do retângulo à esquerda da aeronave.

(3) Quando no vértice do retângulo, iniciar curva de pequena inclinação pela esquerda.

(4) À medida que o vento fica de lado, passar à curva de média inclinação.

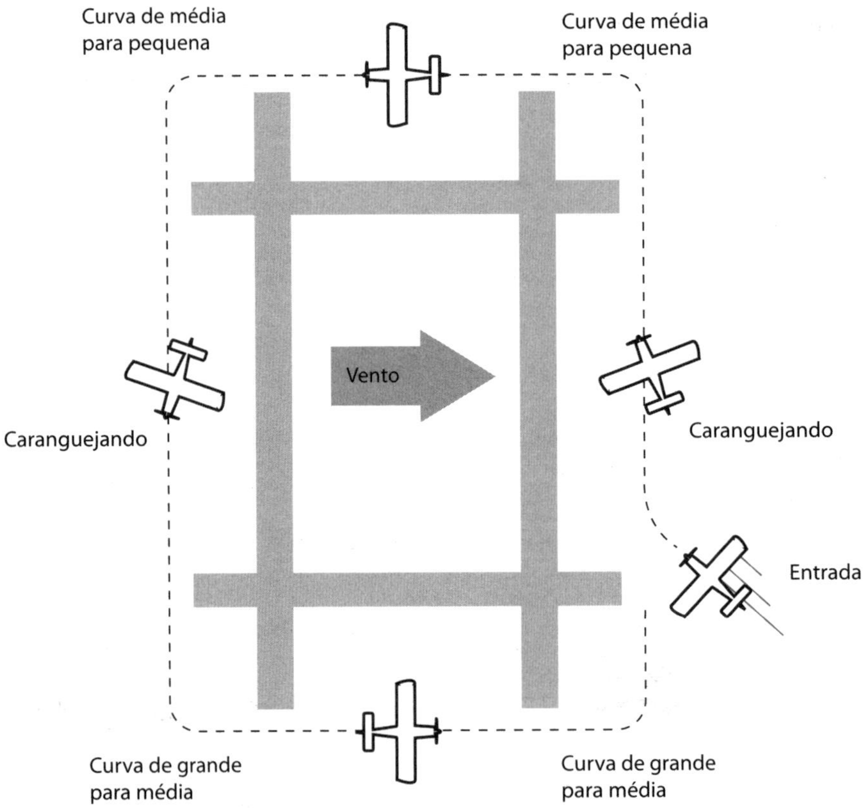

Figura 19.3: Voo em retângulo. Inclinações nas curvas.

(5) Terminar essa curva tendo o avião numa trajetória paralela ao lado do retângulo e mantendo o afastamento.

(6) Para compensar a ação do vento, caranguejar pela direita, a fim de manter o afastamento constante.

(7) Quando no vértice do retângulo, iniciar curva de média inclinação à esquerda.

(8) À medida que o vento passar a agir de cauda, passar à curva de grande inclinação.

(9) Terminar esta curva, numa trajetória paralela ao lado de baixo do retângulo. Para manter o afastamento constante e não ser empurrado pelo vento, caranguejar pela esquerda.

(10) Continuar a manobra efetuando as curvas nos extremos do retângulo, sempre obedecendo à seguinte ordem:

- Vento de cauda – curva de grande inclinação.
- Vento de frente – curva de pequena inclinação.
- Vento de lado – curva de média inclinação.

19.4 Aproximação de 90º na lateral do aeródromo (sem potência)

19.4.1 Consideração geral sobre aproximação em voo planado

O treinamento de aproximação em voo planado é realizado com a finalidade de desenvolver, no piloto, a noção exata de planeio de seu avião. Com isso, estará treinando para pousar em voo planado (pouso sem potência), sabendo avaliar a disponibilidade de altitude, em função de sua razão de planeio, compreendendo a ação do vento.

A aproximação de 90º, na lateral do aeródromo, é treinada com a finalidade de desenvolver, no aluno piloto, a sensibilidade e técnica relativas aos fatores enunciados e prepará-lo para as manobras de treinamento mais complexas de aproximação sem potência (180º na vertical e 180º na lateral; 360º na vertical do aeródromo).

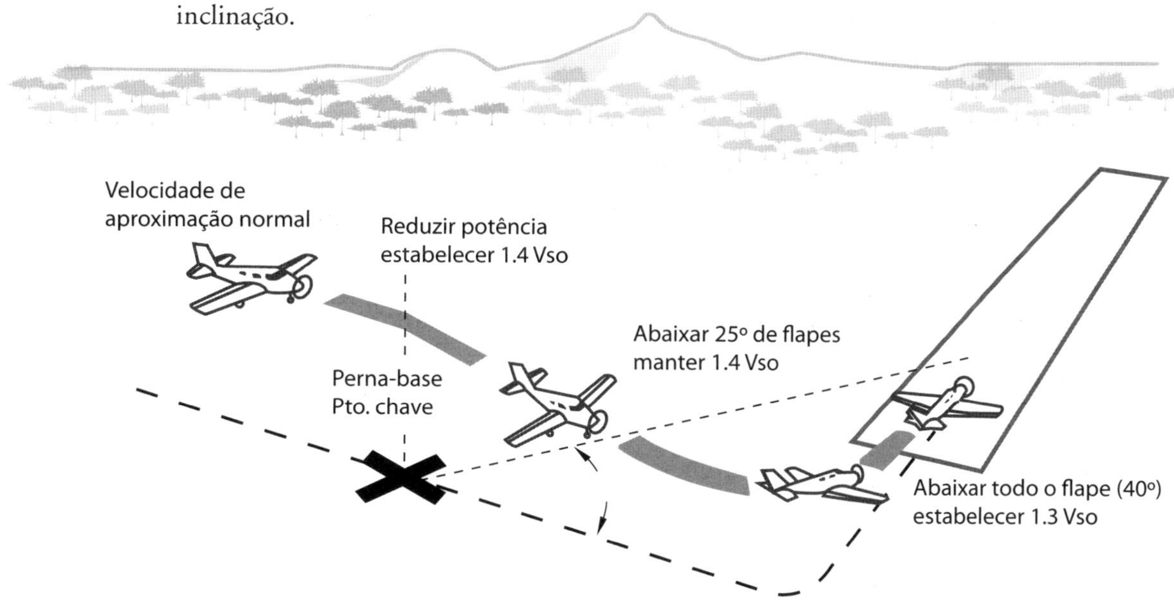

Figura 19.4: Aproximação a 90º – sem potência.

19.4.1.1 Manobra (instrução)

A partir da perna do vento de uma aproximação normal, com potência, faça todo *check* pré-pouso no ponto convencional (180º), ou seja, no través da cabeceira de pouso. Desse ponto em diante, prepare-se para girar base, levando em consideração a direção e a intensidade do vento reinante. Quanto mais forte o vento (de proa na direção do pouso), mais cedo o piloto deverá girar base, pois a aproximação final será feita em voo planado.

Ao girar base, analise a distância do alvo de pouso e avalie sua possibilidade de atingi-lo em voo planado, assim como sua altitude disponível que, para efeito de treinamento nessa posição, deverá ser de, no mínimo, 800 pés AGL. Ao atingir a posição chave, estabeleça o voo e encaixe o avião na reta final.

Na reta final, avalie a necessidade de glissar ou aplicar flapes para perder altitude. Na curta final, diminua a velocidade de aproximação para Vref (1.3 da Vso). Uma vez certificado que irá conseguir pousar, sem auxílio da potência, arremeta em frente (veja procedimento de arremetida no ar, no capítulo sobre pouso).

Analise as figuras relativas a essa manobra.

19.5 Aproximação de 180º na lateral do aeródromo

Para executar a manobra de 180º na lateral deve-se entrar na lateral de uma pista, real ou fictícia (campo de emergência), previamente escolhida. A pista escolhida deverá, preferivelmente, ficar à esquerda, tendo o vento o mais possível de cauda. A perna do vento será interceptada numa trajetória de 45º.

Aproximadamente no meio da extensão da pista abre-se o ar quente e liga-se a bomba elétrica de combustível. Ao atingir o través da cabeceira, é reduzida toda a potência e o avião estabilizado em voo planado.

Logo em seguida, levando em consideração a provável intensidade do vento, efetuar curva à esquerda de 90º. Um vento forte tenderá a afastar o avião, ocorrendo o contrário com vento mais fraco. Logo após a curva, estará o avião na posição chave, em que o piloto deverá avaliar a altitude disponível, em função da distância até a pista. Terá então que decidir se irá manter a direção da perna base ou fechar a curva para a reta final, encurtando a aproximação. Logo após o giro para a perna base, aplicará uma rajada de potência no motor para limpar as velas (procedimento normal no treinamento de voo planado).

A manobra será considerada perfeita se, quando o avião estiver alinhado na reta final, verificar-se que o pouso sem potência teria êxito no local predeterminado.

A critério do instrutor, será aplicado flape ou executada uma glissada para dissipação de altitude excessiva. Arremeter próximo à cabeceira e subir para novo tráfego.

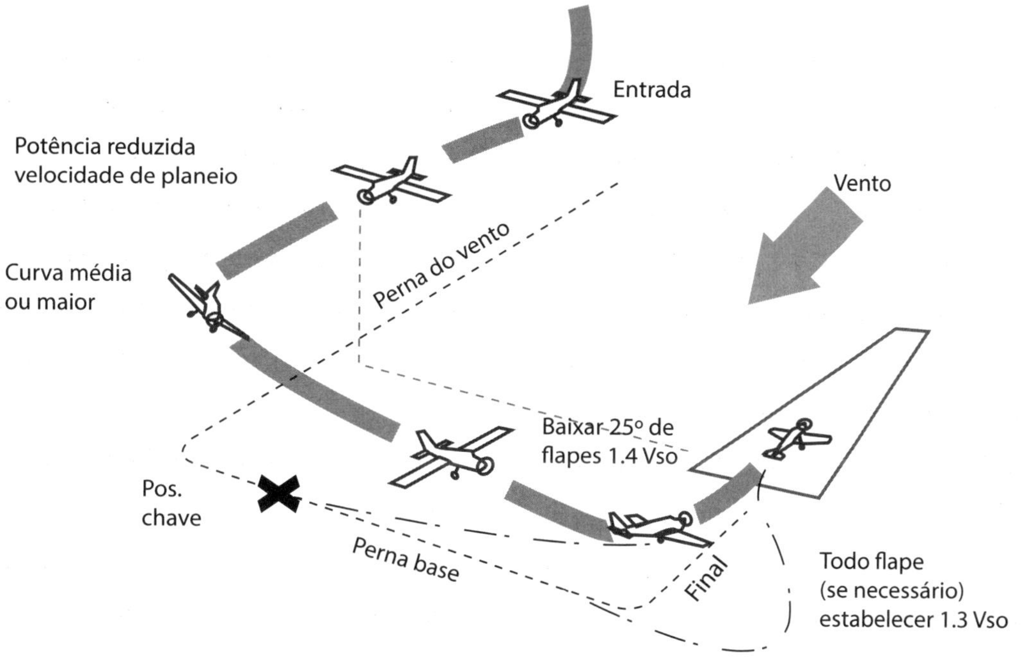

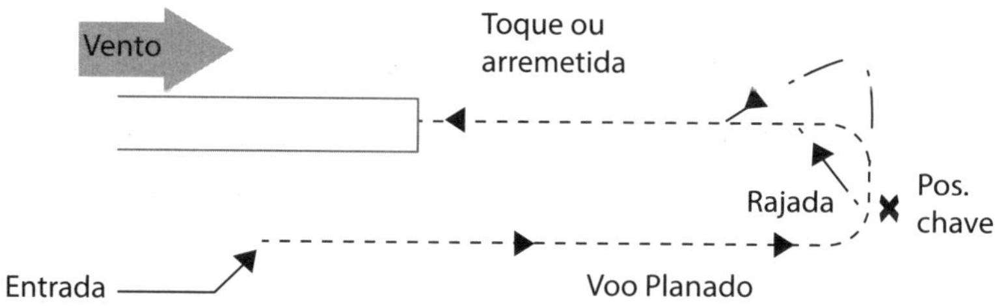

Figura 19.5: Aproximação de 180º na lateral.

19.5.1 Sequência (instrução)

(1) Altitude: 1.000 pés AGL.

(2) Entrada na perna do vento com pista à esquerda.

(3) Aplicar ar quente e bomba elétrica a meio da pista.

(4) Estabelecer voo planado no través da cabeceira.

(5) Curva de 90º à esquerda (perna base).

(6) Aplicar uma rajada de motor.

(7) No ponto-chave: avaliar altitude e distância.

(8) Efetuar curva de 90º à esquerda (reta final).

(9) Julgar se é possível o pouso no local predeterminado. Glissada ou flape, a critério do piloto (ou do instrutor).

(10) Arremeter na curta final e estabelecer voo ascendente.

19.6 Aproximação de 180º na vertical do aeródromo

Nessa manobra deve-se entrar na vertical (no alinhamento sobre a pista) de uma pista real ou fictícia tendo um vento o mais possível de cauda e a 1.000 pés AGL. Ao cruzar a cabeceira oposta àquela do pouso, prepara-se o avião para o voo sem potência (planado) abrindo o ar quente e ligando a bomba elétrica.

Próximo à vertical do que será a cabeceira de pouso, reduz-se todo o motor e é estabelecido o voo planado. Em seguida, executa-se curva à direita de 45º afastando o suficiente (em relação à intensidade do vento) para realizar uma curva de 135º à esquerda que situe o avião na perna base e no ponto-chave para avaliação da alitude disponível e distância a percorrer. Estará então o avião na mesma posição da aproximação de 180º na lateral.

Efetuar curva de 90º para interceptar a reta final. Avaliar a necessidade de glissar ou aplicar flape. Arremeter próximo à cabeceira procurando avaliar se a aproximação foi conveniente para um possível pouso sem potência.

19.6.1 Sequência (instrução)

(1) Altitude: 1.000 pés AGL.

(2) Entrar sobre a pista preferivelmente com vento de cauda.

(3) Abrir ar quente e ligar bomba elétrica.

(4) Próximo da cabeceira de pouso: reduzir o motor.

(5) Efetuar curva de 45º à direita, estabilizando em voo planado.

(6) Após o afastamento, efetuar curva de 135º à esquerda.

(7) No ponto-chave avaliar a altitude disponível e distância (dar uma rajada de motor).

(8) Interceptar a reta final, fechando a curva, de acordo com a intensidade do vento e altitude disponível.

(9) Julgar a possibilidade do pouso em voo planado.

(10) Arremeter próximo à cabeceira.

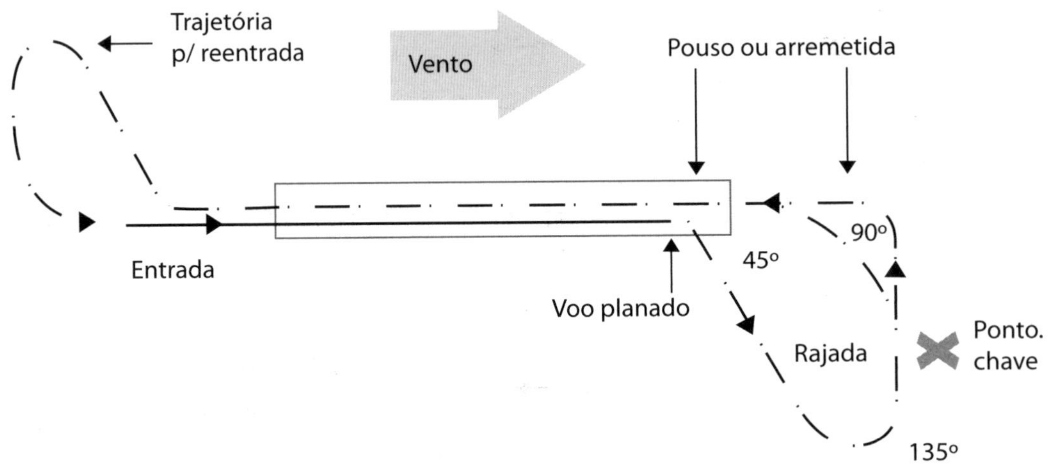

Figura 19.6: Aproximação de 180º na vertical.

19.7 Aproximação de 360º na vertical do aeródromo

A entrada desta manobra será sobre a vertical de pista real ou fictícia, a 1.500 pés AGL, na direção da reta final e preferivelmente com vento de proa. A cerca de 200 metros da vertical da cabeceira, abrir ar quente e ligar bomba elétrica.

Na vertical da cabeceira (pode-se usar uma referência lateral), reduzir todo o motor e estabilizar em voo planado. Em seguida, executa-se outra curva à esquerda, posicionando o avião na posição chave de aproximação a 180º. Julga-se a altitude disponível e distância, entrando para a reta de aproximação final. Havendo ainda excesso de altitude a dissipar, poderá ser efetuada uma glissada ou aplicados flapes.

É preferível sempre chegar à reta final com uma pequena margem de altitude em excesso do que muito baixo, por razões já vistas e logicamente dedutíveis (Figura 19.7).

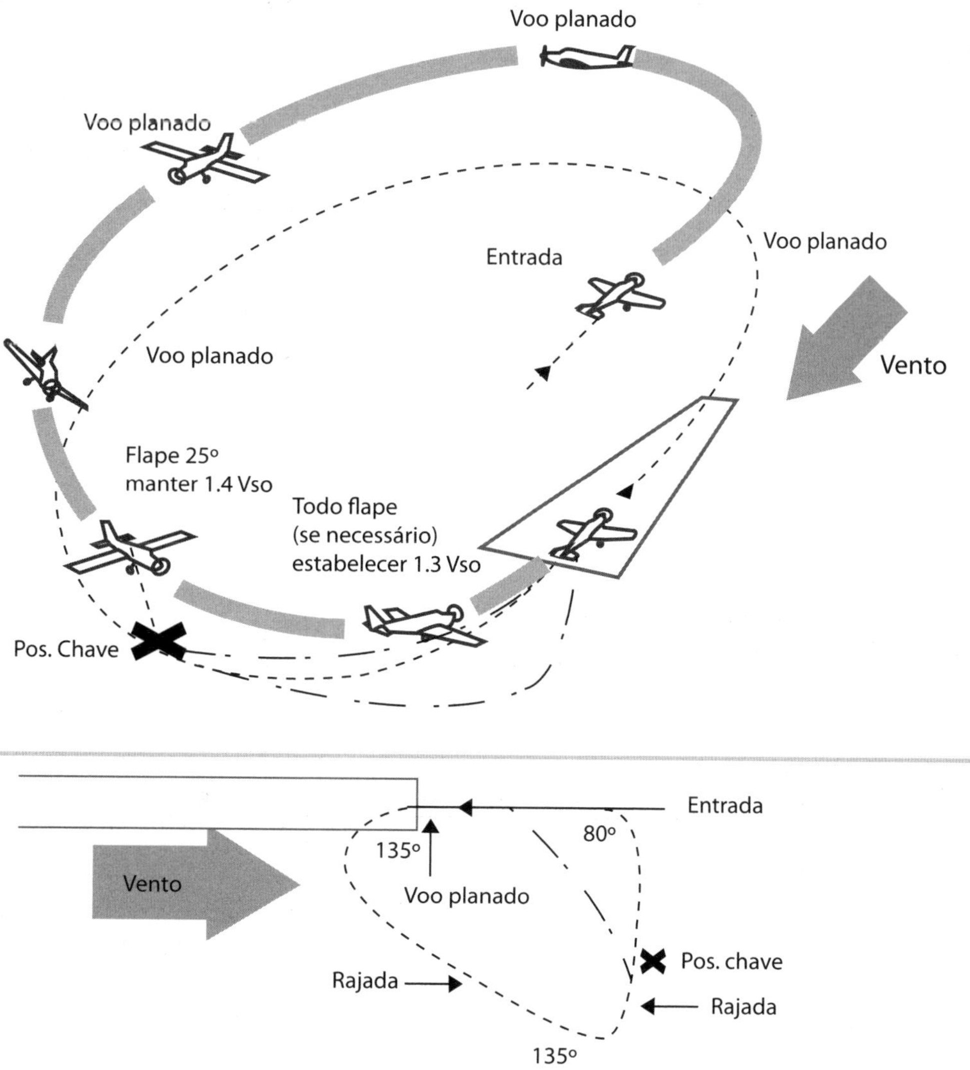

Figura 19.7: Aproximação de 360º na vertical.

19.7.1 Sequência (instrução)

(1) Altitude de entrada: 1.500 pés AGL.

(2) Entrada sobre a pista com vento de proa.

(3) Abrir o ar quente e ligar a bomba elétrica, 200 metros antes da cabeceira.

(4) Reduzir o motor na vertical da cabeceira e estabelecer o voo planado.

(5) Curva de 135º pela esquerda (rajada de motor).

(6) Após o afastamento, continuar com outra curva de 135º pela esquerda (rajada de motor).

(7) Curva de 90º pela esquerda, entrando na final.

(8) Avaliar a possibilidade de um pouso sem potência, em função da aproximação executada.

(9) Arremeter na reta final curta.

19.8 Curvas em círculos de 720º ao redor de marco (referência no solo)

A técnica para voar em círculos, em torno de uma referência no solo, não deve ser confundida com o voo em curva de média ou grande inclinação constante de 360º, com referência ao horizonte ou bússola.

Nesse caso, o piloto executará voo em círculos, em torno de uma referência marcante no solo (marco), variando a inclinação das asas com a finalidade de manter constante o raio de curva ou distância em relação ao marco. A inclinação das asas vai variar de acordo com a direção do vento agindo sobre o avião.

Normalmente executam-se duas voltas ou círculos completos (720º), em torno do marco escolhido, tanto pela esquerda como pela direita. Essa manobra deve ser efetuada a uma distância segura sobre o solo, usando-se como padrão de instrução a altitude de 600 pés AGL.

A referência pode ser uma torre, um prédio isolado ou o cruzamento de estradas.

Se não houver vento, essa manobra perde boa parte de sua razão de ser, pois os círculos de raio constante serão facilmente executados com curva de média inclinação constante. Conforme mostra a Figura 19.8, o vento deforma a trajetória circular do avião, exigindo do piloto contínua correção. Quanto maior a intensidade do vento, mais coordenação será necessária para manter o raio do círculo constante, compensando a ação do vento com a inclinação das asas.

Embora a velocidade indicada (Vi) seja constante, a velocidade em relação ao solo (Vs) vai variar, dependendo se o avião está sendo empurrado (vento de cauda) ou freado (vento de proa) ou mesmo desviado para fora da trajetória circular (vento de lado, ou través).

19.8.1 Sequência de treinamento (instrução)

- Selecione o marco.
- Estabeleça a altitude de 600 pés AGL.
- Estabeleça a menor distância horizontal possível, para voar em tomo do marco, sem encobri-lo com a asa. No caso de usarem-se cruzamentos de estradas, o ponto de cruzamento poderá ficar encoberto pela asa, pois o piloto terá a possibilidade de visualizar o marco pelo prolongamento das estradas.

- Verifique a direção do vento. A entrada na manobra deve ser feita com vento de cauda e curva de grande inclinação.
- À medida que o vento for apanhando o avião de lado, a curva será diminuída para média inclinação.
- Quando o avião estiver aproado contra o vento, a curva será de pequena inclinação, passando novamente para média (vento de través) e grande (vento de cauda). Em suma:
    - Vento de cauda – curva de grande inclinação.
    - Vento de través – curva de média inclinação.
    - Vento de proa – curva de pequena inclinação.

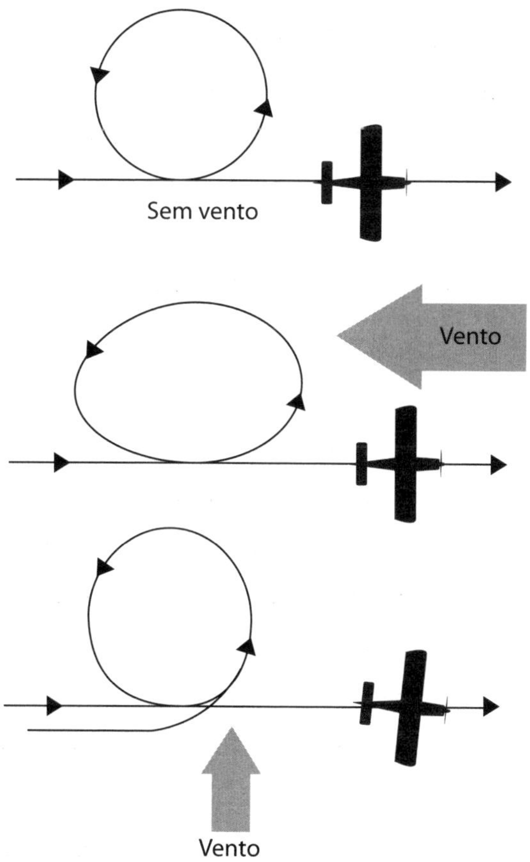

Figura 19.8: Efeito do vento sobre o voo circular.

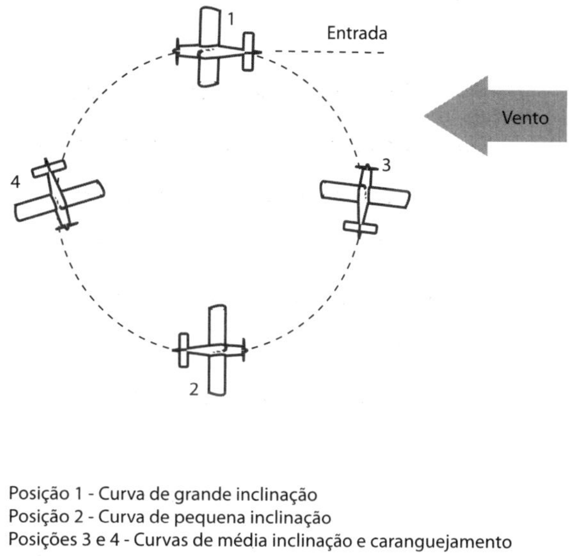

Figura 19.9: Compensação do vento em curvas de raio constante.

O aluno piloto demonstrará boa performance de coordenação quando conseguir executar duas ou mais voltas:

- Mantendo distância horizontal constante em torno do marco (raio constante).
- Mantendo altitude sobre o terreno (600 pés AGL), com variação máxima de 100 pés para mais ou para menos.
- Demonstrando capacidade de coordenar bem a manobra e manter a atenção sobre o espaço aéreo penetrado durante as curvas.

19.9 Oito ao redor de marcos ou sobre estrada (referências no solo)

- Manobra executada à altitude de 600 pés AGL. Consiste em descrever uma trajetória em forma de oito (8) ao redor de duas referências escolhidas no solo (marcos). As curvas deverão ter o mesmo raio, sendo o vento compensado pelo grau de inclinação das asas.

- Escolha dois marcos (prédios isolados, torres etc.) separados de cerca de 1.000 metros. Essa manobra também poderá ser executada sobre estrada (Figura 19.10).
- Deve existir vento soprando perpendicularmente à linha imaginária que une os dois marcos, para que a manobra tenha valor como treinamento.
- Entrar a 45º com a linha imaginária que une os marcos da estrada, preferivelmente com vento aproximadamente de cauda.

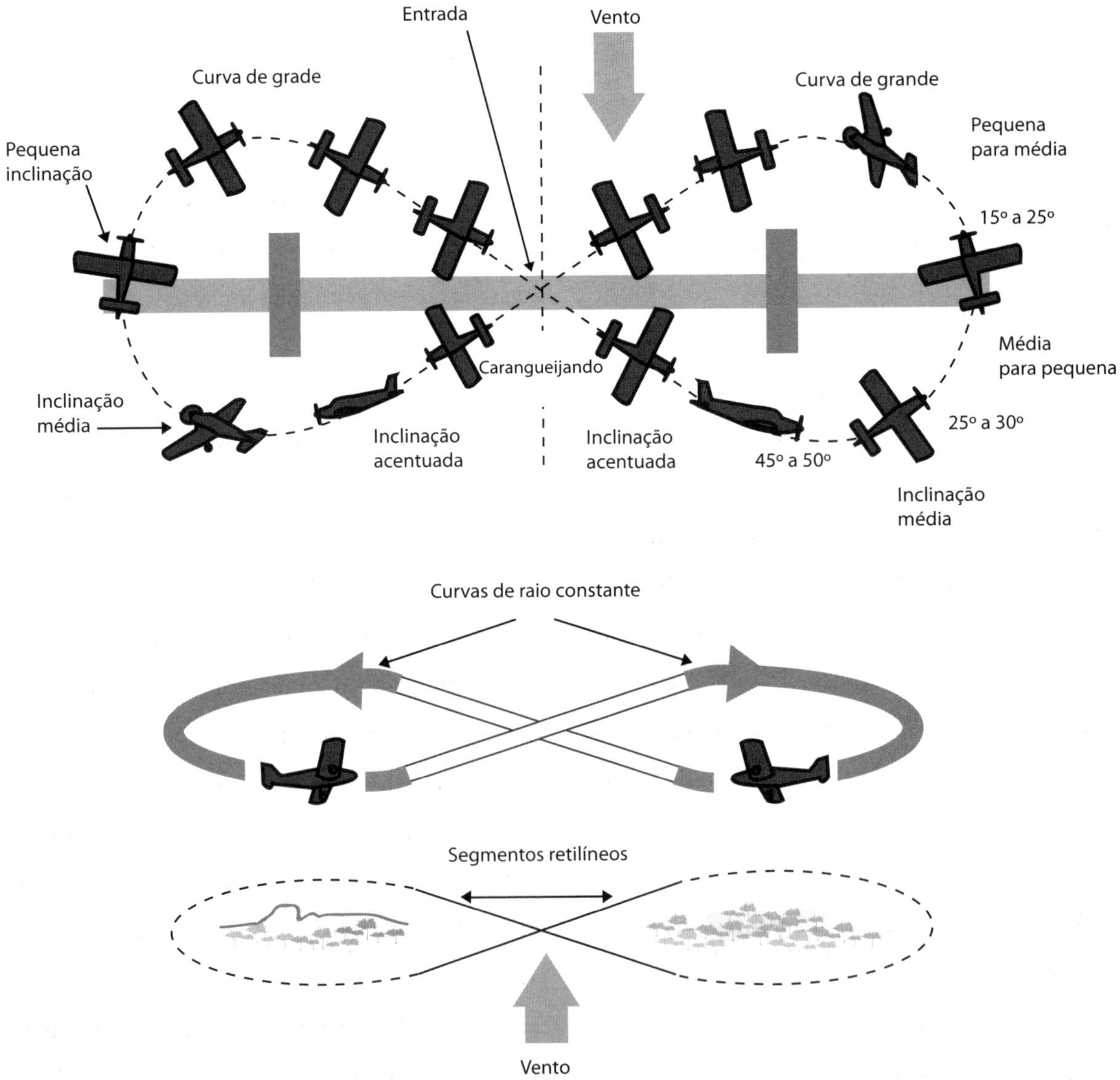

FIGURA 19.10: Oito ao redor de marcos ou sobre estrada.

- Exatamente ao lado do marco, efetua-se curva de grande inclinação, passando para média com vento de lado e diminuindo para pequena com vento de frente, mantendo-a pequena, enquanto com vento de frente, aumentando para média e depois para grande.
- Nos voos em linha reta, compensar o vento – caranguejando.
- Os marcos devem ser escolhidos de tal maneira que a reta que os une seja perpendicular ao vento.
- A distância entre os marcos e o avião deverá ser mantida constante.

19.10 Pivotamento sobre marcos

A manobra também é executada conduzindo-se o avião em trajetórias circulares, tendo como referência dois marcos proeminentes no solo. O avião será manobrado em torno deles, perfazendo a trajetória de uma figura "8". Nesse caso, no entanto, não se dá muita atenção em manter uma distância constante em torno dos marcos. Ao invés, o avião será conduzido a uma altitude e velocidade tais que a linha de visada do piloto, paralela ao eixo lateral do avião, aparente manter-se centrada sobre cada marco (pivotamento).

A distância entre os marcos será tal que cada trajetória reta permita um voo reto horizontal mínimo de quatro a seis segundos. Durante esses trajetos retilíneos, o vento deverá ser compensado por caranguejamento. O piloto, ao descrever a curva sobre um dos marcos, não deverá perder a atenção sobre o outro, para que, ao terminar a perna circular, já esteja se preparando para enquadrar o avião na perna retilínea que o levará ao outro marco.

Nessa manobra, o marco será como um centro de rotação para a linha de visada do piloto. A linha de visada varia de um tipo de avião (tipo de asa) para outro. Geralmente pode-se usar a ponta da asa como referência, se bem que isso nem sempre é constante, dependendo do tipo de asa (alta, baixa, grau de enflechamento). O essencial é que a linha de visada seja paralela ao eixo do avião.

Os marcos devem ser escolhidos de forma a serem prontamente avistados e reconhecidos do ar, como exemplo: cruzamento de estradas, torres, chaminés, postes de alta tensão. No entanto, sempre será mais seguro usar marcos que não estejam em áreas muito construídas ou populosas e afastadas de zonas de tráfego aéreo mais intenso.

19.10.1 Altitude de rotação (pivotamento) sobre marcos

Existe uma altitude certa, na qual a linha de visada do piloto mantém-se sobre o centro de rotação (marco), durante as curvas ao redor dele. A altura dessa altitude de voo, com a linha de visada mantendo-se sobre o marco, depende da velocidade do avião em relação ao solo. A qualquer altitude acima dessa altura ideal, o marco aparentará mover-se para a frente. A qualquer curva em altitudes inferiores à altura ideal, o marco aparentará mover-se para trás. Para que essa manobra seja realizada a contento, deverá ser executada na altitude AGL de pivotamento para determinado avião. Para obter-se essa altitude de manobra, existe uma fórmula matemática. Por meio do resultado dessa fórmula, pode-se obter, aproximadamente, a altitude de pivotamento (AP):

$$AP = \frac{(\text{velocidade em relação ao solo})^2}{15}$$

Supondo-se que a velocidade (em MPH) de um avião seja de 100 MPH, sua AP será igual a 667 pés. Essa aproximação teórica dá uma ideia da altitude da manobra. No entanto, como a velocidade em relação ao solo (Vs) varia de acordo com a intensidade do vento, pequenos ajustes em altitude poderão ser necessários durante essa manobra.

Essa manobra requer do piloto uma boa dose de coodenação, pois o obriga a variar o grau de inclinação das asas de acordo com o vento, assim como fazer pequenos ajustes de *pitch* para leves variações de altitude, permitindo-lhe manter a linha de visada sobre os marcos (pivotamento).

19.10.1.1 Manobra (instrução)

Escolha de dois marcos, situados de tal forma que a linha que une os dois seja perpendicular à direção do vento.

Altitude básica de entrada na manobra: 700 pés. Ela poderá ser alterada em função da intensidade do vento e velocidade do avião, usando-se a fórmula e variando-se as altitudes por tentativa, até obter a AP correta.

Velocidade de entrada: normalmente será a velocidade de manobra. O ajuste de potência será tal que permita o máximo grau de inclinação das asas necessário durante a manobra.

Por meio de toda a manobra, o piloto necessitará gradual e constantemente ajustar sua altitude para manter a referência (linha de visada) sobre o centro de rotação (marco).

Se o marco aparenta mover-se para trás, o piloto deverá aumentar a altitude suavemente (manche para trás). Se o marco aparentar mover-se para a frente, diminuir levemente a altitude (manche para a frente).

Os movimentos de profundor (manche) têm um duplo efeito nesse caso, pois elevando-se ou abaixando-se o nariz do avião, variam para menos ou para mais a altitude e a velocidade do avião, que são determinantes para manter a AP (altitude de pivotamento) correta.

Correção de deriva e grau de inclinação: a correção de deriva (caranguejamento) é feita somente nas pernas retilíneas do procedimento. Enquanto estiver voando ao redor dos marcos, o piloto estará concentrado em manter a referência e o centro de rotação (pivotamento) sobre o marco, não interessando manter a correção de deriva. Em função disto, o avião estará mais próximo do marco quando na parte de cima do vento. Nessa posição, o vento estará aproximando o avião do marco e o piloto terá de aumentar a inclinação das asas, para manter o pivotamento (Figura 19.11).

Note-se que o grau de inclinação das asas não tem efeito direto sobre a altitude de pivotamento (AP). Os vários graus de inclinação das asas têm efeito mínimo sobre AP, pois o que realmente a determina é a velocidade do avião em relação ao solo.

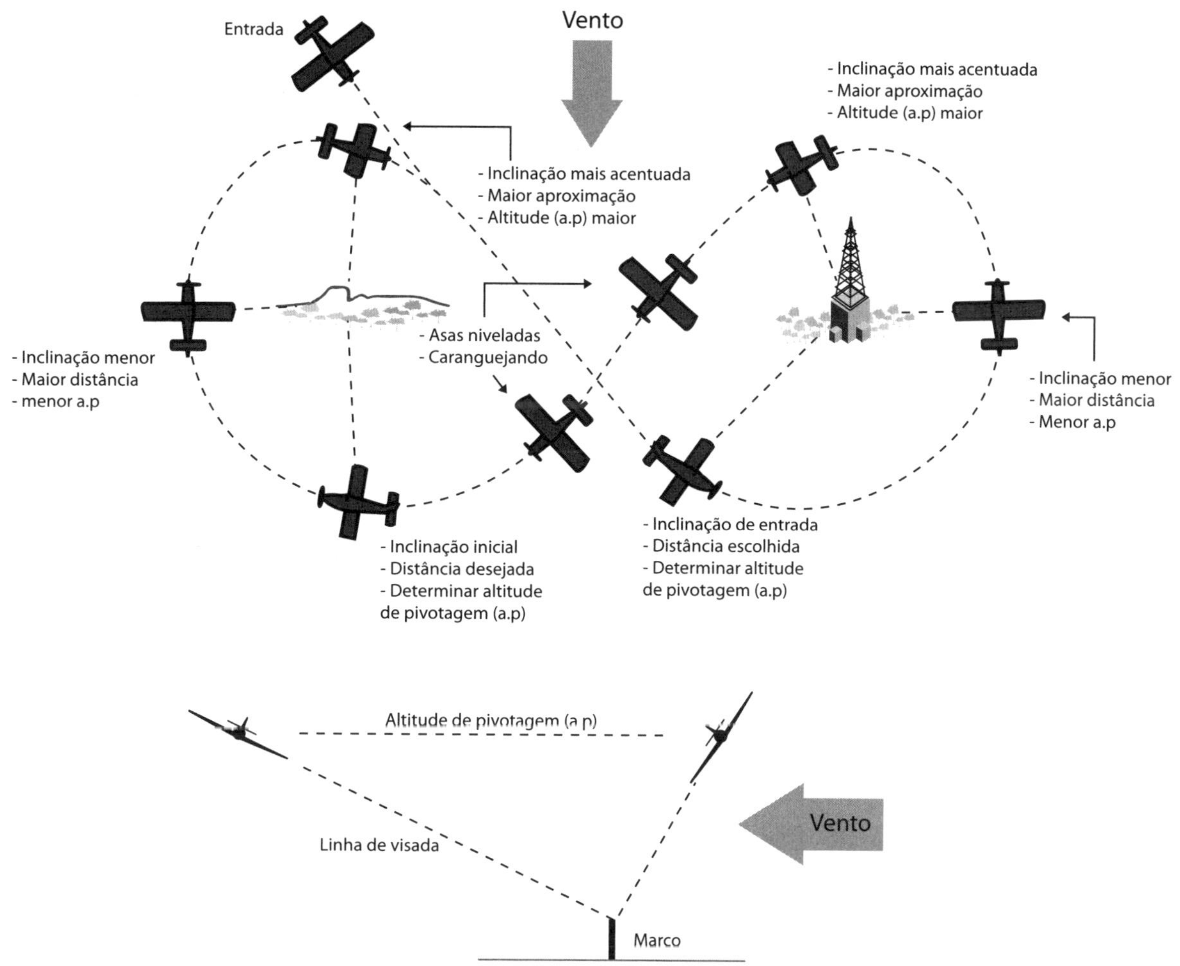

Figura 19.11: Oito sobre marcos (pivotamento).

Na verdade, as inclinações de asa com variações maiores afetam a velocidade do avião em relação ao solo e assim também, indiretamente, a altitude de pivotamento.

Avaliação – Essa é uma das manobras, para treinamento de coordenação, mais difíceis de realizar a contento. O erro mais comum é a falta de coordenação causada pelo uso do pedal (leme).

Muitos pilotos tendem a manter a referência sobre o marco, aplicando pedal em vez de alterar o binômio velocidade/altitude. A falha mais comum do aluno piloto, é a falta de habilidade em selecionar e manter a altitude de pivotamento. O piloto que estiver tendo dificuldade em manter o marco terá de se convencer de que, subindo ou descendo, até encontrar a AP correta, resolverá o problema.

19.11 Chandelle

A *chandelle* é uma manobra em curva ascendente de alta performance, numa trajetória de 180º, na qual o avião deverá ganhar o máximo de altitude possível para determinado grau de inclinação das asas e ajuste de potência.

A finalidade dessa manobra é permitir ao piloto desenvolver um alto grau de coordenação, sensibilidade de controles e velocidade, assim como de planejamento mental da manobra quanto à orientação no espaço. Por meio da manobra, a velocidade será ajustada suavemente, desde a velocidade de entrada até poucas milhas acima da velocidade de estol, controlando-se a atitude de *pitch* do nariz do avião.

A *chandelle* deve ser executada com flapes recolhidos, assim como o trem de pouso em cima (aviões com trem retrátil), evitando-se esforços anormais sobre essas estruturas.

19.11.1 Sequência da manobra (instrução)

Velocidade de entrada (início da manobra) – A velocidade de entrada nesse tipo de manobra é a velocidade de cruzeiro normal do avião. No entanto, esta nunca deverá ultrapassar a Va (velocidade de manobra, de acordo com o manual de operações), devendo ser igual ou menor do que ela.

Entrada – Será feita em Vcr ou Va: a que for menor das duas, a partir do voo nivelado. A altitude de entrada será sempre, no mínimo, de 1.500 pés AGL. Como em todas as manobras onde haja mudança rápida de direção e/ou altitude, toda a área em torno deve ser cuidadosamente examinada. Numa manobra bem executada, o fator de carga (G) aumentará muito pouco. Como na maioria das manobras de precisão, uma referência visual no solo é de ajuda primordial, para que o piloto possa manter orientação e controle de precisão. O avião poderá ser alinhado com uma estrada ou algum relevo geográfico proeminente, para iniciar a manobra. Esta será então iniciada, inclinando as asas em 30°.

Primeira curva de 90° (à esquerda ou à direita) – Após ter estabelecido a inclinação de 30°, aplica-se tração sobre o manche, iniciando a curva ascendente. À medida que esta se desenvolve, o piloto irá levando o manete suavemente à frente, ajustando a potência, a fim de manter a RPM de cruzeiro, tão demoradamente quanto possível. A atitude de *pitch* será aumentada numa razão suave e constante durante esse primeiro segmento de 90° de curva. Devido ao efeito de torque desenvolvido a velocidades cada vez menores, uma considerável pressão sobre o pedal direito será necessária, para manter a curva coordenada (bolinha centrada). Durante esse segmento, a inclinação das asas deverá sempre ser mantida a 30°.

Segunda curva de 90° (continuada para complementar 180°) – Ao completar os primeiros 90° de curva, o avião ainda deverá estar numa inclinação de 30° e na atitude de nariz mais alta de toda a manobra. Atenção ao velocímetro: o nariz não deverá ser trazido excessivamente para cima – a velocidade indicada deverá estar no mínimo a 15 MPH acima da Vstol. Como será visto adiante, um ângulo acentuado de inclinação das asas poderá acelerar a velocidade de estol. Com inclinações acima de 30° e atitude de nariz muito alta, o estol poderá ocorrer a velocidades bem maiores e será abrupto.

Por meio do segundo segmento de 90°, o piloto mantém a atitude do *pitch* do nariz e vai desfazendo a curva suavemente, numa razão constante até que a direção oposta à estrada (180°) seja estabelecida, observando-se a referência no solo.

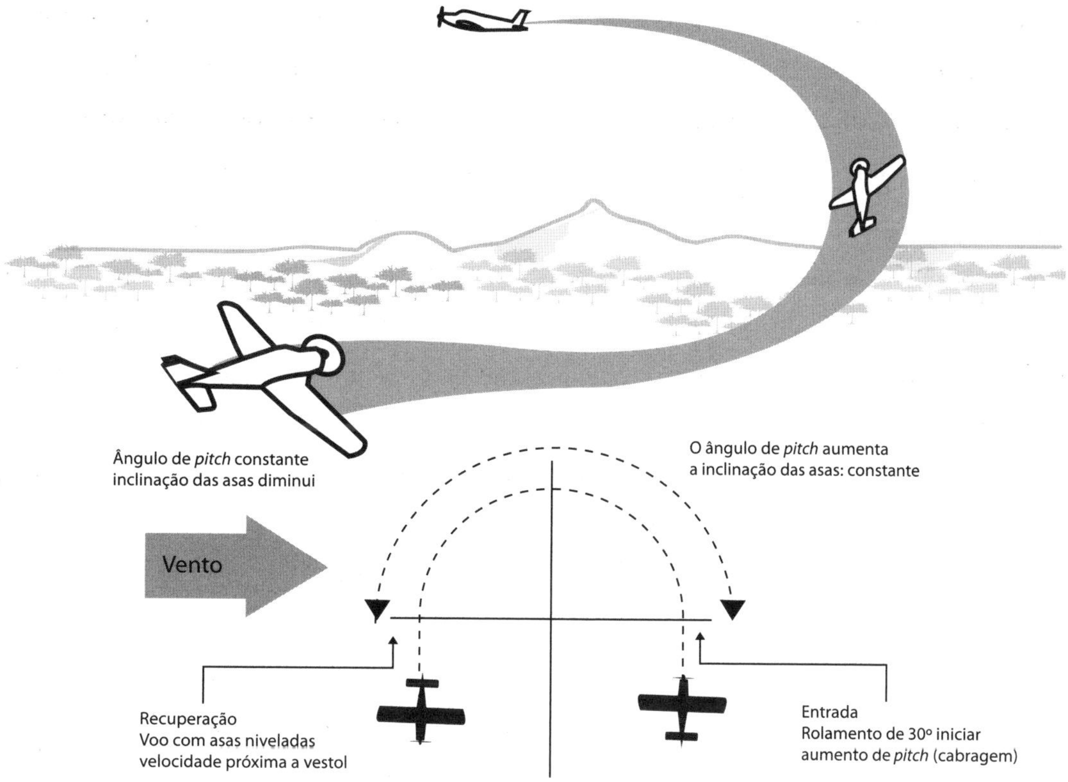

Figura 19.12: *Chandelle.*

Para manter a atitude no segundo segmento de 90º de curva, o piloto terá de aumentar levemente a tração sobre o manche. À medida que o avião perde velocidade, os comandos tomam-se menos efetivos, sendo necessários movimentos maiores de manche e pedal. A rolagem de saída da curva deve ser calculada para que as asas estejam niveladas, quando atingida a direção de 180º.

Recuperação – A recuperação é completada quando, com as asas niveladas, estabelece-se a atitude para voo de cruzeiro, abaixando o nariz e aguardando a Vcr, mantendo a altitude ganha. Uma vez nivelado o avião e estabelecida a velocidade de cruzeiro, reajusta-se a potência.

19.12 Oito preguiçoso

19.12.1 Considerações sobre essa e outras manobras avançadas no treinamento básico

Essa manobra reúne: mergulhos, subidas, curvas e as combinações entre esses tipos de voo. Tanto a *chandelle* como o oito preguiçoso desenvolvem, no piloto, um alto grau de sensibilidade de comandos, capacitando-o a explorar ao extremo as características de performance de seu avião sem sobrecarregar com cargas anormais (G+) ou (G-) as estruturas do equipamento. Conferem ao piloto o famoso dom do pé e mão e sensibilidade cinestésica, tão importantes na formação de um bom aviador.

Essas manobras, aliadas ao treinamento de parafuso (entrada e recuperação), tornam o piloto mais capacitado a dominar o avião, fazendo que seu desempenho aeronáutico seja mais seguro. Estarão preparando-o, também, para, posteriormente, desenvolver seu treinamento em voos acrobáticos, pilotando aeronaves especiais para tal fim. *Em nossa opinião, o treinamento acrobático elementar é importante para que um piloto desenvolva sua plena capacidade de domínio sobre a máquina voadora.*

Descrição geral da manobra – Essa manobra é chamada de oito preguiçoso pelo fato de aparentar, em sua trajetória espacial, a figura de um oito meio de lado, quando vista pelo seu eixo longitudinal. Vista de cima, assemelha-se à figura de um "S" executado sobre uma reta imaginária.

A manobra sempre será executada a uma altitude de segurança (1.500 pés AGL) e com exame prévio da área. A atenção à área espacial circundante deve ser constante e redobrada a cada entrada em curva. O piloto escolhe um ponto de referência no horizonte, situado no prolongamento visual da asa. A velocidade de entrada normal será a velocidade de cruzeiro (Vcr), desde que esta não seja superior à velocidade de manobra (Va). O ponto de referência no horizonte deverá, preferivelmente, ser escolhido de forma que todas as curvas sejam feitas contra o vento (vento de proa), ou seja, ao iniciar a manobra. O avião estará com vento pelo través, aproando contra o vento quando iniciar as curvas.

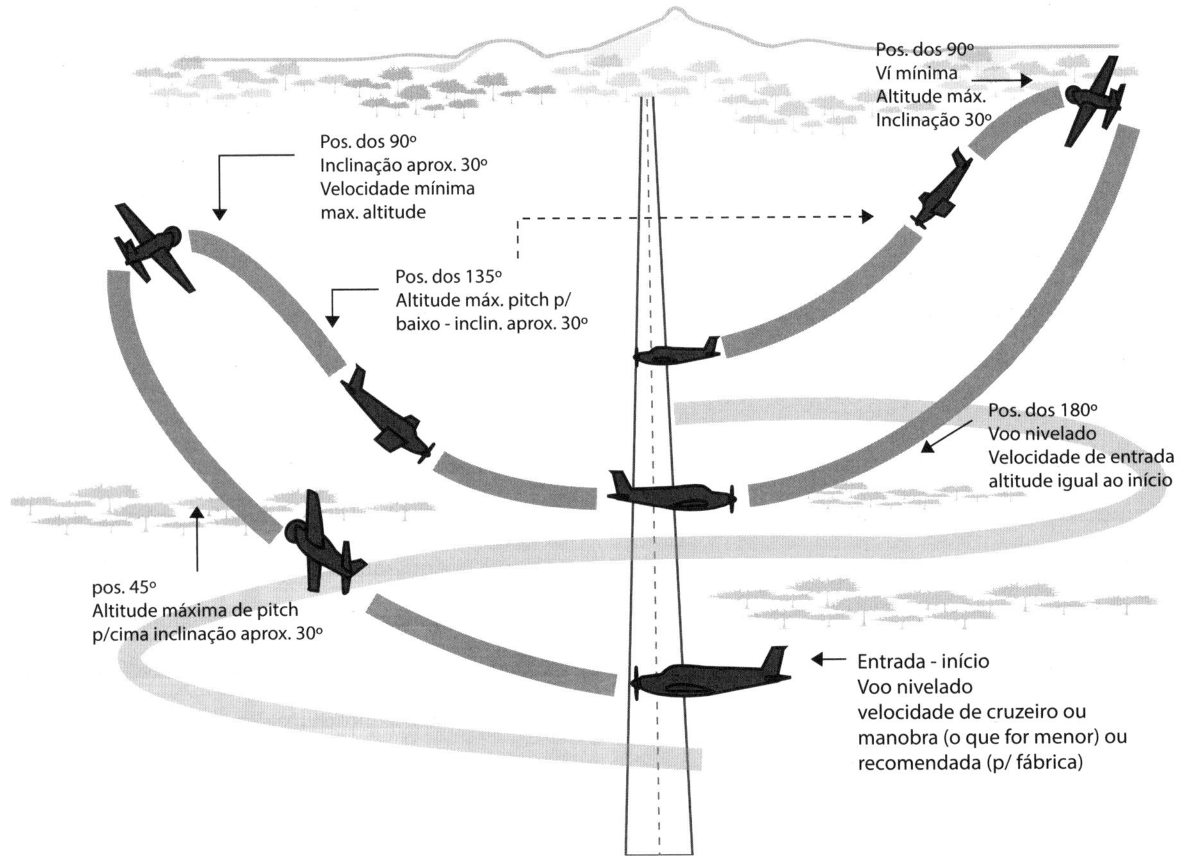

Figura 19.13: Oito preguiçoso.

Inicia-se com um voo ascendente, cruzando a linha da referência. Quando o nariz do avião estiver passando pela linha do horizonte, executa-se curva coordenada (para esquerda ou direita), procurando manter a inclinação das asas constante (30º). Aos 45º de mudança de direção na trajetória de voo, o nariz estará em sua posição máxima de *pitch* (atitude de nariz alto).

Aos 90º de trajetória, a referência passará pela linha de visada do piloto e não o nariz do avião, cujo eixo longitudinal deverá estar mais ou menos paralelo à linha de referência imaginária (ou estrada escolhida). Nesse ponto, o piloto inicia curva descendente de 90º de direção, nivelando as asas gradativamente até completar os 180º, ou seja, com o nariz apontado na direção oposta à estrada. Ao completar os 180º, a velocidade e a altitude deverão ser iguais às de entrada na manobra.

A manobra seguinte deve ser continuada imediatamente e sem hesitação, na direção oposta àquela que acabou de ser completada, iniciando com voo ascendente e rolando o avião para curva (30º), logo após ter o nariz passado pela linha do horizonte. As séries de curvas alternadas, formando o oito, devem ser encaradas como manobra única, devendo existir harmonia de sequência. Poderão ser executadas tantas curvas alternadas de "reversão" de 180º quanto o piloto ou instrutor julgar necessárias, até que a *performance* de pilotagem seja considerada boa.

19.12.2 Procedimento (instrução)

(1) *Escolha a referência geográfica:* estrada reta ou linha imaginária, a partir de um relevo geográfico, na direção do prolongamento da asa.

(2) *Verifique a direção do vento* em relação à referência, para permitir, se possível, que as curvas sejam executadas sempre com vento de proa.

(3) *Estabeleça altitude* de segurança mínima (1.500 pés AGL).

(4) *Faça a verificação de "área livre"* na entrada e a cada curva subsequente.

(5) *Ajuste a velocidade de entrada:* velocidade de cruzeiro, sempre, no máximo, igual à velocidade de manobra.

(6) *Inicie uma subida suave* e, quando o nariz passar pela linha do horizonte, role para uma curva coordenada (esquerda ou direita), na direção do ponto geográfico de referência ou na direção da estrada reta escolhida. Mantenha a bolinha centrada, corrigindo a tendência de derrapar ou glissar. Use o pedal. Não deixe a inclinação das asas aumentar além de 30º. A inclinação das asas deve ser gradativa, atingindo 30º de rolagem (máxima) no ponto da trajetória correspondente aos 90º de curva.

(7) *Aos 90º de percurso da mudança* de direção, o ponto de referência deverá passar pela linha de visada do piloto. Se a referência escolhida foi uma estrada, o eixo longitudinal do avião deverá estar paralelo a ela. Nesse ponto, a velocidade do avião estará pouco acima da velocidade de estol.

(8) Continue a manobra em curva descendente, mantendo o *pitch* do nariz de for-

ma a não ultrapassar a Va (velocidade de manobra), portanto, em mergulho suave. Mantenha a direção até cruzar a estrada ou o ponto geográfico de referência passar pelo prolongamento visual da asa oposta. A inclinação das asas ou rolagem irá sendo desfeita suavemente durante esse mergulho, de tal forma que, ao cruzar a linha imaginária de referência (ou estrada), as asas estejam niveladas.

(9) *Ao terminar a reversão* de 180º e cruzar a referência, o avião deverá estar com as asas niveladas na mesma altitude de entrada, em atitude de voo reto horizontal e em velocidade igual à do começo da manobra (Vcr ou Va).

(10) *Logo ao cruzar a linha de referência,* continue a sequência da manobra, ou seja: voo ascendente – curva gradativa até 30º de inclinação para o outro lado, completando a reversão de 180º.

19.12.3 Erros comuns

(1) Inclinação excessiva no topo da manobra (o piloto notará que necessita muita atenção para manter o máximo de 30º de rolagem).

(2) Atitude de nariz muito alta, podendo levar o avião ao estol iminente, ou mesmo acelerado (veja capítulo seguinte).

(3) Falta de coordenação na curva ascendente (glissada ou derrapada).

(4) Relutância em "emendar" uma curva de 180º, em sequência imediata à outra, perdendo o controle da simetria da figura "oito".

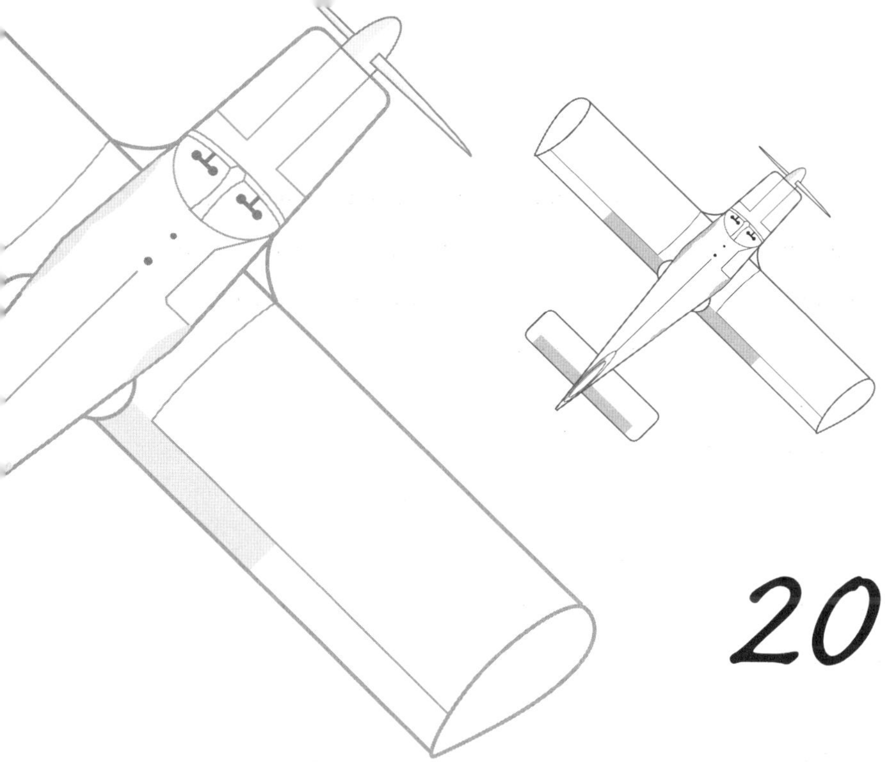

20 Aproximação – pouso – pane simulada

20.1 Aproximação ao aeródromo e circuito de tráfego

20.1.1 Comentário

À medida que o avião chega a seu aeródromo de destino e pouso, o piloto irá iniciando a descida para a altitude de tráfego. Sabendo de antemão qual a altitude do campo, somará 1.000 pés a ela e nesta permanecerá, durante o primeiro segmento do circuito de tráfego.

- Chamará o órgão de controle do aeródromo (torre ou rádio) ou dará sua posição, pela frequência livre às outras aeronaves, estando aproximadamente a cinco minutos de voo do início do circuito (cinco minutos fora).
- A potência será reduzida e o nariz do avião mantido numa atitude de voo descendente e estabilizado nessa posição.

A velocidade poderá ser mantida em torno da Vcr, numa razão padrão de descida de 500 pés por minuto, até que seja atingida a altitude de tráfego do local. Você quer um exemplo, não é mesmo?

Digamos que você esteja voando em direção ao aeródromo da cidade de Rio Claro, em São Paulo. A altitude do aeródromo está registrada no Manual Auxiliar de Rotas Aéreas (Rotaer) e consta como sendo de 2.031 pés – arredondando, para efeito de tráfego visual, digamos que seja 2.000 pés. Seu circuito de tráfego, na perna de entrada e perna do vento, será de 1.000 pés AGL, ou seja: 2.000 + 1.000 = 3.000 pés.

Se você estiver chegando a Rio Claro na altitude de 5.500 pés, basta calcular a diferença de altitude de tráfego com a altitude do voo em cruzeiro, ou seja, 5.500 - 3.000 = 2.000 pés. Se você estiver propenso a fazer uma descida padrão de 500 pés por minuto, basta dividir a altura que deve ser perdida (2.500 pés) pelo número de pés perdidos por minuto (500 pés). Teremos, então, 2.500 ÷ 500 = 5 minutos.

Concluímos que você estabelecerá um ponto ideal para início de descida, em função do tempo estimado para atingir o aeródromo.

Em nosso exemplo, o piloto iniciará uma descida a 500 pés por minuto, quando estiver a cinco minutos de voo do aeródromo. Naturalmente, esse cálculo sempre estará sujeito a possíveis desvios, devido à presença de formações meteorológicas opacas ou a elevações em torno do aeródromo.

Atingindo o circuito de tráfego, a entrada será feita de acordo com as CP (VAL), ou, se não existirem publicações, a aproximação será executada nos moldes do circuito padrão (45º em relação à perna do vento). Todas as entradas nas pernas do circuito de tráfego são comunicadas ao órgão de controle local ou por meio da frequência livre (aeródromos não controlados).

Antes de executar qualquer curva, o piloto deve examinar bem a área para os lados da qual vai girar, mesmo que a torre tenha autorizado o procedimento. Se achar que não está com bom ângulo visual, incline as asas para um lado e para o outro, a fim de ampliar seu campo visual. Uma vez certificado de que a área está livre, inicie a curva, preferivelmente dando uma inclinação média (aproximadamente 20 a 30º de rolamento).

Estando na perna do vento, a potência será ajustada e o avião estabilizado para um voo reto horizontal, na velocidade de tráfego. Normalmente, essa será uma velocidade tal que o ponteiro do velocímetro esteja dentro da faixa branca, permitindo que sejam baixados os flapes, quando indicado e arriado o trem de pouso (aeronaves com trem retrátil).

Na perna do vento, por padrão dito como de bom-senso, inicia-se o procedimento de verificações antes do pouso (*check* pré-pouso). Uma referência tida como usual para dar início às verificações, será no momento em que o avião estiver na perna do vento e passando no través da cabeceira da pista em uso. Essas verificações, como já vimos, variam de um avião para outro. Tomemos, como exemplo, uma aeronave PT-X qualquer, usada como padrão de instrução. Antes do pouso verifique:

- Seletora de gasolina aberta para o tanque mais cheio.
- Bomba elétrica auxiliar de combustível – ligada.
- Farol de pouso – ligado.
- Ar quente do carburador (operação de acordo com o tipo de avião).
- Mistura toda rica (manete vermelho todo à frente).
- Passo da hélice ajustado (manete azul todo à frente – em aviões equipados com hélice de passo variável).
- Trem de pouso baixado e travado (aviões com trem de pouso retrátil).
- Encostos dos assentos na posição vertical.
- Tripulação com cintos ajustados e fechados. Piloto e copiloto com os cintos peitorais passados.
- Proibição de fumar a bordo.

20.1.2 Entrada de tráfego (instrução)

Para entrada de tráfego no Campo de Marte, que não é igual ao padrão geral, o aluno deverá, antes, ter analisado a Carta de Pouso (CP) desse aeroporto.

- Sob orientação do instutor, determine o ponto ideal de descida.
- Nivele o avião na altitude de tráfego (1.000 pés AGL).
- A entrada padrão será feita numa trajetória de aproximadamente 45°, com o eixo da pista em direção ao meio dela.
- Redobre a atenção no exame da área a ser penetrada, quando dentro do circuito de tráfego. Principalmente antes de girar qualquer curva para interceptar uma das pernas de pouso.
- A cada posição do circuito (entrada no tráfego, perna do vento, perna base e reta final), a torre deverá ser informada. Preste atenção na resposta à sua mensagem e na instrução dada pelo controlador.
- Existem referências visuais no solo (edificações) que servem para orientá-lo quanto à penetração e o momento de girar a perna do vento. Seu instrutor irá mostrá-las a você.
- Quando alinhado na perna do vento, reduza o manete de potência suavemente até o tacômetro (conta-giro) indicar 2.000 RPM. Estabilize o avião.
- Certifique-se de que está na perna do vento correta em relação à pista em uso. Exemplo: se a pista em uso for a 12, sua bússola deverá indicar o rumo oposto da pista (120° + 180° = 300°).
- Mantenha uma trajetória da perna do vento o mais paralela possível com o eixo da pista, compensando desvios causados por ventos de través. Tome uma referência no horizonte ou mantenha proa bússola (contrária à direção da pista em uso).
- No través da cabeceira em uso, efetue o *check* pré-pouso:*
  - poltronas na vertical – cintos e ombreiras ajustados;
  - mistura toda rica;
  - bomba elétrica ligada;
  - seletora de combustível – tanque mais cheio.
- Na perna base:
  - inicie descida suave (500 pés/min);
  - estabilize o avião na razão de descida, usando profundor e ajuste de potência;
  - aplique flape – 1° dente – 10° de flape.
- Intercepte a reta final com curva de média inclinação (examine o espaço: *final livre*).
- Uma vez encaixado na reta final, aplique o 2° dente de flape (25°).
- Estabeleça a Vap de 90 MPH.
- Estabilize o avião.
- Estabeleça uma razão de descida apropriada.
- Analise o efeito de desvio do vento sobre a trajetória do avião. Use os métodos analisados para compensar a deri-

* Essa posição é também chamada posição dos 180° (com cabeceira da pista em uso).

va (caranguejamento e/ou asa baixada no vento).

- Será aconselhável acender o farol de pouso na reta final, principalmente em circuitos de aeródromos não controlados.
- Quando estiver para cruzar a cabeceira da pista em uso, reduza a velocidade para Vref = 75 MPH.
- Proceda ao arredondamento e toque, conforme analisado (Operação do avião no ar).
- Recolha os flapes após o pouso completo e quando na velocidade de rolagem.
- Desligue a bomba elétrica (mantenha-a ligada se pretender arremeter).

20.2 Aproximação para pouso

20.2.1 Comentário – instruções

Como aluno piloto, você sentirá certa apreensão ao pensar no pouso.

Com certa razão, pois é a fase de voo que mais requer atenção, prática e habilidade. Assim que você o tiver dominado, com uma boa margem de segurança, estará a um passo de seu voo solo, começando então a imaginar-se como piloto. Alguns pousos efetuados com sucesso não significam que você não tenha de continuar a receber instrução e treinamento. O fato de você ter aprendido a pousar relativamente bem traduz um grau de habilidade que indica ao instrutor que você já é capaz de efetuar manobras básicas, planejar além da atitude atual da aeronave e manejar diversas situações e procedimentos ao mesmo tempo.

Por melhor que se descrevam, teoricamente, as técnicas usadas no pouso, somente a prática fará que o aluno as entenda realmente, pois então desenvolverá sua sensibilidade de comando e percepção visual para aproximação do solo. Aprenderá que os fatores básicos que afetam o pouso são: direção e intensidade do vento atuante, altitude disponível e velocidade da aeronave. Todos esses fatores ainda se conjugam em torno do tipo de pista, seu comprimento e a presença de obstáculos próximos à cabeceira.

Para melhor compreensão dos fatores que afetam esta manobra, iremos descrever as seis fases da aproximação e pouso:

- perna do vento;
- perna-base;
- reta final ou aproximação final;
- arredondamento;
- toque;
- corrida no solo.

20.2.2 Perna do vento

O percurso da perna do vento é paralelo à pista em uso e contrário à direção final de aproximação. O avião será pilotado numa trajetória paralela à pista, sem desvios para a esquerda ou a direita. Uma vez estabelecido o rumo paralelo à pista, o piloto irá mantê-lo, referindo-se à bússola e/ou alguma referência visual no horizonte.

A trajetória da perna do vento fica a uma distância básica de 1.000 a 1.500 metros da pista e a altitude de tráfego será mantida durante esse percurso.

20.2.3 Perna-base

A perna-base é o segmento do circuito de tráfego do aeródromo que o avião realiza, executando uma curva a partir da perna do vento em direção perpendicular à reta final.

Na perna-base inicia-se a perda de altitude, reduzindo a potência. De acordo com a técnica preferida, nesse segmento abaixa-se o primeiro ajuste de flape. Enquanto na perna-base, o piloto procura julgar a distância que o separa da pista para calcular qual razão de descida que será usada, levando em conta, também, as eventuais correções de vento.

O momento de iniciar a curva, para entrar na perna-base, depende da intensidade do vento e da presença de outras aeronaves em procedimento de pouso. Antes, de "girar base", o piloto examinará atentamente a extensão da reta final e da perna do vento à sua frente, verificando se não existe outra aeronave adiantada para pousar. Claro que você deve prestar atenção à radiofonia, que irá esclarecê-lo sobre seu número para pouso, em relação a outras aeronaves presentes.

Como padrão geral, a entrada na perna-base é iniciada quando, olhando-se para o lado e para trás, o ponto de pouso apresentar-se formando um ângulo de aproximadamente 45º com o avião.

No trajeto da perna-base, existe uma posição teórica chamada posição-chave. Nessa posição, o piloto atingirá o momento de decisão sobre as correções a serem feitas em relação a: altitude, velocidade, distância da pista e ação do vento. Se, por exemplo, o piloto julgar que está muito próximo da pista e muito alto, saberá, pela prática, que o ponto de tocar no solo irá dar-se adiante do preestabelecido mentalmente.

Três correções, pela ação sobre os comandos, poderão ser feitas:

a) reduzir a potência antes do pretendido;
b) estender a trajetória da perna-base além da linha da reta final, dando tempo de perder altitude; ou
c) estender flapes adicionais.

Qualquer uma das correções, ou as três concomitantemente, podem ser feitas, dependendo da quantidade de correção necessária.

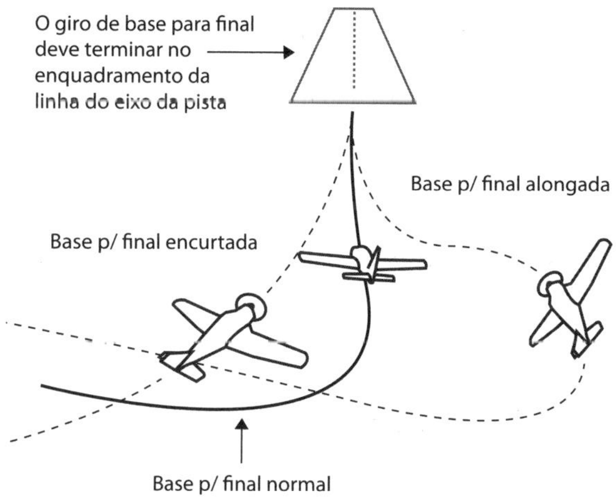

Figura 20.1: Correções no giro de base para reta final.

Se o avião estiver baixo e ainda distante da pista, poderá não alcançar o ponto de pouso pretendido, se algumas correções não forem feitas. Nesse caso, há duas correções a executar isoladamente ou em conjunto:

- girar o avião em direção à reta final mais cedo; ou
- aumentar a potência.

Recolher os flapes, neste caso, não é um procedimento normalmente aceito. Uma vez que os flapes foram estendidos, somente serão recolhidos após o pouso ou caso este seja rejeitado procedendo-se a uma arremetida.

As correções para posicionar corretamente a aeronave devem ser feitas tão logo o piloto as julgar necessárias. A importância de definir-se a posição-chave reside no fato de ser um ponto de decisão, no qual o piloto poderá fazer correções suaves para uma aproximação final perfeita, evitando correções bruscas de último minuto, levando a um toque no solo deficiente pela técnica e até mesmo perigoso, dependendo da extensão da pista.

20.2.4 Reta final ou aproximação final

Antes de girar para entrar na reta final, o piloto olha novamente em todas as direções, verificando se não existem aeronaves na aproximação final (estas têm prioridade de passagem para pouso). A curva para a reta final deve ser bem coordenada, de modo a alinhar o nariz do avião com o eixo da pista.

A potência será reduzida e ajustada, sendo o nariz posicionado numa atitude na qual o avião mantenha uma velocidade de aproximação numa razão de descida proporcional à altitude restante. Se a perna-base foi bem calculada e já se perdeu alguma altitude naquele trajeto, uma razão de descida de 500 a 600 pés será suficiente para atingir-se o cruzamento da cabeceira na altura desejada, sem grandes correções de *pitch* ou ajuste de potência.

A velocidade de aproximação (Vap), normalmente, é estabelecida como 1.4 da Vso (velocidade de estol em configuração de pouso), ou seja, cerca de 40% a mais da Vso. Exemplo: se um avião tiver uma Vso de 60 MPH a velocidade padrão de aproximação na reta final será de 84 a 90 MPH. O estabelecimento da velocidade de aproximação deve ser julgado pelo piloto, tendo como mínima a Vso + 40%. Levará em conta: peso do avião, condições de vento presente (de proa ou traves) e grau de flape baixado.

A aproximação final para pouso requer que o piloto divida sua atenção entre: olhar para fora, em direção à pista que se aproxima, para as elevações do terreno e para a área a ser penetrada, e manter um olho sobre os instrumentos: altímetro, *climb* e, principalmente, o *velocímetro*. A velocidade será mantida primordialmente pelo manche, pois este comanda o profundor que faz levantar ou abaixar o nariz e, portanto, diminuir ou aumentar a velocidade.

Você ouvirá ou lerá que "o profundor (manche) comanda a velocidade e a potência comanda a altitude". Esse é um axioma usado na aviação, de muito valor na prática, porém, a ação conjunta e coordenada dos comandos é o que prevalece.

A velocidade de aproximação na reta final (Vap), normalmente, está próxima da velocidade para melhor ângulo de voo planado (Vpln). Para acentuar-se o ângulo de descida abaixam-se os flapes, o que é um procedimento padronizado. Mas, como já foi dito, a *aplicação total do flape (40º) somente será feita quando próximo ao ponto de toque e com o pouso garantido.*

Uma aproximação muito baixa requer aplicação de potência, para manter-se a altitude. Uma aproximação alta pode ser corrigida com a aplicação de flape ou por meio de glissada frontal (*vide* adiante).

Caso a aproximação esteja realmente muito alta, não adiantará mergulhar o avião em direção à cabeceira da pista. O aparelho irá desenvolver um excesso de velocidade que nem sempre poderá ser dissipada em tempo. Na hora do nivelamento sobre o solo (arredondamento), o avião flutuará ou tocará com violência, saltando sobre a pista.

O ângulo de descida deve ser controlado, através de toda a extensão da aproximação final, se necessário atuando-se sobre o *pitch* do nariz e no ajuste de potência, para que o avião toque no ponto mirado pelo piloto e *situado dentro do primeiro terço da extensão da pista.*

O objetivo de controlar perfeitamente o ângulo de descida, procurando manter uma velocidade constante, com uma razão de descida constante, é atingir esse ponto de toque visado *com um mínimo de flutuação do avião, antes de tocar o solo.* Na prática, o aluno piloto aprenderá a controlar simultaneamente o *pitch* do nariz e o ajuste de potência, para obter um ângulo de descida adequado, a uma velocidade Vap constante.

Uma aproximação pode ser efetuada com razões de descida maiores, abaixando-se o nariz (cedendo o manche) e reduzindo a potência ao mesmo tempo, assim mantendo a velocidade constante, independentemente de ter-se aplicado flape.

Existe um ângulo de rampa de descida ideal para cada aeródromo, dependendo do comprimento da pista e dos obstáculos existentes no alinhamento do eixo dela. Em relação a essa rampa virtual, as aproximações podem estar mais altas ou mais baixas. Será melhor errar para mais, em termos de altitude de aproximação, o que confere ao piloto uma margem maior e mais segura de correções. As aproximações muito baixas são sempre críticas, pois o piloto disporá somente do ajuste de potência para corrigir a situação, normalmente porque, em tal situação, encontrar-se-á baixo e lento – dois fatores totalmente adversos para um voo seguro.

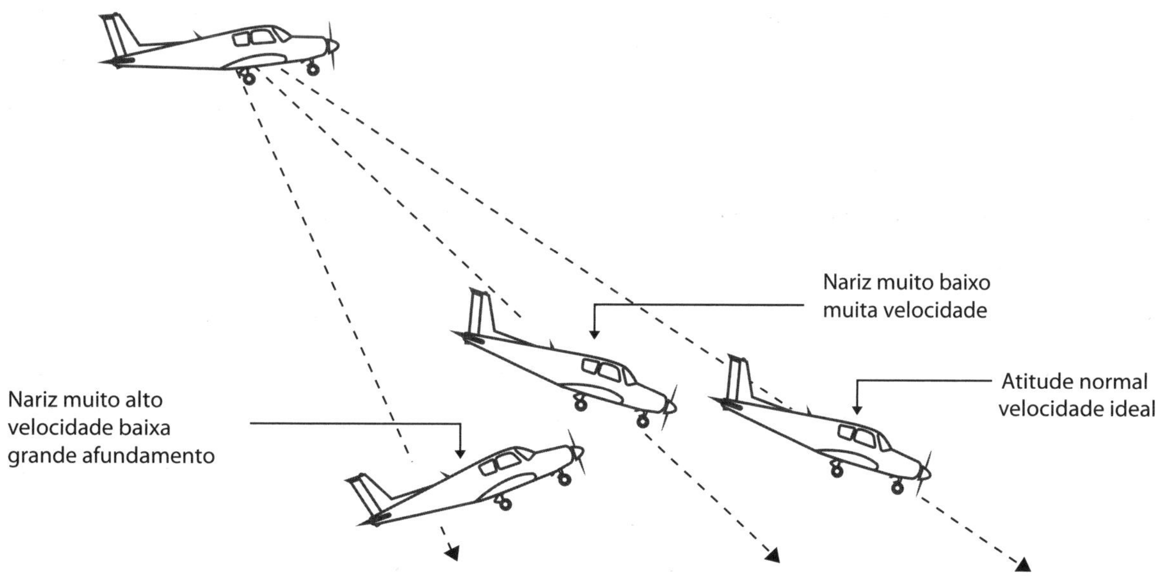

Figura 20.2: Efeito da atitude de nariz (*pitch*) sobre o ângulo de aproximação.

20.3 Uso dos *flapes*

Já vimos que os flapes são superfícies hipersustentadoras que aumentam a curvatura do perfil do aerofólio. Ao abaixar os flapes, o piloto terá em mente que uma correção adicional será necessária no binômio sustentação/arrasto. Os flapes aumentam a sustentação, permitindo voar a uma velocidade um pouco menor. Em contrapartida, aumentam o arrasto, causando um afundamento mais rápido do avião, portanto, um ângulo de descida mais acentuado. Vamos fazer uma síntese do uso dos flapes:

- Os flapes são aplicados por padrão de operação normal, antes do pouso. Geralmente usa-se 20° de flape na reta final.
- Todo o flape, ou 40° de flape, é aplicado somente quando o pouso estiver assegurado e pouco antes de cruzar a cabeceira de pouso (usa-se em casos especiais – para pousos curtos).
- Os flapes são aplicados de acordo com a instrução do manual de operações do avião e a critério do piloto, caso exista vento forte e de través. Nesse caso será preferível pousar sem flape ou com apenas 10° baixados, para melhor controle de velocidade, caso o comprimento da pista o permita.
- O avião flapeado poderá pousar a uma velocidade menor e efetuar um pouso mais curto, consumindo menor extensão de pista, até sua parada completa.
- Cada vez que o flape é baixado, o avião tende a mudar sua atitude de nariz (aviões de asa baixa tendem a levantar o nariz). Será necessário estabilizar o aparelho, para manter a atitude pretendida (*pitch* do nariz).
- Quando se usa todo o flape, o avião afunda rapidamente e, se estiver com pouca velocidade, poderá tocar no solo com muita força,

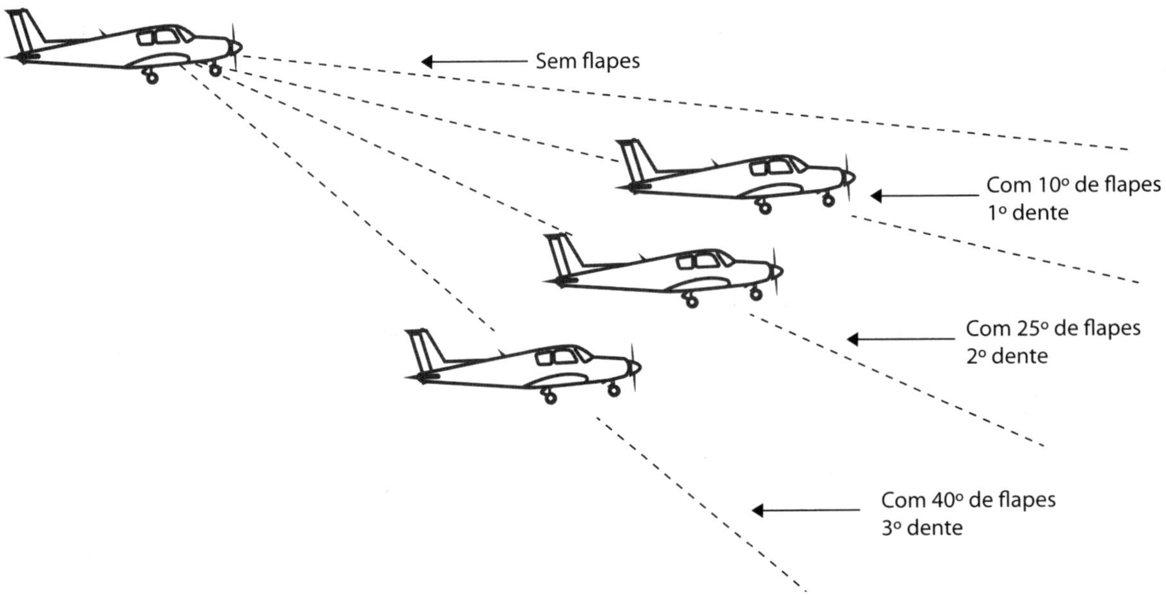

FIGURA 20.3: Efeito dos flapes no ângulo e extensão do planeio.

"placando" violentamente, o que, eventualmente, resulta em desgastes e mesmo danos estruturais. Quando o piloto sentir um afundamento muito rápido, deve aplicar potência suavemente, evitando assim a "placada"

- Um afundamento excessiva, antes do toque no solo, também poderia ser corrigido aplicando-se potência moderada, até que o avião afunde suavemente.
- Nunca se recolhe os flapes estando o avião a baixa altura e com pouca velocidade. Isso causa uma diminuição súbita de sustentação, podendo resultar numa perda brusca de altura, conduzindo a uma situação crítica.

Já próximo do solo, para pouso, o avião cruzará a cabeceira da pista numa velocidade menor, comandada pelo piloto. Essa velocidade operacional, ou de referência, é a Vref (30% a mais da Vso). As pressões aerodinâmicas sobre as superfícies de comando serão menores, tendo, portanto, o piloto de ampliar as pressões sobre pedais e manche para manter o avião alinhado com o eixo da pista e com as asas niveladas.

Pouco depois de cruzar a cabeceira, o piloto poderá, a seu critério, cortar completamente a potência, a fim de dissipar velocidade e transicionar do voo descendente para o arredondamento do avião sobre a pista. A análise a seguir está em função de aviões triciclos.

20.3.1 Arredondamento

"Arredondar", em termos aeronáuticos, significa modificar a atitude do avião, de voo descendente para um voo horizontal sobre a pista. Isso significa que o avião passará a voar muito baixo, nivelado sobre a pista e a uma velocidade reduzida.

À medida que o avião perde velocidade, começará a afundar, até que suas rodas toquem o solo (ponto de toque). *É essencialmente nisso que consiste o pouso (arredondamento, nivelamento e toque).* No entanto, há uma série de itens a considerar para que o arredondamento e o toque possam ser levados a efeito com boa técnica e segurança.

- A velocidade correta do avião, no arredontamento e no ponto de toque alcançado, dentro da área prevista, dependem de uma aproximação final bem planejada.

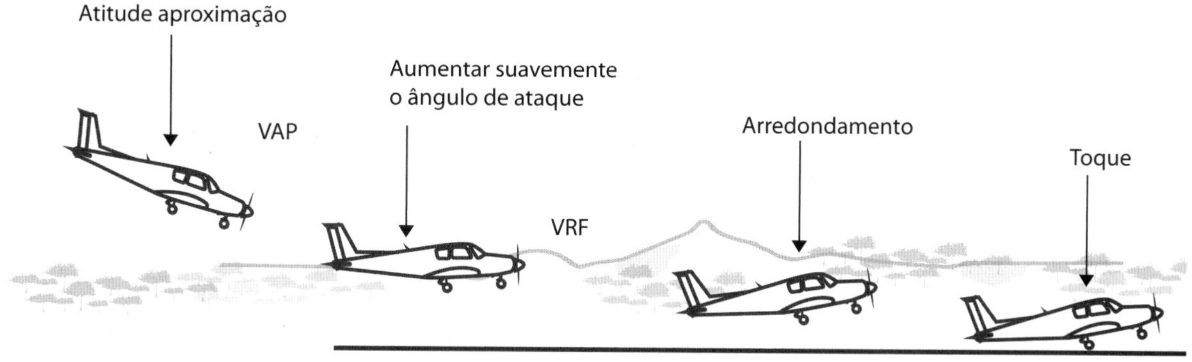

Figura 20.4: Aproximação de pouso, arredondamento e toque.

- O piloto mantém o avião nivelado sobre a pista, trazendo o manche para trás suavemente, à medida que o avião afunda. O piloto irá cabrando o avião e *mantendo a roda dianteira longe do solo, até que as rodas principais toquem.* O manche suavemente para trás, mantendo a roda do TPN aliviada, até quando for possível.
- Se o avião estiver muito veloz no arredondamento, não adiantará puxar o manche para trás, pois o avião tenderá a subir. Ao fazê-lo, flutuará e poderá entrar em estol, resultando num pouso placado.
- Caso a velocidade seja realmente excessiva, existem duas iniciativas a serem tomadas pelo piloto: se houver suficiente extensão de pista, manter o avião voando nivelado sobre a pista, até que a velocidade se dissipe e possa ser cabrado o aparelho, trazendo-o para um toque normal. *Outra atitude será a de adotar imediatamente um procedimento de arremetida, pois, se houver dúvida sobre a possibilidade de usar o comprimento da pista com segurança, essa será a iniciativa mais sensata.*
- A altura sobre o solo, para começar o arredondamento, será sentida pelo piloto com certa prática. Para efeitos iniciais de instrução, considera-se essa altura como aproximadamente 5 metros acima do solo.
- Durante o arredondamento, o piloto não deve focalizar com sua vista um ponto fixo no terreno. Seus olhos irão focalizar a atitude do nariz do avião alternadamente com um ponto intermediário no comprimento da pista. Ao mesmo tempo, ele irá procurando desenvolver sua sensibilidade de altura, com auxílio da visão periférica, isto é, captando imagens do lado da pista com o "rabo do olho". Os objetos próximos parecerão borrados como quando se dirige um automóvel em alta velocidade.
- Para completar nossas considerações sobre aproximação, arredondamento e toque: a mão direita deve ser mantida sempre junto aos manetes de controle, por motivos evidentes e já citados.

20.3.2 *Toque e corrida no solo (aviões triciclos)*

Após o toque no solo, o avião passará a deslocar-se como máquina terrestre, sendo dirigido direcionalmente pelos pedais. O piloto manterá o centro da pista, aplicando pressão sobre os pedais e o manche tracionado, aliviando a roda do TPN. Assim, fará que o peso do avião se concentre sobre as pernas principais, tornando mais eficaz o efeito dos freios. O avião deve ser freado somente na medida do necessário, após a maior parte da velocidade haver sido dissipada, durante a corrida no solo. Procedendo desse modo, o material estará sendo poupado.

Curvas exageradas, em velocidade no solo ou a aplicação violenta do pedal e freio unilateral, com o avião ainda correndo, levam a um esforço anormal sobre o trem de pouso e podem provocar um acidente. Evidentemente, em caso de risco de varar-se a pista, a freagem violenta e a curva brusca serão medidas de emergência, para evitar danos maiores. Toda vez que o piloto perceber que houve algum esforço anormal sobre a estrutura, deve mandar proceder a uma revisão mecânica do avião.

Caso o avião tenha sido conduzido ao solo numa posição de nariz desviado do eixo da pista (para compensar o vento), as rodas devem ser alinhadas no instante do toque. Dessa forma, estará o piloto evitando esforços anormais sobre o sistema do trem de pouso e prevenindo-se também contra guinadas bruscas.

Logo que o avião tenha sua velocidade dissipada no solo, ajusta-se a potência para 1.000 RPM e taxia-se o aparelho, para o estacionamento, através das pistas auxiliares de rolagem (*taxiways* – TWY).

20.3.3 Pouso com vento de través

Até o momento, analisamos o procedimento de pouso em condições de vento calmo e de frente para o avião.

O procedimento com vento lateral (de través) será basicamente o mesmo, com a variante de corrigirem-se os desvios causados sobre a trajetória do avião (deriva), pela ação do vento. Todo piloto precisa estar preparado para essa situação, sabendo reconhecê-la e executar o procedimento adequado.

O vento, soprando de lado, desvia o nariz do avião da linha do eixo da pista. Para compensar esse efeito, e manter o avião alinhado com o eixo central, existem dois procedimentos: *o caranguejamento e a asa baixada contra o vento.*

No procedimento de caranguejamento, o nariz será desviado para a direção da qual o vento sopra, abrindo-se um pequeno ângulo entre a linha do eixo longitudinal do avião e a linha do centro da pista. Esse ângulo será estabelecido e modificado de acordo com as variações de intensidade do vento. O avião voará meio de lado, em relação ao eixo da pista, durante todo o percurso de aproximação e mesmo durante o nivelamento sobre a pista, após o arredondamento. Pouco antes do toque esse desvio (correção da deriva) será rapidamente desfeito, para que as rodas toquem alinhadas e simétricas com o eixo da pista.

No processo de asa baixada contra o vento, o piloto abaixa a asa do avião na direção na qual o vento sopra. Esse procedimento anula o efeito do vento, mantendo o avião alinhado com o eixo da pista. O grau de inclinação será estabelecido de acordo com a intensidade do vento. Abaixando-se a asa, o avião tenderá a entrar em curva, sendo preciso dar pedal contrário e proporcional à asa baixada, estando-se assim a cruzar os comandos (moderadamente).

A aplicação contrária de comandos (manche para um lado e pedal para o outro) somente é admissível para correções de deriva ou glissadas, quando o avião está deslocando-se longitudinalmente. *Nunca* se cruzam os comandos durante um voo em curva, principalmente a baixa altura, pois disso poderá advir um estol e, eventualmente, um parafuso acidental.

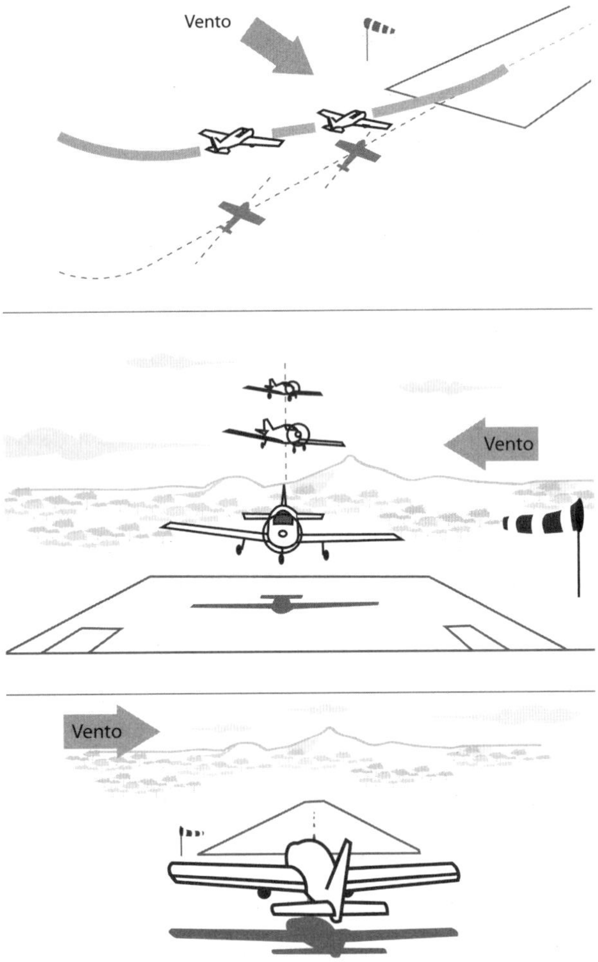

FIGURA 20.5: Caranguejamento na aproximação final.

Para compensar o vento soprando de través ou em diagonal com a pista, ambos os métodos citados podem ser usados, inclusive combinadamente. Pode o piloto fazer a aproximação final caranguejando o avião e passar, no curto segmento final, a abaixar a asa contra o vento – compensando com o pedal oposto. Após o toque no solo, o manche deve permanecer girando para o lado de onde sopra o vento. O aileron da asa do vento, estando levantado, quebrará o efeito da rajada de ar que tende a erguer a asa do solo e a guinar o avião.

20.3.4 Pouso com vento forte de proa ou ar turbulento

Quando existe vento forte de proa (que reduz a velocidade do avião em relação ao solo), ou o ar estiver turbulento, isto é, com variações de direção de correntes verticais (ascendentes e descendentes), é de bom-senso aumentar a velocidade de aproximação do avião. Com uma velocidade pouco superior à Vap e à Vref, consegue-se um efeito mais positivo de controle sobre o equipamento, prevenindo-se modificações bruscas de atitude e altitude, em consequência das rajadas de vento. Uma regra prática será a de *acrescentar à Vap metade do valor da intensidade do vento*. Exemplo: Se a Vap do avião for estabelecida em 90 MPH e o vento estiver soprando com uma intensidade de 20 nós, a velocidade será de 90 + 10 = 100 MPH, como Vap mais segura de controle sobre a máquina.

20.3.5 Arremetida (aproximação perdida)

O processo de arremeter um avião consiste em cancelar o procedimento final de pouso e passar do voo descendente, gradualmente, a um voo ascendente.

Em qualquer situação de pouso, o piloto deve estar pronto para um procedimento de arremetida, pois a necessidade de fazê-lo pode aparecer de improviso, quando menos se espera. Diversos fatores podem obrigar a uma arremetida, como:

- Aproximação final muito alta ou veloz, pondo em risco um pouso seguro.

- Pista impedida por avião que tenha cortado sua proa ou ocupado a pista para decolagem.
- Pista impedida pela presença de homens, veículos ou animais.
- Pista com defeito (buracos, valas, lama, pedras ou alagados).
- Aproximação na perna-base extremamente baixa.
- Presença de turbulência de esteira (arrasto), produzida por aeronaves de grande porte, no pouso ou decolagem delas (veja adiante).

Embora a necessidade de cancelar a continuidade de um procedimento de pouso possa surgir, durante qualquer trajeto da aproximação, a arremetida mais crítica ocorre quando o avião está próximo ao solo (baixo e lento).

Mesmo que perto do solo, uma arremetida segura pode ser levada a efeito se o piloto decidir-se prontamente. *Quanto mais cedo uma situação perigosa é reconhecida e a necessidade de uma arremetida decidida, mais seguro e correto será esse procedimento.* Quando a decisão de arremeter for tomada, o piloto deverá observar a seguinte sequência, na ordem estabelecida:

(1) Aplique toda a potência imediatamente.

(2) Feche o comando de ar quente (se aberto).

(3) Estabeleça uma atitude de voo para cessar a descida do avião. *Estabilize-o*.

(4) Recolha os flapes aos poucos – mantenha-os baixados para graduação mínima. O ato de recolher os flapes dependerá da altura sobre o solo. Se o avião estiver muito baixo, espere até que uma altura segura seja ganha e recolha os flapes em pequenos incrementos.

(5) Segure o *pitch* do nariz, numa atitude que permita que velocidade se desenvolva até a Vx (velocidade para melhor ângulo de subida).

(6) Estabeleça uma atitude de voo ascendente. *Estabilize* o avião.

(7) Recolha o trem de pouso (aviões com trem retrátil).

(8) Recolha o restante de flape.

(9) Ajuste potência.

(10) Desligar bomba elétrica de combustível.

Uma especial atenção deve ser dada ao estabilizador, pois o avião, em configuração de pouso, vinha estabilizado, para compensar um *pitch* de nariz pesado. Com a aplicação brusca de potência, o nariz tenderá a erguer-se abruptamente, havendo necessidade de aplicar-se considerável pressão sobre o manche, para mantê-lo baixo e poder ganhar velocidade. Pressione o manche com firmeza, mantendo a atitude nivelada, até ser ganha a Vx ou Vy, enquanto estabilizar rapidamente o avião. *Somente após ganhar velocidade, o piloto irá preocupar-se com flapes e trem de pouso.* Qualquer descontrole no momento em que for aplicada a potência e elevado bruscamente o nariz poderá levar o avião a aproximar-se rapidamente do estol.**

Logo que for aplicada potência, o nariz do avião tenderá também a guinar bruscamente para a esquerda, pela ação de torque da hélice. O piloto pisa o pedal direito para manter o avião na linha central da pista.

Assim que uma razão de subida positiva for definida, estabiliza-se o avião para a Vy (velocidade

** *Vide* capítulos sobre *estol*.

de melhor razão de subida) e continua-se a voar na direção da linha central da pista, como numa decolagem convencional. Será feita nova entrada no circuito ou procurado outro aeródromo, a critério do piloto e/ou do órgão de controle de tráfego aéreo.

20.3.6 Toque/arremetida

O toque no solo, com curta corrida, seguido de uma decolagem normal, é treinamento usual dado ao aluno piloto.

A sequência do procedimento é quase a mesma, salvo que os flapes são recolhidos durante a corrida no solo, ou ajustados para a posição de decolagem. O comando do estabilizador poderá começar a ser rodado para trás, ainda durante a corrida no solo. O avião será tirado do solo ao atingir a Vr e mantido na atitude que o faça atingir a Vx ou Vy.

20.3.7 Pouso forçado

Os motores que atualmente equipam as aeronaves são altamente confiáveis, desde que submetidos a revisões constantes de manutenção. No entanto, uma falha mecânica sempre é possível, levando a uma perda parcial ou total de potência.

No caso, estamos considerando apenas aviões monomotores, nos quais a dependência da tripulação é maior, tendo o piloto sempre em mente a possibilidade de pouso forçado. Seu treinamento deve incluir, necessariamente, os procedimentos para tal situação.

Tão logo o piloto perceba perda de potência, falha ou parada do motor, deve proceder aos atos de pouso forçado. Algumas circunstâncias psicológicas podem inibir a pronta reação do piloto e somente piorar a situação. Sabendo disso, o aviador deverá prevenir-se contra o seguinte:

- Relutância em aceitar a situação da emergência presente – Deixar a mente paralisar-se ante o fato de que o avião em poucos instantes estará no solo poderá inibir as ações corretas. O caso tem de ser aceito prontamente e sem delongas. Quanto mais tempo for perdido, tentando rejeitar a situação, menos tempo sobrará para se executar os procedimentos de um pouso técnico correto. Lembre-se: por pior que seja a situação as chances de sobrevivência são grandes se o avião for trazido ao solo *controladamente*.
- Desejo de salvar o avião – O medo de causar estragos ao aparelho faz com que um piloto possa titubear em pouso, num local mais provável para o momento. Todavia, o bom-senso dita que é preferível sacrificar parcial ou totalmente a máquina e salvar seus ocupantes.
- O medo é um fator vital do sentido de autopreservação. Porém, pode ser um inimigo terrível se fizer com que um piloto entre em pânico num momento crítico. Subconscientemente, todos nós temos medo de nos machucar. O piloto deve ter sempre em mente que se dominar a máquina, sabendo controlá-la numa emergência, maior chance terá de sair ileso com seus tripulantes.

Num *pouso de emergência*, o avião apresenta uma situação que pode levar à perda total de potência, devendo ser pousado no aeródromo mais próximo disponível, interrompendo seu voo normal.

No pouso forçado, o avião não tem condições mecânicas de prosseguir em voo normal, devendo ser aterrado (pouso sem potência) na área mais próxima disponível, seja esta um aeródromo ou não.

Um piloto atento estará sempre analisando a área sobrevoada, estabelecendo mentalmente qual terreno escolheria em caso de ser obrigado a pousar. Também observará a direção do vento, pelo sentido das colunas de fumaça, marolas sobre lagos, rios ou mar e inclinação de árvores e arbustos. O sucesso de um pouso forçado está circunscrito a alguns fatores como:

- Altitude disponível (quanto mais alto, maior tempo de voo planado disponível).
- Tipo de terreno sobrevoado; presença de obstáculos; campos arados ou cultivados, praias desertas, estradas largas.
- Velocidade do vento reinante e sua direção (favorável ou não).
- Distância para atingir uma área apropriada.
- Visibilidade sobre o terreno (vertical e horizontal).

A altitude disponível é o principal fator a concorrer para que um pouso forçado possa ser levado a bom termo. Se uma perda total de potência vier a ocorrer, logo após a decolagem, não é aconselhável tentar a volta para o aeródromo, pois a pouca altitude disponível perder-se-á mais ainda com a curva de 180º. Será preferível estabelecer, imediatamente, a atitude de voo planado e pousar em frente ou com pequenos desvios à esquerda ou à direita. Sempre é melhor atingir a área escolhida para pouso com mais altitude, pois não existirá chance de arremetida. A altitude excessiva para uma aproximação final em voo planado poderá ser rapidamente dissipada:

- Descendo em espiral
- Alongando a perna-base.
- Usando os flapes.
- Glissando o avião.

A ânsia de chegar ao solo pode ser um dos fatores perigosos no pouso forçado. Excesso de velocidade pode ser tão crítico como falta de velocidade. O treino constante, em aproximações normais a pistas de aeródromos – estando o avião com velocidade de planeio (sem potência) –, desenvolve no piloto o exato sentido de controle do avião, sem o uso do manete de potência.

Após a perda total de potência, a primeira coisa a ser feita é estabelecer uma atitude de voo planado e manter o avião nesta velocidade (Vpln) – estabilizando-o. Ao mesmo tempo que o aluno piloto procura uma área de pouso forçado (pane simulada), deverá saber de cor os procedimentos a serem levados a efeito na cabine de comando. Uma lista de procedimentos padrão para aviões monomotores, em caso de perda total de potência, é a seguinte:

- Velocidade de voo planado – estabilizar.
- Bomba elétrica – ligar.
- Mistura – rica.
- Seletora de gasolina – mudar para tanque mais cheio.
- Ar quente do carburador – abrir.
- Chave de magnetos – posição *ambos*.
- Flapes – recolher (se a altura sobre o solo permitir).
- Trem de pouso – recolher.
- Ajuste os cintos – inclusive peitorais.
- Reduza o manete de potência.

Se ficar definida a necessidade do pouso forçado, no final da aproximação, os seguintes procedimentos serão executados:

- Master desligado.
- Mistura cortada.
- Seletora de gasolina fechada.
- Portas destravadas.
- Remova objetos contundentes; tire os óculos do rosto e as canetas do bolso.

20.4 Pane simulada (instrução)

Nesse treinamento será simulada uma pane de motor (perda total de potência). Antes de submeter-se ao exercício, o aluno deverá reler e estudar o que foi escrito antes sobre pouso sem potência (pouso forçado).

Procedendo ao padrão de treinamento, o instrutor reduz totalmente o manete de potência, como se o motor parasse inopinadamente, e brada:

– Pane!

O aluno procederá, imediamente, à seguinte sequência, que será decorada:

(1) Ligar bomba elétrica de combustível e manete de mistura na posição toda rica (para a frente).

(2) Estabilizar o avião em voo planado (90 MPH).

(3) Examinar terreno abaixo, para escolher provável área para pouso sem potência.

(4) Procurar identificar a direção do vento e condições para aproximação (distância, vento e altitude disponível). Ao mesmo tempo, continuar com os procedimentos de cabine.

(5) Ar quente para carburador – aberto.

(6) Mudar a seletora de gasolina para outro tanque (se solicitado, proceder ou citar manobras para tentar fazer o motor pegar – *vide* "Emergências").

(7) Supondo-se pane total definida, preparar-se para pouso forçado: aproximação ao campo de pouso escolhido.

(8) Comunicar (teoricamente), pelo rádio, sua posição e situação de emergência.

(9) Fechar seletora de gasolina (somente falar).

(10) Desligar *master* (somente falar).

(11) Desligar chave de magnetos (somente falar).

(12) Cortar mistura (somente falar).

(13) Destravar a abrir porta (somente falar).

(14) Verificar cinto e peitorais ajustados e fechados.

(15) Remover óculos e objetos que possam ser contundentes.

20.4.1 Espiral descendente (Comentário – instrução)

A espiral descendente em torno de marco no solo é uma manobra de voo em círculos descendentes (espiral). Constitui-se em ótimo treinamento para desenvolver a habilidade de perder altitude sem afastar-se da referência, compensando o vento e evitando a desorientação.

Uma espiral de três voltas (1.080º) é básica para perfeito treinamento do piloto. A manobra deve ser iniciada a uma altitude mínima de 2.000 pés AGL. A espiral descendente pode ser feita com potência (ajuste para voo descendente) ou em voo planado. No último caso, a velocidade e a razão de descida serão unicamente comandadas pela ação sobre o manche (profundor). A compensação da deriva, causada pelo vento, será feita como na manobra de voo em círculos em tomo de marco.

A atenção ao redor e abaixo do avião deve ser redobrada, para detectar outras aeronaves próximas. Puxadas exageradas no manche, para recuperar altitude, devem ser evitadas durante as curvas em espiral descendente. Isso somente viria a aumentar o fator de carga (G) sobre as asas, acelerando a velocidade de estol e impondo esforços excessivos sobre a estrutura da aeronave.

20.4.1.1 Aproximação para pouso em espiral descendente

Em caso de perda total de potência em altitude, o piloto poderá usar a espiral descendente para posicionar seu avião para uma aproximação de pouso. Será muito mais seguro atingir o local de pouso executando uma espiral descendente do que usar manobras que o afastem demasiadamente do campo

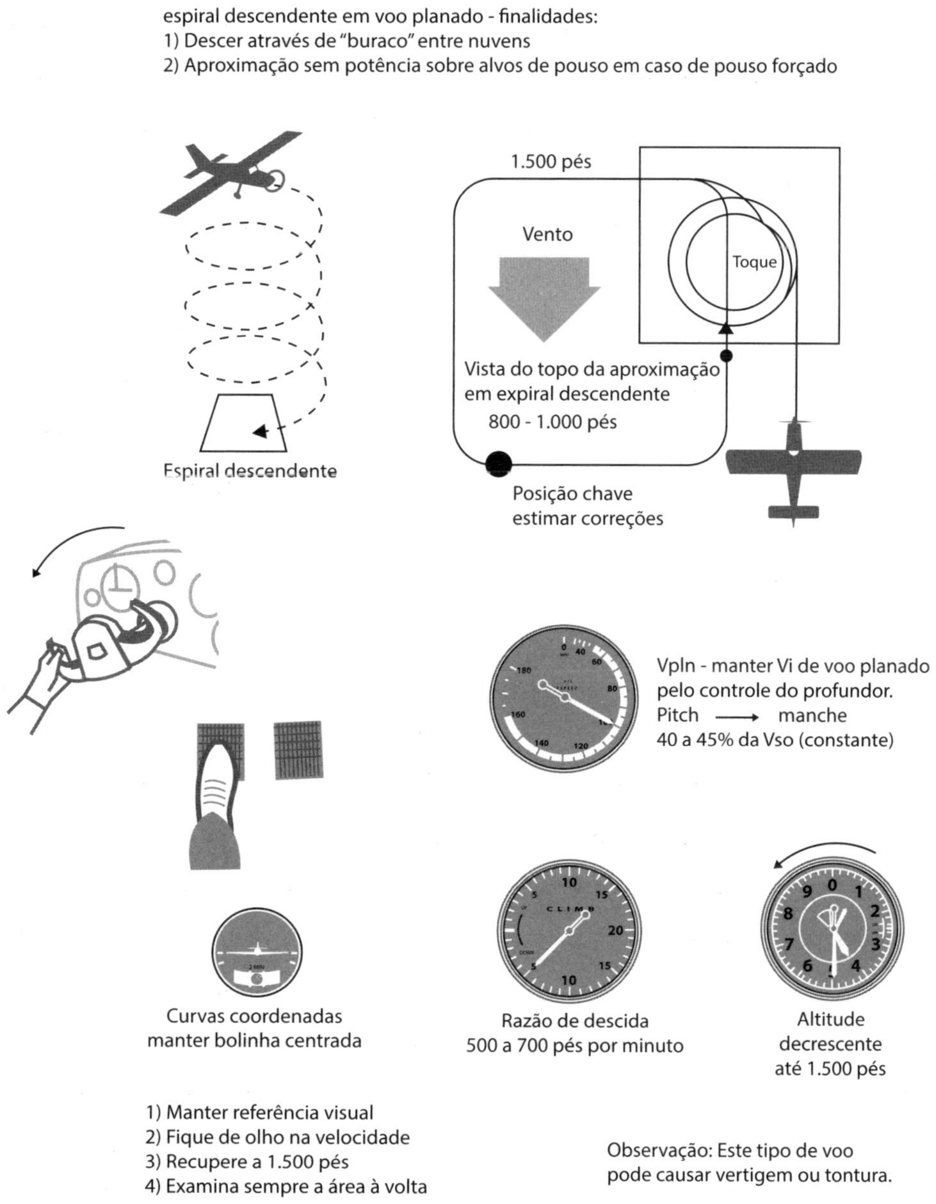

Figura 20.6: Espiral descendente.

escolhido, tornando a aproximação final crítica. Portanto, em caso de perda total de potência, o piloto poderá levar o avião com boa margem de altitude até um sítio apropriado de pouso e descer sobre este em espiral. Isso também permite ao piloto inspecionar com mais atenção a área de pouso pretendida, antes de decidir-se pela aproximação final, pois, uma vez na reta final, será tarde para tentar outra área, a fim de evitar obstáculos.

Ao atingir cerca de 1.000 pés sobre o local escolhido de pouso, poderá dar continuidade a este, usando para a aproximação final as técnicas empregadas nas aproximações a 180º (lateral e vertical) e 360º na vertical. Para tanto, consulte o capítulo 19.

20.5 Decolagem e pouso em pista curta (Comentário – instrução)

Admite-se que em todo o treinamento de operação em pista curta exista um obstáculo de 50 pés em cada cabeceira.

20.5.1 Decolagem

a) Posicione o avião no extremo possível da pista, aproveitando toda extensão disponível.
b) Aplique flape de acordo com o manual de operações do avião. Normalmente 25º (2ª posição), para obter o melhor ângulo de subida.
c) Aplique o freio de estacionamento.
d) Aplique toda a potência.
e) Quando o motor estiver desenvolvendo sua RPM máxima, solte o freio e inicie a corrida de decolagem.
   Outra técnica reza o seguinte: havendo espaço suficiente na cabeceira, role o avião ao lado da pista e faça uma curva de 180º, taxiando e aumentando a potência suavemente, durante a curva, de modo que, quando o avião termine a curva, esteja alinhado com o eixo da pista e desenvolvendo a potência máxima, pronto para iniciar a corrida no solo;
f) Mantenha o manche em neutro (sem aliviar o trem de pouso do nariz), para diminuir a possibilidade de arrasto, até pouco antes da velocidade de melhor ângulo de subida (Vx).
g) Tracione o manche, para obter a atitude de melhor ângulo de subida. Essa atitude e velocidade (Vx) serão mantidas até livrar o obstáculo (50 pés). Cuidado deve ser tomado para não erguer o nariz do avião muito cedo. Uma atitude de nariz alto causa maior arrasto e uma corrida no solo maior.
h) Somente recolha o flape (lentamente), após livrar o obstáculo. Ajuste a atitude e a potência para melhor razão de subida.

20.5.2 Pouso

O pouso correto em pista curta, sobre obstáculo, é resultado de bom planejamento. Para conseguir uma corrida no solo curta, é necessário arredondar e tocar a uma velocidade mínima possível e o mais próximo do início da pista que o obstáculo existente permite. Isso significa livrar o obstáculo, próximo a ele, com um grande ângulo de trajetória de descida e a baixa velocidade.

a) Estenda um terço (10°) de flape no final da perna do vento. Estabilize.
b) Na perna-base, estenda 2/3 de flape (25°) e reduza a velocidade. Estabilize.
c) Na curta final, aplique todo o flape. Estabilize.
d) Reduza a velocidade para Vref. O avião estará numa situação semelhante à encontrada no voo lento (velocidade mínima de controle). Lembre-se: potência comanda altitude e manche (profundor) comanda velocidade.

   No voo lento, tracionar o manche causa subida do nariz, diminuição de velocidade e aumento na razão de descida. A potência será aplicada para diminuir a razão de descida e ângulo de planeio. Para acentuar o ângulo de planeio, a potência será reduzida, sendo a atitude e velocidade controladas pelo *pitch* do nariz (manche – profundor).

   A pior situação para a aproximação a uma pista curta, com obstáculo, é encontrar-se muito baixo e lento. A tendência, nesse caso, é levantar o nariz do avião, o que está errado, pois leva a um afundamento mais rápido e uma aproximação à velocidade de estol. O certo é abaixar o nariz e aplicar potência, para estender o voo e diminuir a razão de descida.

e) Após passar o obstáculo, com a velocidade em Vref, não altere o ângulo de descida ou a razão de descida, até o arredondamento.
f) O avião deverá tocar em mínima velocidade de controle, numa atitude próxima àquela do estol sem potência.
g) O recolhimento do flape dá-se após as primeiras dezenas de metros, depois do toque e corrida no solo.
h) Mantenha o manche tracionado para aliviar a roda do TPN e fazer que o peso do avião se concentre sobre as rodas principais. Com isso, a aplicação dos freios torna-se mais efetiva.
i) Aplique os freios firmemente, na medida necessária para frear o avião, dentro do comprimento de pista disponível.

20.6 Decolagem e pouso em pista mole e/ou irregular

20.6.1 Comentário

A pista é considerada mole quando é constituída por lama, areia solta e fofa, neve, grama alta. Irregular, quando apresenta sulcos e depressões ou pedras soltas. Evidentemente, a operação, em tais pistas, deve ser evitada. No entanto, o piloto pode ver-se obrigado a pousar e decolar em pistas com defeitos, tendo de saber a técnica a ser empregada.

20.6.2 Decolagem

- Ao taxiar em pista mole ou cheia de pedras soltas, mantenha o manche puxado para aliviar o TPN, impondo o mínimo de peso sobre o mesmo. Sendo a pista coberta por cascalhos ou pequenas pedras soltas, deve o piloto taxiar lentamente e evitar rajadas fortes do motor, pois o turbilhão de ar da hélice poderá levantar pedras, que serão atiradas contra as estruturas e a própria hélice, causando amassamentos e "dentes" nos bordos das pás. Ao taxiar em pista lamacenta, procure não deixar o avião parar, evitando, assim, a possibilidade de atolar.
- Alinhe com o eixo da pista, usando a mesma técnica para a decolagem de pista curta.
- Durante a corrida de decolagem, maiores pressões sobre os pedais serão necessárias, pois o TPN estará aliviado pelo fato da tração sobre o manche estar sendo mantida. À medida que a velocidade aumenta, o fluxo do turbilhão da hélice agirá sobre o leme, favorecendo melhor ação dos pedais, para manter o controle direcional.
- Sobre uma superfície irregular, o avião poderá derrapar e saltar antes de haver desenvolvido velocidade de sustentação para erguer seu peso no ar e manter o voo.

  É importante que o piloto mantenha a atitude de nariz alto, pois se o avião voltar ao solo, não baterá com o TPN e poderá readquirir velocidade para decolagem.

  Por outro lado, aumentar o *pitch* do nariz, depois de um salto ainda a baixa velocidade, tentando fazer o avião voar, pode causar o estol.
- Assim que o avião sair do solo, a uma velocidade mínima, *deverá ser mantido voando junto ao solo, até adquirir uma velocidade segura e atingir a Vx – velocidade de melhor ângulo de subida.*
- Após iniciar o voo ascendente, em Vx, os flapes serão lentamente recolhidos (com altitude de segurança sobre o terreno), e o avião ajustado para a Vy.

20.6.3 Pouso

- As velocidades de aproximação, arredondamento e toque devem ser iguais às do procedimento usado para pistas curtas.
- Após o toque, os flapes devem ser recolhidos e o manche puxado para trás, mantendo o nariz erguido e a roda do TPN aliviada. Evita-se, assim, que a perna central do triciclo sofra impactos danosos e proporciona-se maior área livre entre as pontas da hélice e o solo.
- Pouco freio normalmente será necessário, pois o piso mole ou irregular ajudarão a frear o avião, desacelerando-o rapidamente.

O treinamento, em pistas moles e/ou irregulares, não será feito em condições reais, para poupar o equipamento e com vistas à própria segurança dos tripulantes. No entanto, esse treinamento será efetuado em pistas normais, como se estivessem nas precárias condições aludidas.

20.7 Pouso de precisão (Comentário)

O pouso de precisão é também denominado pouso no alvo ou na marca.

O treinamento dessa manobra desenvolve no piloto o pleno domínio de seu avião, capacitando-o a pausá-lo onde e como o desejar. É de grande importância para pouso em pistas curtas, sendo obviamente de grande valia em caso de pouso forçado.

20.7.1 Descrição genérica

A altitude de tráfego é a mesma de um pouso comum – 1.000 pés AGL.

A aproximação geral para pouso, ou seja, a mudança de direção em 180º, desde a perna do vento até a reta final, será feita idealmente num ângulo uniforme de descida, com um mínimo possível de variações. Isso quer dizer que o pouso deve ser planejado para que a velocidade de aproximação seja constante e com uma variação mínima na razão de descida. O toque deve ser feito em atitude normal de pouso sobre a marca ou alvo mentalmente fixado na cabeceira da pista, com tolerância menor possível, antes ou depois dela.

A aproximação final poderá ser com potência ou em voo planado, com ou sem flapes ou, se for o caso, empregando-se a manobra de glissada, para dissipar altitude excessiva, porém, necessária para transpor eventual obstáculo.

Se o piloto mantiver um padrão na aproximação, ou seja, entrar na manobra sempre na mesma altitude, velocidade e distância horizontal do eixo da pista, a trajetória de planeio final será mais fácil de calcular ou estimar. Se os três fatores antes aludidos forem desenvolvidos num padrão constante, a trajetória de planeio final será alterada tão somente para compensar a ação de deriva do vento.

Perna do vento – O avião será mantido a uma distância horizontal aproximada de 1.000 metros da pista, numa trajetória paralela com ela, sem ser afastado ou aproximado, fazendo-se as devidas correções de deriva necessárias.

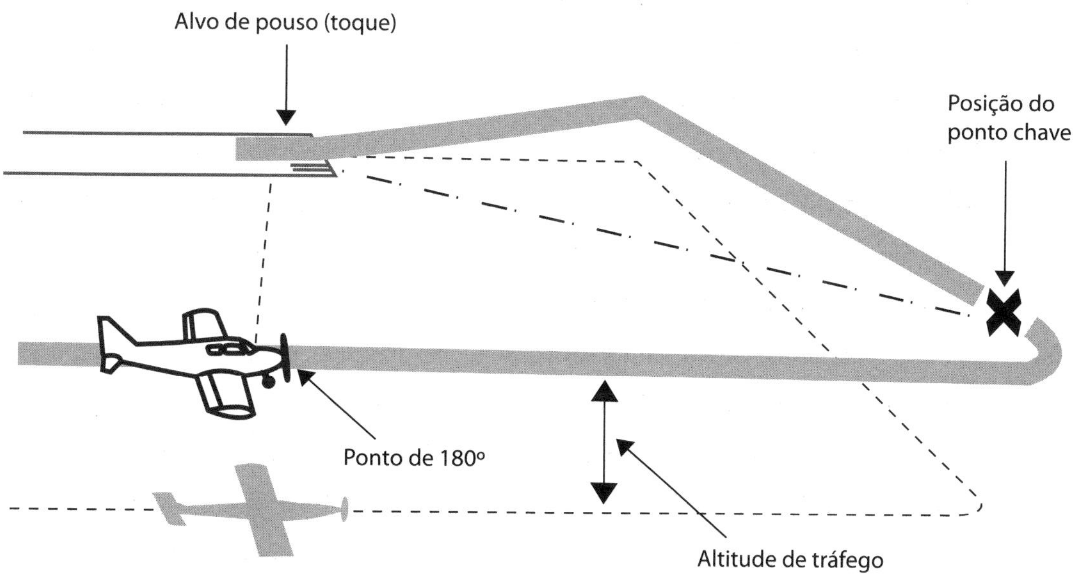

Figura 20.7: Pouso de precisão.

Como em todo pouso, ao atingir a posição a 180º, com a direção do ponto de pouso (través da cabeceira), o piloto executa a verificação de pré--pouso e examina a área para certificar-se de que não exista outra aeronave que possa interferir. Também, neste ponto, o piloto reduz a potência, ajustando a velocidade para o voo descendente que então inicia.

Perna-base – O giro para perna-base será feito em função de obstáculos existentes ou a presença de outro tráfego. No entanto, uma norma usual é girar base quando o ponto de pouso estiver sendo avistado atrás da asa do avião, de forma que a linha de visada do piloto forme um ângulo de 45º com a asa. Na perna-base pode ser aplicado o 1º terço de flape (10º).

Posição-chave – Logo que entra na perna-base, o piloto se encontra na posição-chave. Nesse ponto, irá estimar sua trajetória de planeio, avaliando altitude e distância, também calculando a influência que sofrerá pela ação do vento (direção e intensidade).

Na posição-chave, o piloto observa o seu ponto de toque (alvo) no solo.

Se este aparenta mover-se para baixo em relação ao avião, será uma indicação de que a trajetória de planeio ainda está alta, sendo indicado encompridar a perna -base e a final, para alongá-la e dar tempo de dissipar o excesso de altura. Caso o ponto de pouso aparente estar movendo-se para cima, isso será uma indicação para o piloto de que sua trajetória de planeio está baixa, devendo ser encurtada a base para final ou aumentada a potência.

De toda forma, para um pouso de precisão ser bem executado, será ideal que a trajetória de planeio mantenha-se numa razão de descida constante, a uma velocidade constante, principalmente quando na reta final. Na reta final será feito o segundo ajuste de flape e, *a critério do piloto, o terceiro dente de flape será abaixado, na curta final, quando com o pouso assegurado.*

O piloto, à medida que for ganhando experiência, perceberá que a manutenção de uma velocidade de aproximação constante é da máxima importância para conseguir colocar o avião no alvo pretendido. Se a velocidade é alterada, consequentemente vai variar a razão de descida e a trajetória de *planeio será estabelecida para interceptar um alvo imaginário situado antes do ponto de toque pretendido.*

Os dois fatores mais importantes dessa manobra são: o perfeito controle de uma velocidade aerodinâmica constante e a habilidade de avaliar o ângulo da trajetória descendente na reta final.

Na verdade, não existem muitas considerações teóricas mais a fazer. A sensibilidade para perfeito controle e domínio do avião somente se desenvolve com a prática, em ritmo de treinamento constante.

Noções básicas e orientações genéricas teóricas sobre as manobras, com a finalidade de formar um quadro mental da operação, podem ser transmitidas. Mas a prática, a sensibilidade de controle, a avaliação do binômio altitude/distância, advindas da experiência de horas e horas voadas, nunca poderão ser transferidas. Estas, sim, necessitam ser adquiridas individualmente.

20.8 Decolagem e pouso com aviões convencionais

A maioria dos aviões hoje existentes é triciclo, com a terceira perna do trem de pouso adiante das rodas principais, situada sob o nariz do avião. Nos aviões denominados convencionais, a terceira roda de apoio, também chamada bequilha, é montada sob a cauda do avião. Como ainda existem numerosos aviões convencionais de treinamento e muitos equipamentos básicos para voo acrobático que também detêm a roda na cauda, achamos por bem incluir essa informação.

A operação com aviões convencionais, durante o taxiamento, decolagem e pouso, requer mais atenção do piloto e muito cuidado e habilidade de pé e mão no acionamento dos comandos.

Um piloto que voa com avião convencional será, provavelmente, mais habilidoso do que aqueles que somente voam com equipamento com TPN. Terá, porém, de estar mais treinado, para manter a finesse de pilotagem necessária e requerida pelo rolamento, decolagem e pouso com avião de roda na cauda.

Antes de entrar numa descrição sucinta das manobras dos aviões convencionais, no solo (no ar são iguais aos outros), é necessário levar em conta a característica básica de sua construção. Como a roda ímpar está atrás, o centro de gravidade do convencional é deslocado para trás do trem de pouso principal. Isso torna o avião convencional bastante instável no solo, o que quer dizer, em termos simples: deve o piloto aprender a dominar sua cauda, que tende sempre a sair de lado. Esse é um princípio básico de pilotagem de convencionais, nas operações de pouso e decolagem: *mantenha a reta! Mantenha-o alinhado no meio da pista!*

No avião convencional, o piloto será obrigado a trabalhar consideravelmente com os pedais, eventualmente ajudando com leves toques nos freios, que, ao contrário dos aviões TPN, são separados. Em alguns modelos, o pedal do leme é comandado com a ponta do pé e o pedal do freio com o calcanhar. Parece complicado, mas não é. Tudo é questão de hábito e treinamento. Se você já aprendeu ou vai aprender a operar um avião convencional, verá, no dia em que for manobrar um triciclo, que este lhe parecerá muito mais fácil.

20.8.1 Rolagem ou taxiamento

O manche deve ser mantido para trás, a fim de que a cauda mantenha-se firmemente apoiada no solo. Como a posição inclinada para cima do nariz tira muito da visão do piloto, a rolagem deverá ser feita com curvas suaves à esquerda e à direita (percurso em "S"), dentro do espaço disponível, assim aumentando o campo visual do piloto.

20.8.2 Decolagem

a) Avião perfeitamente alinhado, no eixo da pista. Manche para trás.
b) Avance o manete suavemente, até todo atacado. Vá levando o manche, pressionando-o suavemente para frente, no início da corrida. O avião levantará a cauda. Atenção aos pedais: mantenha-os alinhados! Manche mantido com suave pressão à frente.
c) Ao atingir a velocidade de decolagem, tracione o manche. Quando estiver a cerca de cinco metros do solo, ceda levemente o manche à frente, picando suavemente para ganhar velocidade. Reduza o manete para rotação de voo ascendente.

20.8.3 Pouso

Para um melhor resultado na parte final do pouso, é conveniente que o piloto dedique uma atenção concentrada ao alinhamento com a pista, razão de descida e velocidade adequada e constante na aproximação final. A atitude do avião durante o arredondamento, pouco antes do toque, também é fator importante. Existem duas modalidades de pouso com avião convencional, respectivamente denominadas *pouso de três pontos* e *pouso de pista*.

20.8.3.1 Pouso de três pontos

Nessa modalidade de pouso, o avião toca o solo a uma velocidade e atitude de perda de sustentação, ou seja, praticamente no estol. Estará a uma velocidade bastante baixa e o toque deverá ser suave, as três rodas encontrando a pista praticamente simultâneas.

- Aproximação final em voo planado.
- Mantenha o avião alinhado com o centro da pista. Atenção aos pedais. Freios livres.
- Deixe-o voar sobre a pista e dissipar velocidade. À medida que o avião for afundando, inicie o arredondamento, tracionando e cedendo suavemente o manche ou *stick* (manche tipo alavanca ou barra) e observando que ele deva apresentar uma atitude de nariz alto e cauda baixa, como se estivesse pousado. *Essa observação de atitude é importante!*
- No momento que tocar a pista, traga o manche todo para trás (manche na barriga), com isso o avião ficará com a cauda firmemente apoiada no solo. Trabalhe os pedais com leves toques mantendo o alinhamento e não permitindo ao avião zigue-zaguear na pista. Se o toque for muito brusco, o avião saltará no ar. Corrija; avance o manete, dando um pouco de motor e ceda o manche. O avião vai voar sobre a pista novamente. Repita a operação inicial com cuidado, ou dê todo o motor e arremeta para novo circuito e pouso.

20.8.3.2 Pouso de pista

Esse pouso normalmente é empregado em dias de vento forte de través.

A velocidade de toque é um pouco maior do que no pouso de três pontos e, geralmente, feita com um pouco de motor. O toque é realizado sobre as rodas principais e após curta corrida com a cauda ainda erguida, esta é abaixada até que a bequilha toque o solo.

- Aproximação com motor levemente atacado.
- Deixe-o voar rente à pista e ir afundando. Mantenha manche neutro.
- Quando tocarem as rodas principais, ceda o manche suavemente à frente, mantendo a cauda no ar.
- Mantenha controle direcional com leves toques de pedal.
- Reduza todo motor, quando for conveniente e espere dissipar a velocidade.
- Traga o manche progressivamente para trás, até que a roda de cauda toque o solo. Cole o manche para trás.

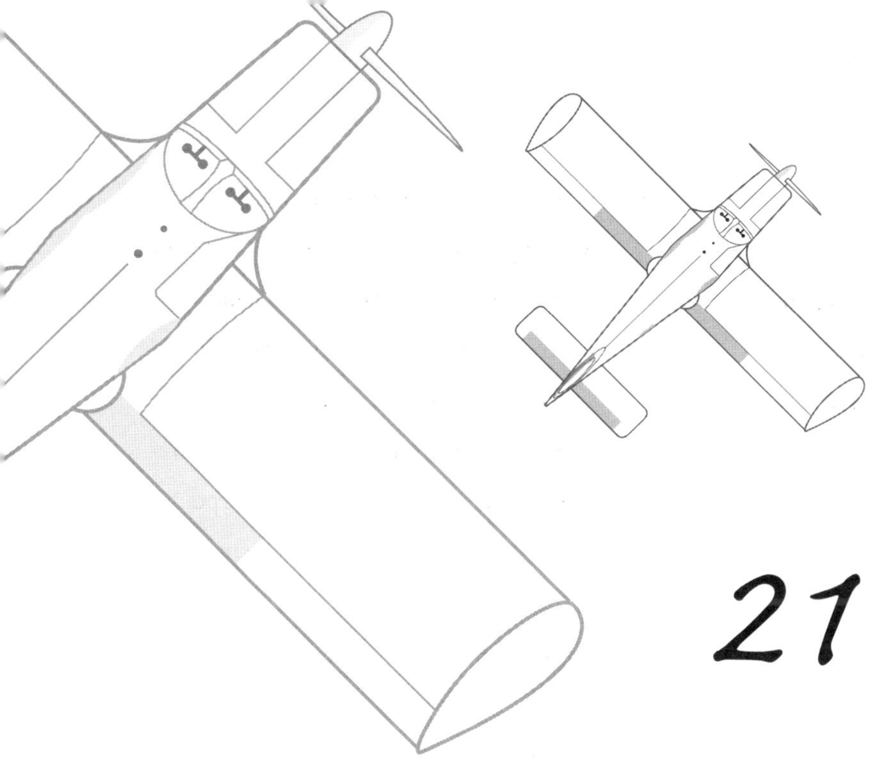

21 Controle de emergências – procedimentos básicos

Este item descreve, de forma abreviada, as ações a serem tomadas pelo piloto quando desponta uma emergência. As situações de emergência aqui descritas são as consideradas prováveis de acontecer na prática diária. No entanto, outras situações podem surgir, nas quais a experiência e o bom-senso do piloto em comando devem prevalecer, para analisar o problema e saber controlar a situação.

Já que, na aviação atual, raramente surgem situações de emergência, quando acontecem, o piloto pode ser pego de surpresa. O piloto deve estar familiarizado com o equipamento que estará comandando em voo e ter estudado e treinado mentalmente os procedimentos de controle das emergências.

O controle das emergências mais comuns faz parte do treinamento básico de pilotagem. Tal é o caso do pouso forçado (sem potência). O fato de os procedimentos estarem aqui relatados de forma sintetizada *não substitui* o treinamento prático deles.

21.1 Fogo no motor durante a partida

- Chave de partida ...... Continue acionando
- Mistura .... Cortar totalmente
- Manete de potência .... Todo para a frente (aberto)
- Bomba elétrica.................... Desligada
- Seletora de combustível .... Fechada

Se o fogo não parar, desligue o master e a chave e abandone o avião. Faça, antes, sair os passageiros.

21.2 Fogo a bordo durante o voo

Procure localizar a origem do fogo:

- **Fogo de origem elétrica (fumaça na cabine)**
  - *Master*.................................... Desligue

- Janelas e aberturas de ventilação..... Abrir
- Aquecimento da cabine........... Desligue
- Pouse no aeródromo mais próximo. Se houver evidência de que o fogo desapareceu e a energia elétrica torna-se indispensável para a continuidade do voo, proceda na seguinte sequência:
    - *Master* .... Ligado
    - Fusíveis interruptores...................... Verifique qual deles está saltado (não recoloque).
    - Rádios e chaves elétricas .... Ligue UM de cada vez e espere, tentando identificar o aparelho em curto-circuito.
    - Use somente o equipamento elétrico estritamente necessário, e que não esteja causando o curto-circuito.
    - Abra as janelas e/ou fontes de ventilação.

- **Fogo acidental dentro da cabine (estofamento, vestuário ou outro material)**
    - Janelas e outras fontes de ventilação devem ser fechadas (para evitar correntes de ar comburentes).
    - Use o extintor de incêndio, aplicando o jato diretamente sobre a fonte do fogo.
    - **Atenção** – Logo após usar o extintor e tendo extinguido as chamas, *abra* as janelas e outras fontes de ventilação, para *ventilar* a cabine.

- **Fogo no motor durante o voo**

A possibilidade de fogo no motor em voo é muito remota. O procedimento apresentado é genérico. O julgamento do piloto será o determinante na tomada da decisão para contornar a emergência.

- Manete .... Cortar a potência
- Mistura .... Cortar totalmente
- Bomba elétrica .... Desligar
- Seletora de combustível .... Fechar
- Ventilação da cabine. .... Abrir, se houver fumaça penetrando na cabine.
- **Estabeleça voo planado** – Se necessário e possível, aumente a velocidade do voo planado, na tentativa de apagar as chamas.
- Prepare-se para executar o pouso forçado.

21.3 Perda de pressão do óleo

A perda de pressão de óleo (queda de pressão indicada pelo instrumento) poderá ser parcial ou total. A queda parcial da pressão de óleo, geralmente, indica um mau funcionamento de seu sistema regulador. Um pouso de emergência deverá ser feito no aeródromo mais próximo, a fim de ser verificada a causa do problema e prevenir dano ao motor.

A indicação de perda total de pressão de óleo (ponteiro na faixa vermelha esquerda) poderá ser consequência de um instrumento indicador em pane, como também de uma perda real de óleo. De qualquer forma, dirija-se ao aeródromo mais próximo, estando preparado para um pouso forçado. Se o problema não for de um instrumento indicador falho, o motor poderá parar subitamente.

Mantenha uma altitude segura, que permita realizar, com boa margem, o pouso forçado, se a situação assim o obrigar. Não faça mudanças de potência desnecessárias, pois isso poderá apressar a perda de potência do motor.

Dependendo das circunstâncias, poderá ser aconselhável um pouso forçado – enquanto alguma potência de motor ainda estiver disponível. Isso se outras indicações de perda de pressão de óleo indicarem a realidade do fato, como: elevação súbita da temperatura do óleo e fumaça de óleo escapando do motor. Nessa situação, o motor poderá travar a qualquer momento, por falta de lubrificação adequada.Se o aeródromo disponível estiver muito distante, poderá ser mais acertado executar um pouso forçado, ainda com potência. De qualquer forma, o piloto deverá estar preparado para pouso forçado sem potência.

21.4 Temperatura de óleo alta

Uma indicação de temperatura de óleo anormalmente alta poderá ser causada por baixo nível de óleo (falta de óleo), uma obstrução no sistema de resfriamento do óleo, um instrumento indicador falho ou outras causas mecânicas. Esteja atento à indicação da pressão de óleo também. Se houver queda da mesma, será sinal de problema mecânico.

De qualquer forma, sempre que houver um aumento contínuo e progressivo da temperatura de óleo, caminhando a indicação para a faixa vermelha, dirija-se ao aeroporto mais próximo, para as providências necessárias.

21.5 Perda de pressão de combustível

Se ocorrer uma indicação de perda de pressão de combustível, *ligue* a bomba elétrica e verifique se a seletora de combustível está aberta para um tanque cheio. Se o problema não era causado por tanque vazio, pouse no aeródromo mais próximo e mande verificar o sistema de alimentação de combustível do avião.

21.6 Falha do alternador

O alternador é um aparelho mecânico acoplado ao motor do avião cuja finalidade é recarregar a bateria.

A perda de saída energética do alternador é detectada pela leitura zero do amperímetro. Antes de executar o procedimento de emergência, exposto adiante, certifique-se de que a leitura do amperímetro é realmente nula – não somente baixa. Ligue um aparelho elétrico de grande saída de força, como o farol de pouso, e verifique se o ponteiro do amperímetro indica saída de força. Se forem ligados um ou mais aparelhos elétricos, e a indicação continuar a zero, poder-se-á concluir que realmente existe falha do alternador.

21.6.1 Procedimento

- A descarga elétrica deverá ser reduzida ao mínimo, deixando-se ligado somente o indispensável para a continuidade segura do voo. Verifique o quadro de fusíveis.

Se algum deles estiver saltado, o aparelho correspondente estará em curto-circuito, devendo permanecer desligado.

- O passo seguinte consiste em tentar reciclar o relê de supervoltagem. Isso é obtido desligando-se a tecla ALT por um segundo e ligando-a novamente. Se o problema foi causado por uma supervoltagem momentânea (16,5 volts ou mais), esse procedimento deverá repor a leitura do amperímetro para normal.
- Se o amperímetro continua indicando "O" (zero) de leitura, ou se o alternador não permanecer reciclado, desligue a tecla "ALT", mantenha o mínimo de aparelhos elétricos ligados. Toda a carga elétrica estará sendo suprida pela energia restante da bateria.
- Dirija-se ao aeródromo mais próximo para mandar verificar e sanar o problema.

21.7 Formação de gelo no carburador

Sob certas condições de umidade atmosférica, em temperaturas de -5 a +20 °C, será possível a formação de gelo no sistema de indução de combustível do carburador, mesmo em dias quentes. Isso se deve à grande velocidade do ar, que passa pelo tubo de Venturi do carburador, e à absorção de calor desse ar pela vaporização da gasolina.

A fim de evitar a formação de gelo ou fazer derreter o gelo que se formou em partes do carburador, existe um sistema de aquecimento do ar de admissão, que passa pelo carburador, utilizando o calor dos gases de escapamento. Esse fluxo é comandado pela *alavanca de ar quente* existente no painel dos aviões providos com sistema de carburador.

A formação de gelo no carburador, geralmente, é indicada por aspereza e vibração do motor, acompanhada por uma queda de RPM e uma leve diminuição na Vi, ou mesmo uma pequena queda de altitude. Se for permitida uma formação avantajada de gelo no carburador, uma restauração de potência máxima poderá não ser possível. Portanto, uma pronta atitude do piloto se fará necessária:

- Ligue o ar quente do carburador (veja Nota abaixo). A RPM cairá levemente e a aspereza de funcionamento do motor poderá aumentar. Espere por uma diminuição na aspereza de funcionamento do motor ou um aumento da RPM, o que indicará remoção do gelo. Se não houver mudança, em um ou dois minutos, retome a alavanca de ar quente para a posição fechada. Procure outras causas para falha do motor, como descrito adiante (motor falhando ou vibrando).

A abertura parcial da alavanca de ar quente poderá ser pior do que a aplicação de calor nenhum, pois poderá derreter apenas parte do gelo, que irá recongelar-se no sistema de entrada do combustível. *Portanto, sempre que usar o ar quente para o carburador, abra a alavanca totalmente.* Quando o gelo for removido, retome a alavanca para posição fechada. Se o avião for provido de um instrumento indicador de temperatura do carburador, use as especificações de seu fabricante. De qualquer forma, o que deve prevalecer, sempre, é a recomendação do fabricante do avião, constante do manual de operações do equipamento.

Como norma de segurança, aplica-se ar quente no carburador, abrindo a alavanca nas seguintes situações.

a) em voo planado (sem potência);

b) quando a temperatura do ar externo for igual ou inferior a +10 °C;

c) quando voando dentro de nuvens, nevoeiro ou chuva.

21.8 Motor falhando ou vibrando

Se o motor começar a falhar ou a vibrar, siga a sequência abaixo, passando sempre ao item seguinte caso não obtenha resultado com o anterior:

a) Inicialmente, verifique os instrumentos. Se houver qualquer indicação anormal, proceda de acordo.
b) Verifique se a seletora de combustível está aberta para um tanque *com* combustível.
c) Verifique a chave de ignição, que deverá estar na posição *ambos* (BOTH).
d) Verifique se a pressão de combustível está na faixa normal. Caso não esteja, proceda como em (5).
e) Verifique se o *primer* está dentro e travado.
f) Ajuste a mistura. Uma mistura muito rica ou muito pobre causa aspereza e vibração anormal do motor.
g) Se houver condições atmosféricas, que levem à suspeita de formação de gelo no carburador, proceda como em 21.7.
h) Ligue a bomba elétrica e troque de tanque. Poderá, eventualmente, ocorrer que o combustível do tanque em uso esteja contaminado (água ou impurezas).
i) Mova a chave de ignição (seletora de magnetos) para a esquerda (L) e depois para a direita (R) e, em seguida, dê a volta para ambos (BOTH). Se o funcionamento do motor normalizar-se ou melhorar sensivelmente em um dos magnetos, prossiga o voo com esse magneto seletado. Isso indicará pane em um dos magnetos.
j) reduza um pouco a potência e enriqueça a mistura;
l) dirija-se ao aeródromo mais próximo e esteja preparado para um pouso de emergência ou, eventualmente, um pouso forçado.

21.9 Perda total de potência durante a decolagem

a) se existir extensão disponível de pista, pouse em frente;
b) se já houver passado a extensão disponível de pista e não houver altitude suficiente para um retorno seguro, é preferível pousar em frente, escolhendo a área mais adequada disponível (*vide* Pouso Forçado – sem potência). Tenha sempre treinado e mentalmente gravado o procedimento do pouso forçado:
   - estabeleça uma velocidade segura de voo planado;
   - recolha os flapes;
   - execute somente curvas de pequena inclinação, para evitar eventuais obstáculos;

- havendo altitude, tempo e coordenação suficientes, verifique: bomba elétrica ligada, primer fechado, mistura rica, seletora de gasolina aberta para tanque com combustível;
- não havendo recuperação da potência, inicie o pouso forçado;
- estando definido o local do pouso, aplique todo o flape na final da aproximação;
- quando estiver prestes a pousar:
  - Chave de ignição .... Desligue
  - Master .... Desligue
  - Mistura .... Cortada
  - Cintos .... Apertados
  - Portas .... Abertas
- remova óculos e objetos que possam ser contundentes.

21.10 Perda total de potência durante o voo

Na grande maioria dos casos de parada do motor em voo de cruzeiro, o fato deve-se à falta de combustível (pane seca). Portanto, a primeira coisa a fazer, se não houver indicação evidente de outra causa, é verificar se a seletora está aberta para um tanque com combustível. Esse procedimento é rápido e deve ser automático:

- Bomba elétrica .... Ligada
- Mistura .... Rica
- Seletora .... Tanque cheio
- Manete de potência................. Reduzir (deixar aberto 2 cm)
- Ar quente do carburador .... Abrir

Se a falha do motor foi causada pela exaustão da linha de combustível, o motor poderá levar cerca de dez segundos para pegar novamente. O próprio vento relativo que fará continuar girando a hélice agirá como elemento de partida do motor. No entanto, se este demorar a pegar, deve ser tentada a chave de ignição. Logo que o motor voltar a funcionar, proceda assim:

- Manete de potência............. Ajuste para voo de cruzeiro
- Ar quente do carburador .... Fechado
- Bomba elétrica .... Desligada
- Mistura .... Ajustada

Se o motor não pegar após esse procedimento, havendo altitude suficiente, prossiga de acordo com a lista de verificações do item 21.8.

Em qualquer situação de perda total de potência, a *primeira* coisa a fazer é sempre estabelecer uma velocidade segura de voo planado.

Assumindo-se a possibilidade de o motor não voltar a funcionar, o piloto deve prosseguir no procedimento de pouso forçado.

21.11 Porta aberta em voo

A porta da cabine é duplamente travada, de modo que a probabilidade de abrir, em cima e embaixo, em voo é muito remota. No entanto, o piloto poderá esquecer de travar em cima, ou mesmo não fechar corretamente o trinco inferior, provocando uma abertura parcial da porta. Isso irá ocorrer na decolagem ou logo após. A abertura parcial da porta não afeta as características normais de voo e, mesmo com a porta aberta, é possível efetuar pousos normais. Se as travas superior e inferior estiverem abertas, a porta provocará algum arrasto e a velocidade será levemente reduzida. Para fechar a porta em voo, proceda da seguinte forma:

(1) Diminua a velocidade indicada para Vap.
(2) Ventilação da cabine: fechada.
(3) Janela do piloto: aberta.
(4) Se a trava superior estiver aberta, feche-a; se o trinco inferior estiver aberto, abra a trava superior, empurre a porta e feche-a rapidamente.
(5) Feche a trava superior em seguida.
(6) Uma glissada para o lado da porta aberta ajuda o fechamento.

21.12 Formação de gelo sobre as estruturas do avião em voo

A formação de gelo sobre as estruturas do avião em voo é relativamente difícil de acontecer em nossas latitudes e durante o voo visual a baixas altitudes.

A penetração em áreas cujas circunstâncias meteorológicas condicionem a formação de gelo é proibida para aviões não equipados especialmente para tal fim. Porém, eventualmente, poderá dar-se a penetração inadvertida, em situações de condições de formação de gelo.

A menção neste manual dessa situação de emergência vale mais como uma nota prévia de conhecimentos ao aluno piloto, fazendo-o ciente de que tal acontecimento pode se dar.

O melhor procedimento, ao perceber-se formação de gelo sobre o avião (asas, empenagem, hélice, para-brisa), será o de retomar ou mudar de altitude, em busca de espaço não condicionante ao fenômeno.

Existem procedimentos genéricos de emergência em caso de formação de gelo, quais sejam:

a) Ligue aquecimento do tubo de Pitot. *O aquecimento do tubo de Pitot sempre deve ser ligado preventivamente, em condições de umidade presentes (nuvens, chuva) ou quando a temperatura do ar externo for menor que 10 °C. Esse procedimento também é necessário para o ar quente do carburador.*
b) Mude de altitude ou volte, procurando uma região onde a temperatura do ar externo não seja condutiva à formação de gelo ou então fora das formações opacas ou chuva (*vide* estudos de Meteorologia).
c) Abra o fluxo de ar quente para o para-brisa (degelo, para não perder a visibilidade externa).
d) Aumente a potência para aumentar a RPM, minimizando a possibilidade de formação de gelo sobre as pás das hélices.
e) Aplique ar quente de carburador, prevenindo a formação de gelo no mesmo. Ajuste a mistura para RPM máxima se o aquecimento do carburador for usado continuamente.
f) Planeje um pouso no aeródromo mais próximo. Esteja preparado para um pouso de emergência ou forçado.

g) Havendo formação de gelo sobre os bordos de ataque e extradorso das asas, a velocidade de estol aumentará consideravelmente.

21.13 Pouso forçado na água*

- Transmita sua localização e intenção, pela frequência internacional de emergência 121.5 – (Mei-Dei) ou qualquer outra frequência na qual tenha certeza de estar sendo recebido (ACC, APP ou frequência livre de área).
  Se estiver equipado com transponder, acione o código 7700.
- Objetos pesados no bagageiro deverão estar firmemente amarrados. Se possível, devem ser alijados de bordo.
- Aproximação:
  - ventos fortes com mar grosso: aproximação contra o vento;
  - ventos leves, mar com grandes vagas: aproximação e toque paralelo às vagas.
- Flapes em meia posição (25º a 30º).
- Razão de descida suave (300 pés/min): se houver alguma potência ou razão mínima para velocidade de planeio com flapes.
- Mantenha a razão de descida com uma velocidade pouco acima do estol, antes do toque.
- Se houver coletes salva-vidas e bote inflável (para voo extenso sobre o mar são obrigatórios): vista o colete e deixe o bote ao alcance.
- Proteja o rosto com peças de vestuário ou almofadas antes do toque.
- Portas destravadas.
- Aviões de trem retrátil: trem recolhido. As possibilidades de capotagem são grandes, principalmente em aviões de trem fixo.
- Após a parada do avião, abandone a cabine com calma. Se a porta não abrir, pelo efeito da pressão da água, espere até que a cabine esteja completamente inundada: a porta abrir-se-á.
  Inflar os coletes e o bote (*após sair do avião*).
  O avião poderá, eventualmente, flutuar por algum tempo.

* Essa sequência visa a dar uma informação teórica ao aluno piloto em relação a esse tipo de emergência, apenas para complemento de sua cultura aeronáutica. O procedimento para pouso forçado na água segue o padrão adotado pela FAA (Federal Aviation Administration) dos EUA.

21.14 Restrição de painel (pane de instrumentos)

Durante este treinamento, o instrutor cobrirá as janelas de alguns instrumentos, simulando pane destes. Exemplos:

Pane de velocímetro – A pane real de velocímetro poderá ser consequência de obstrução do tubo de Pitot por corpos estranhos ou formação de gelo.

O aluno piloto deverá poder sentir, razoavelmente, a velocidade do avião e supor a velocidade desenvolvida pela atitude do avião. Deverá também referir-se a ganhos e perdas de altitude indicadas pelo altímetro e variômetro, daí concluindo diminuições ou aumentos de velocidade.

Pane de altímetro – A pane de altímetro e/ou *climb* poderá ocorrer pelas mesmas razões antes expostas ou por falhas intrínsecas dos próprios instrumentos.

O aluno piloto deverá poder estimar, razoavelmente, a altitude (AGL) do avião por estimativa visual. Poderá supor ganhos e perdas de altitude pelas velocidades desenvolvidas e pela atitude do avião.

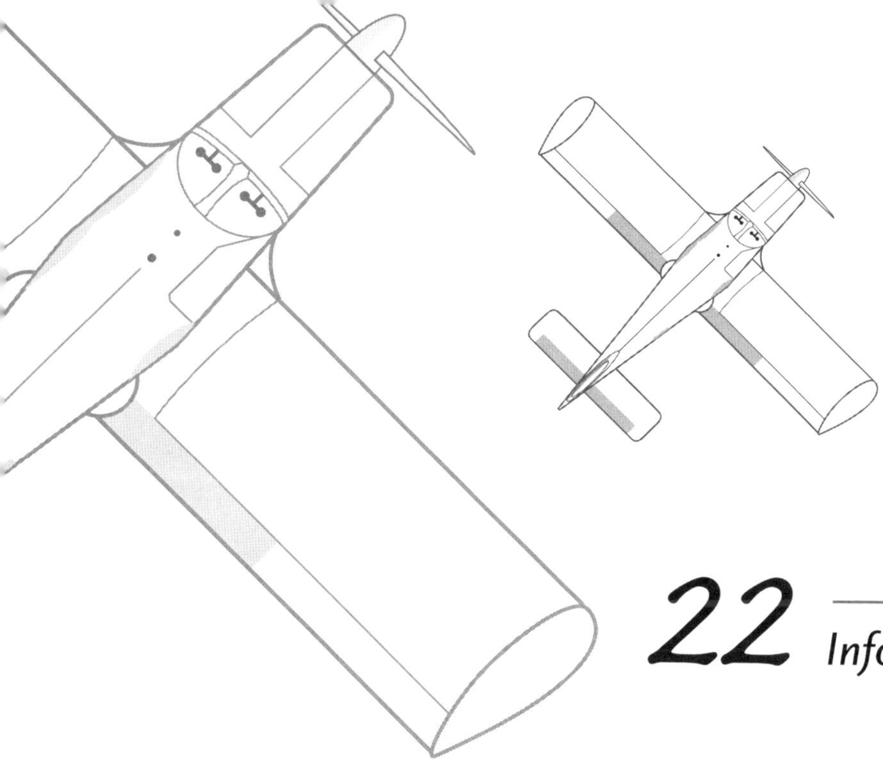

22 Informações complementares

22.1 Ajuste da mistura de combustível

A alavanca vermelha (alavanca da mistura) serve para regular a proporção da mistura de ar e gasolina que será enviada ao carburador. À medida que o avião ganha altitude, o ar vai tornando-se mais rarefeito, apresentando menor densidade, portanto, menor número de moléculas por volume. Como o fluxo da gasolina está sendo mantido constante, a mistura vai tornando-se muito rica, isto é, haverá um excesso de gasolina em relação ao ar que vai dar no carburador o excesso de gasolina na mistura combustível, causando perda de rendimento do motor, falha e aspereza de funcionamento e um consumo aumentado e desnecessário. Uma falta de ajuste correto da mistura combustível (por excesso ou por falta) pode causar danos ao motor, diminuindo sua vida útil.

A partir de determinada altitude, a alavanca da mistura deve ser ajustada para melhor desempenho do motor e economia de combustível. À medida que o avião sobe, a mistura poderá ir sendo reduzida. Para que esse ajuste seja feito de forma tecnicamente correta, o avião deverá estar equipado com instrumento indicador adequado, chamado EGT (Exhaust Gas Temperature). A temperatura dos gases de escapamento fornece ao piloto uma indicação do grau de "riqueza" do combustível. Como a maioria dos aviões de instrução básica não é equipada com este instrumento, não cabe, neste manual, descrevermos seu funcionamento pormenorizado. Mas, a qualquer momento, qualquer instrutor poderá fazê-lo, caso você pilote um avião assim equipado.

O ajuste da mistura poderá ser feito pelo piloto, baseando-se nas variações do som produzido pelo motor. Tem-se por norma somente efetuar reduções de ajuste na mistura acima de 5.000 pés de altitude, como medida de segurança.

À medida que o avião for atingindo altitudes maiores, o motor passará a tornar-se "áspero", podendo, inclusive, apresentar falhas. A mistura deve ser lenta e suavemente reduzida, até que o motor passe a trabalhar num tom de ruído mais suave e harmônico – "redondo", como dizem no jargão mecânico. Se a mistura for excessivamente reduzida, o motor ficará áspero novamente, falhando e podendo parar. O ajuste pelo ouvido é empírico e não deve ser tentado pelo aluno em voo solo. Outra maneira de ajustar a mistura será observando o tacômetro. Reduzindo-se o manete de mistura suavemente, haverá um momento no qual o ponteiro do conta-giro indicará um leve aumento da RPM (+ ou - 50 RPM). Esse poderá ser o ponto de ajuste para aquela altitude, desde que o motor esteja funcionando suavemente.

Sempre que se for executar aumento de potência no motor, a mistura deverá ser toda enriquecida, para ser novamente ajustada com o avião nivelado ou com a potência em regime constante. Logicamente, à medida que o avião for perdendo altitude, a mistura deverá ir sendo enriquecida novamente (manete vermelho para a frente), pois então acontece a inversão do processo. Abaixo de 5.000 pés, os aviões de treinamento deverão estar com a mistura toda rica (manete vermelho totalmente à frente).

22.2 O radiogoniômetro (ADF) – Descrição sumária e operação básica

O radiogoniômetro também é denominado radiocompasso ou radiogônio. No linguajar aeronáutico, é mais conhecido como ADF – sigla do nome desse equipamento em inglês: *Automatic Direction Finder* – cuja tradução é "Indicador Automático de Direção".

O ADF é um aparelho de rádio especial que capta os sinais emitidos por estações no solo. Fica, geralmente, situado no meio do painel de instrumentos do avião. Possui um botão para ligar e regular o volume do som e outro para comandar a seleção da frequência da estação desejada. Acoplado ao rádio ou, em alguns modelos, situado em outra parte do painel, existe um ponteiro (agulha do ADF) que indica a direção da estação (mostra a direção de onde vem o sinal de rádio).

O ADF capta sinais de rádio das fontes emissoras que, nesse caso, podem ser usadas como auxílios-rádio para navegação e aproximação aos aeródromos.

Figura 22.1: Indicador ADF.

Existem dois tipos fundamentais de auxílio de terra, cujos sinais são captados pelo ADF:

NDB (Non Directional Beacon) – São emissoras de ondas não direcionais, também chamadas de radiofaróis e cuja frequência varia de 200 a 415 kHz. Os radiofaróis (NDB) estão indicados nas cartas de navegação aérea. Sua designação compõe-se de:

1º Exemplo: NDB Marte
Frequência: 260 kHz
Abreviatura do nome: MAE
Identificação pelo código Morse: – – . –.

2º Exemplo: NDB Perus
Frequência: 220 kHz
Abreviatura: PER
Identificação pelo código Morse: . – – . .–.

Emissoras de rádio (radiodifusoras) de ondas médias das cidades, também chamadas *broadcast* – Para descobrir a(s) rádio(s) de uma cidade que possa(m) ajudá-lo em sua radionavegação pelo ADF, o piloto irá consultar o Rotaer. Procure, em ordem alfabética, o nome da cidade. Se esta possuir aeródromo e estação de rádio, o nome comercial dela constará, assim como seu prefixo, frequência e horário de funcionamento. Também poderá consultar um livreto de frequências de ondas médias, Exemplo:

Atibaia (SP) – ZYR 95 – 1.480 kHz – Rádio Técnica de Atibaia 0600-2400
São Paulo (SP) – ZYE 47 – 700 kHz – Rádio Eldorado H 24
Jundiaí (SP) – ZYE 80 – 730 kHz – Rádio Santos Dumont 0600-2400

Navegar com auxílio do ADF em condições visuais, simplesmente para ajudá-lo a localizar uma cidade ou aeródromo, é bastante simples. Uma vez que o ponteiro indicador de direção mostra a direção da estação desejada, bastará a você manobrar o avião para essa direção e segui-la. Você estará no rumo certo quando o ponteiro estiver centrado e com a ponta para cima (aproando a estação). Se o ponteiro estiver centrado, porém apontando para baixo, a estação está na cauda (abandonando a estação emissora).

Seguindo a direção do ponteiro (mantendo-o centrado e apontando para cima) o avião irá voando até passar sobre a vertical da estação. Pouco antes de atingir a vertical, o ponteiro poderá oscilar um pouco para um e outro lado. Logo após bloquear a estação (passar por cima), o ponteiro gira para baixo, mostrando que a estação ficou para trás (na cauda).

A radionavegação facilita a navegação aérea, tornando-a mais segura e correta, desde que realizada com atenção e cuidado. Como veremos logo adiante, a precaução essencial que se deve tomar é identificar corretamente a estação desejada.

22.2.1 Procedimento geral para operar o ADF

(1) Anote a frequência da estação que deve ser aproada (NDB ou Radiodifusora).
(2) Ligue o aparelho.
(3) Selecione a frequência da estação desejada no seu aparelho ADF.
(4) *Identifique* a estação.
- Para tanto, o botão do volume de áudio deve ser girado até que os sons sejam audíveis.
- Os radiofaróis (NDB) emitem suas identificações pelo código Morse (pontos e traços).

- O ponto é um som de curta duração; o traço é representado por som contínuo mais longo.
- Leia nas cartas de navegação o código de identificação (pontos e traços) e compare-o com os sons emitidos pelo rádio ADF.

Somente confie na indicação do ADF quando tiver certeza de que a estação foi identificada. Poderá também ser consultada a publicação "Identificação de localidades pelo alfabeto Morse".

As radiodifusoras possuem frequências muito próximas, podendo receber-se indicações de direção de uma estação completamente fora da rota desejada pelo piloto. Para identificar uma estação de broadcast (radiodifusora), ouça a programação normal, prestando atenção à voz do locutor que deve comunicar a identificação da estação, dando seu prefixo, nome, localidade e frequência em quilohertz (kHz). Exemplo:

– ...senhores ouvintes, aqui PRB, Rádio Record de São Paulo, irradiando em 1.000 quilohertz.

Infelizmente, os nomes e frequências das radiodifusoras não são transmitidos com a assiduidade que o piloto espera e as leis ditam. Portanto, sempre que tiver possibilidade de usar mais de uma frequência de rádio para uma mesma localidade, use-as. Com isso, aumentará sua certeza de estar na rota correta. Enfim, repetindo, nunca confie numa estação que não esteja corretamente identificada. Essa norma de segurança deve valer para toda a sua vida de piloto, principalmente quando, mais tarde, estiver voando somente por referência a instrumentos.

22.3 O transponder – *descrição sumária e operação básica*

Nos aeródromos providos de Radar, todos os aviões aparecem na tela (vídeo) como manchas mais ou menos indefinidas. Para que o controlador operador de radar possa saber exatamente qual é o avião que aparece na tela, será preciso que ele seja identificado. Para tanto, existe um aparelho, no avião, denominado *transponder*.

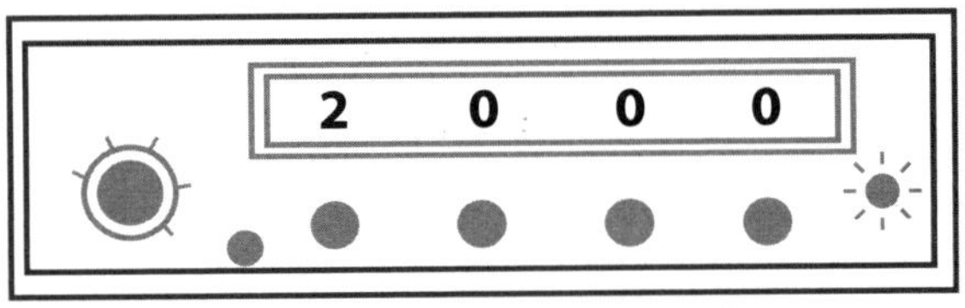

Figura 22.2: O *transponder*.

Este emite um sinal forte para o radar de terra, permitindo ao controlador visualizar uma forma definida que representa um determinado avião.

Existe, no *transponder*, um botão que permite selecionar, no aparelho, determinados algarismos que aparecem numa janelinha. Esse grupo de números chama-se "código do *transponder*". Para cada situação de voo, existe um determinado código a ser inserido. Os códigos podem ser mudados em rota, de acordo com a solicitação do controle de tráfego aéreo. Normalmente o código de *transponder* já é fornecido ao piloto ainda no solo.

Exemplos de códigos predeterminados:

- 7.500 – código de sequestro (interferência ilícita).
- 7.600 – código de pane de comunicações.
- 7700 – código de emergência.

Em alguns terminais de tráfego aéreo intenso, como São Paulo, o *transponder* é equipamento obrigatório. Todo aluno ou piloto deve saber manejá-lo corretamente. Além do botão para selecionar os códigos, o *transponder* apresenta, geralmente, os seguintes comandos:

- Chave de comando:
  Posição OFF – aparelho desligada.
  Posição ON-SBY (*standby*) – aparelho ligado para prontidão, sem estar atuando.
  Posição normal: A (Alfa) – aparelho ligado e emitindo sinais.
  Posição C (Charlie) – aparelho ligado e emitindo sinais; o código C instalado em aparelhos *transponder*, além de identificar o avião, fornece sua altitude para o controlador.
- Botão de pressão (IDENT):
  Esse botão, quando pressionado (identificação), ativa um sinal que faz com que a figura referente a seu avião apareça na tela com brilho pulsátil ou com um formato modificado, permitindo ao controlador identificá-lo em relação aos demais aviões (alvos), que aparecem no vídeo. O IDENT somente deve ser pressionado (segundos) quando solicitado pelo controlador.

22.3.1 Operação do transponder

(1) Selecione o código para voo visual (2000) ou código fornecido pelo controle.

(2) Ligue o aparelho e mantenha-o na posição de prontidão – SBY (*standby*).

(3) Após a decolagem e estando em contato com o controle da área terminal, mude o botão para posição Charlie.

22.4 Turbulência de arrasto (esteira de turbulência)

Já notaram a esteira deixada pela passagem de um barco a motor? Nas atividades náuticas, a turbulência característica, deixada na superfície da água por uma lancha ou navio, levanta ondas, por vezes bem grandes, que devem ser evitadas ou transpostas com cuidado por embarcações menores. E quanto maior e mais pesado o barco, maiores serão as marolas levantadas pela sua passagem. O deslocamento de um avião em meio ao ar causa fenômeno análogo, ou seja, a aeronave deixa atrás de si uma turbulência de esteira ou de arrasto. Quanto maior o avião, maior será a esteira de turbulência de ar causada após sua passagem. Essas ondas de turbulência são provocadas pelos vórtices de ar gerados nas pontas das asas. São como dois gigantescos "tubos" de ar que giram, um em sentido contrário ao outro, mantendo-se mais ou menos paralelos à trajetória do avião causador.

Os vórtices de ponta de asa, originadores da esteira de turbulência, são tanto mais consideráveis quanto maior for o avião, como é o caso dos grandes turbo-hélices ou jatos comerciais ou militares.

O efeito destas esteiras de turbulência sobre um avião leve pode ser muito violento, constituindo-se em perigo sério, principalmente quando o envolvimento se dá próximo ao solo, como nos casos de pouso e decalagens. Alguns acidentes e muitos quase acidentes ocorreram pelo fato de um avião leve ter sido apanhado pela esteira de ar turbulento logo após a passagem de um avião pesado.

Os vórtices de ar da esteira turbulenta tendem a mover-se para baixo e para fora. Logo atrás do avião causador, o movimento descendente dos vórtices pode atingir a razão de várias centenas de pés por minuto. O movimento rotativo do "tubo" de ar chega a atingir uma razão de rolamento de 80º por segundo. Isso quer dizer que, se um avião leve for apanhado por um desses vórtices, antes que o mesmo tenha se abrandado e quase dissipado, poderá ser empurrado para baixo e girado em torno de seu eixo longitudinal. Esse fenômeno não é nada divertido a grande altura e, próximo do solo, poderá levar a uma situação pouco saudável, concorda?

Em termos mais sérios, esses vórtices podem gerar momentos de força rotatória muito superiores à capacidade de controle de boa parte dos aviões leves. Essa turbulência invisível pode ser extremamente perigosa quando encontrada durante as operações de pouso e decolagem. Como piloto novo, você deverá saber, desde já, que a turbulência de esteira (ou de arrasto) existe e provavelmente será encontrada em aeroportos onde operam aviões pesados (principalmente os grandes jatos comerciais). Um vento de través poderá empurrar um dos vórtices rapidamente para fora da pista e trazer o outro para o meio dela. Se estiverem sendo usadas pistas paralelas, o vórtice rotatório causado pela operação de um avião pesado em uma das pistas poderá ser levado a agir sobre a pista paralela à sua operação. Portanto, quando for operar em aeródromos de onde partem ou chegam aviões grandes, o piloto deverá ter em conta separação em tempo e distância de seu avião leve com o outro grande e pesado (gerador de turbulência).

Sob certas condições, os controladores de tráfego aéreo (torre) aplicam, ou deveriam aplicar, certos procedimentos para separar os aviões leves dos pesados jatos. Esses procedimentos devem incluir um tempo de espera para a decolagem ou pouso de um avião leve, após um avião grande ter operado sobre a pista, assim como o aviso: "Cuidado, provável esteira de turbulência". Todavia, poucas vezes o controlador tem a possibilidade de analisar a situação, quanto à esteira de arrasto. A prevenção do acidente, nesse caso, como na maioria das outras situações, cabe à decisão do piloto em comando. Se o piloto achar que vai encontrar esteira de turbulência, deve negar-se a decolar ou pousar naquele instante. O que se espera do piloto, em relação à provável existência de uma esteira de turbulência, é que ele saiba ajustar sua trajetória de voo em relação ao fenômeno.

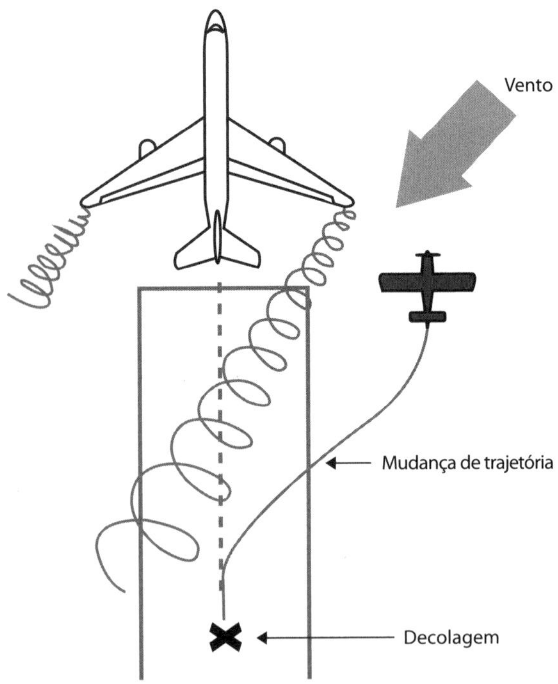

Figura 22.3: Esteira de arrasto – prevenção.

Os vórtices são gerados sempre que um avião desenvolve sustentação, pois os vórtices de ponta de asa são uma espécie de subproduto do binômio sustentação/arrasto.

Antes de decolagem ou pouso em pistas onde acabou de operar um avião grande, os pilotos devem procurar visualizar os vórtices de ponta de asa, causados pelos grandes aviões em relação ao vento reinante na superfície (*vide* biruta e informação da torre). E, sobretudo, devem procurar marcar mentalmente o ponto de rotação para decolagem e o ponto de toque de pouso de um avião grande que tenha operado, antes de dar início à sua operação.

Segundo a FAA (Federal Aviation Administration) dos Estados Unidos da América, os seguintes procedimentos são recomendados aos pilotos de aviões leves, para evitar conflitos com o fenômeno da esteira de turbulência (vórtices):

- Pousando após o toque de um avião grande, na mesma pista – mantenha-se acima ou, no mínimo, na mesma altura da trajetória de voo de aproximação do avião grande. Note seu ponto de toque e pouse depois dessa marca.
- Mesmo caso anterior, em pista paralela com menos de 800 metros de separação da outra – procedimento idêntico ao caso anterior. Acresce dizer que se deve levar em consideração o deslizamento dos vórtices de uma pista para a outra.
- A pousar após a decolagem de um avião grande, procure marcar o ponto de rotação (Vr) do avião grande. Pouse bem antes desse ponto.

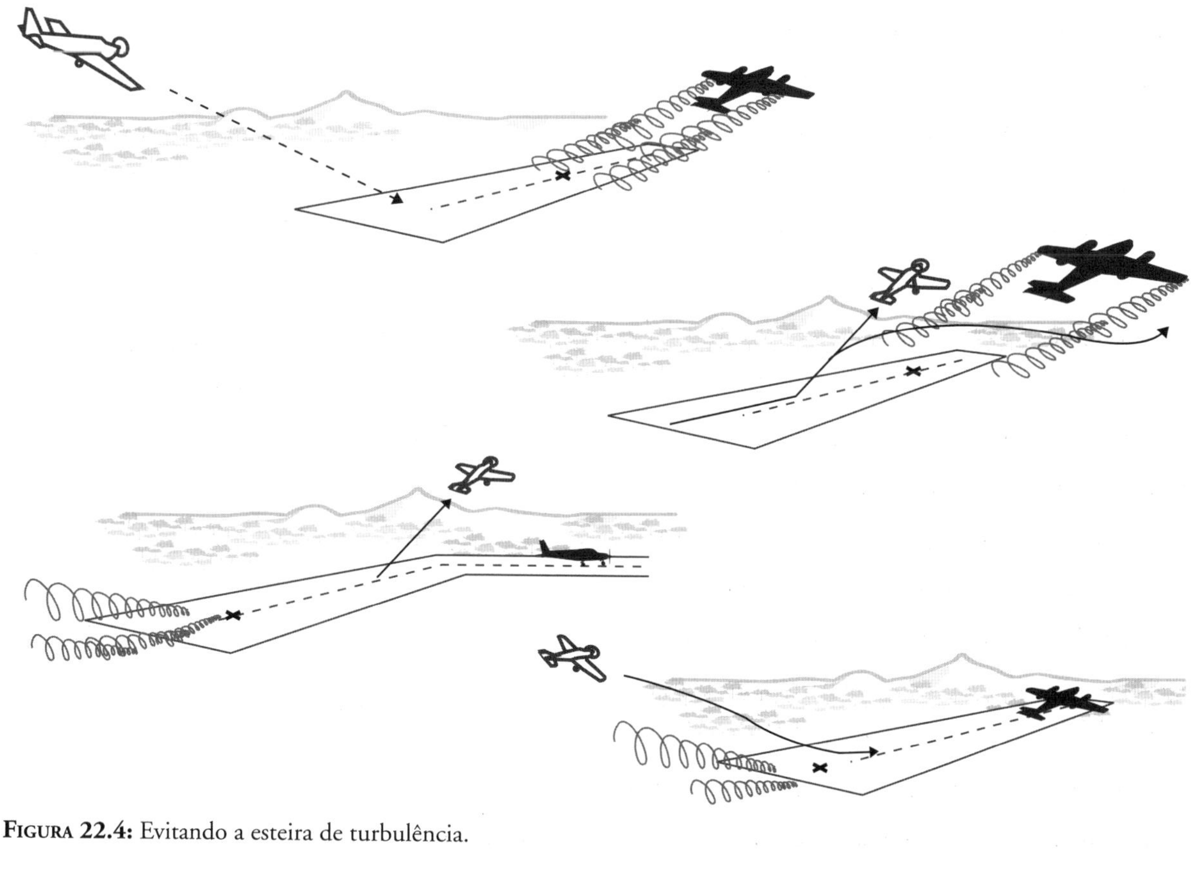

Figura 22.4: Evitando a esteira de turbulência.

- Ao decolar após um avião grande, procure manter o ponto de decolagem do avião grande. Decole bem antes desse ponto de rotação (se possível espere no mínimo dois minutos antes de iniciar a corrida de decolagem). Procure subir acima da trajetória de voo do avião grande (difícil, se não impossível, para a maioria dos aviões pequenos), e desviado da trajetória dele.
- Decolando ou pousando logo após um avião grande ter executado uma arremetida a baixa altitude ou ter efetuado toque/arremetida – os vórtices têm tendência a descerem e moverem-se lateralmente, quando próximos do solo. Seu potencial de perigo existirá ao longo de toda a pista, portanto, de sua trajetória de voo, se uma aeronave de grande porte tiver passado voando baixo sobre ela (arremetida) ou tocou e arremeteu. Essa condição se agravará se existir um vento de través moderado empurrando um dos vórtices para o meio da pista. Nesse caso, será imprescindível aguardar dois minutos, no mínimo, para iniciar a decolagem ou efetuar o pouso.
- Quando em voo for obrigatório cruzar logo atrás de um avião grande, evite passar abaixo da sua trajetória, para não ser apanhado pelos vórtices da esteira de turbulência. Embora os riscos sejam menores, havendo altitude de segurança, ainda assim seu avião poderá ser girado sobre o dorso e serem impostos sobre suas partes, esforços estruturais violentos e superiores a suas limitações. Caso tenha de passar logo atrás de um grandão em voo, suba e passe mais alto que a trajetória deste. Evidentemente, se você estiver bem abaixo (500 pés), fique exatamente onde está.

Para encerrar esse assunto, cabe-nos, ainda, alertá-lo sobre outro aspecto que acontece atrás dos grandes aviões em movimento. Aqui se trata de aviões movimentando-se no solo (taxiando) e o efeito do turbilhão de suas (grandes) hélices ou o sopro do jato de suas turbinas. Claro que você, manobrando um avião pequeno e leve, deve evitar cruzar ou seguir logo atrás de um mastodonte voador "andando" no chão. O turbilhão de quatro grandes hélices ou o sopro de duas ou mais poderosas turbinas a jato poderão sacudi-lo um bocado, fazê-lo sair dançando para fora da pista ou até virá-lo de dorso.

Normalmente, em grandes aeródromos, o controle do tráfego no solo proverá para que exista separação segura entre grandes e pequenos. No entanto, o controlador poderá estar distraído, poderá não haver esse tipo de controle e, sobretudo, lembre-se, você está no comando e é o responsável. Mantenha-se a uma boa distância atrás dos grandes aviões taxiando (mínimo 200 metros) e nunca fique estacionado bem atrás de um grande avião que vai decolar!

22.5 Indicador de ângulo de trajetória para aproximação visual (VASI)

Esse equipamento de terra é, normalmente, conhecido pela sigla VASI, abreviatura do nome, em inglês *Visual Approach Slope Indicator*. Existe em grande parte dos aeródromos de maior movimento e situa-se nas cabeceiras das pistas, com a finalidade de auxiliar o piloto na aproximação visual (reta final) da pista.

Constitui-se num sistema de luminosos (vermelhos e brancos) que formam um código, cujo aspecto visual orienta o piloto em relação ao ângulo de sua trajetória de aproximação na reta final. São lâmpadas dispostas em forma de barras e situadas de cada lado da cabeceira da pista, junto ao ponto de toque.

Existem vários tipos de VASI em uso: de duas barras, de três barras e com sistema de três cores. O mais encontradiço é o de duas barras, ou seja, duas barras de lâmpadas de cada lado da pista. Cada unidade de luz projeta um facho luminoso, tendo um segmento branco na parte superior e um segmento vermelho na inferior. Será muito simples ao piloto usar o VASI como elemento auxiliar para definir o ângulo de sua trajetória de aproximação.

Se estiver no ângulo de trajetória correto (nem alto nem baixo) enxergará as barras de baixo ou mais próximas da cabeceira, emitindo luz branca e luz vermelha, aquelas mais acima. Se estiver acima do ângulo normal de trajetória para a final, verá as duas barras (quatro – duas de cada lado) emitindo luz branca. Se o avião estiver em trajetória abaixo do ângulo normal e seguro para aquela pista, o piloto verá todas as luzes emitindo facho vermelho. Em cada caso (vermelho total ou branco total) fará a correção que couber em termos de *pitch* e potência.

Se estiver passando pela trajetória de planeio certa, de uma posição muito baixa para alta, verá as luzes transacionando de cores: desde vermelho, passando para rosado até branco. De uma posição alta, ao passar pela rampa correta, verá a sequência colorida desde branco, passando pelo rosado até o alerta vermelho.

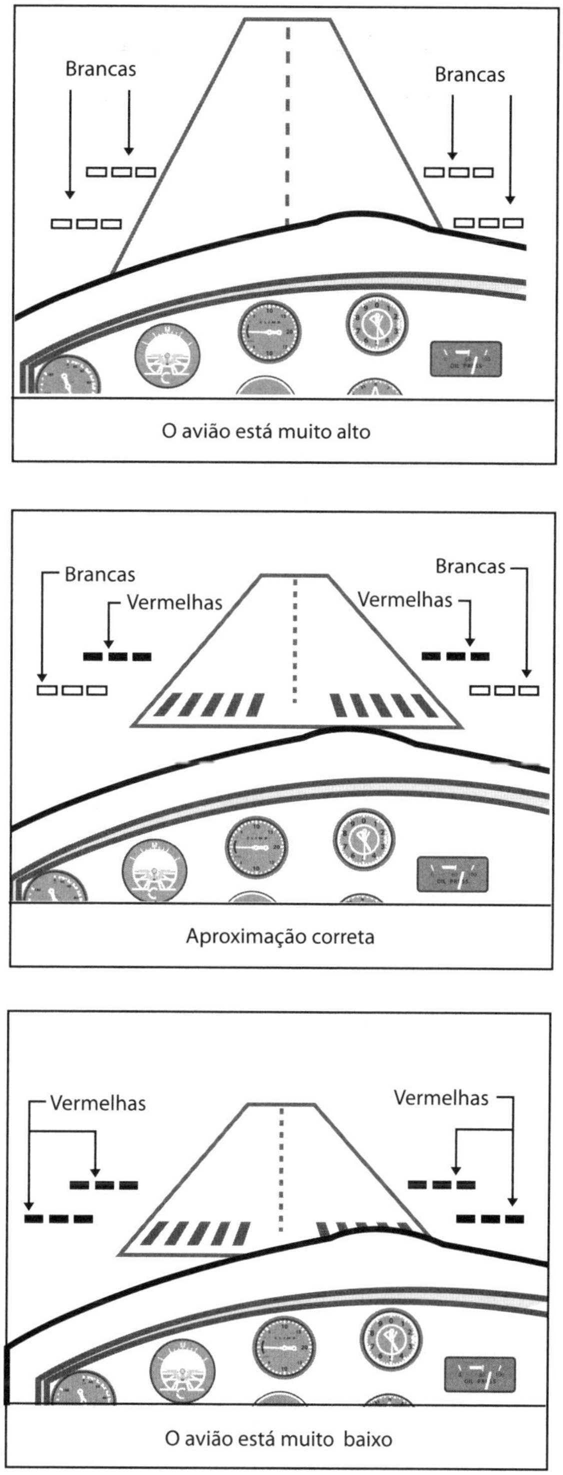

Figura 22.5: O uso do VASI na aproximação final.

Em síntese:

- **Barra de baixo com luzes brancas e barra de cima com luzes vermelhas** – Você está na trajetória de planeio correta.

- **Barra de baixo e barra de cima com luzes brancas** – Atenção, você está muito alto.
- **Barra de baixo e barra de cima com luzes vermelhas** – Cuidado! Você está muito baixo.

O VASI garante maior segurança para uma aproximação com ângulo de trajetória correto, auxiliando com a orientação visual luminosa que, sendo mantida pelo piloto, assegura-lhe estar livrando todos os obstáculos existentes na reta final. O piloto, mantendo-se dentro do código de luzes descrito, ajustando a razão de descida do seu avião, fará uma aproximação segura sem chegar muito alto. Essa é a finalidade desta rampa de planeio visual.

O VASI é realmente efetivo e seguro, em regiões de aproximação sobre água ou terreno sem relevo chamativo, que podem levar a um erro no julgamento de altitude. Logicamente, é de grande utilidade na aproximação final visual em voo noturno. Permite uma excelente guia de orientação para a descida na final e minimiza a possibilidade de aproximações muito baixas ou muito altas.

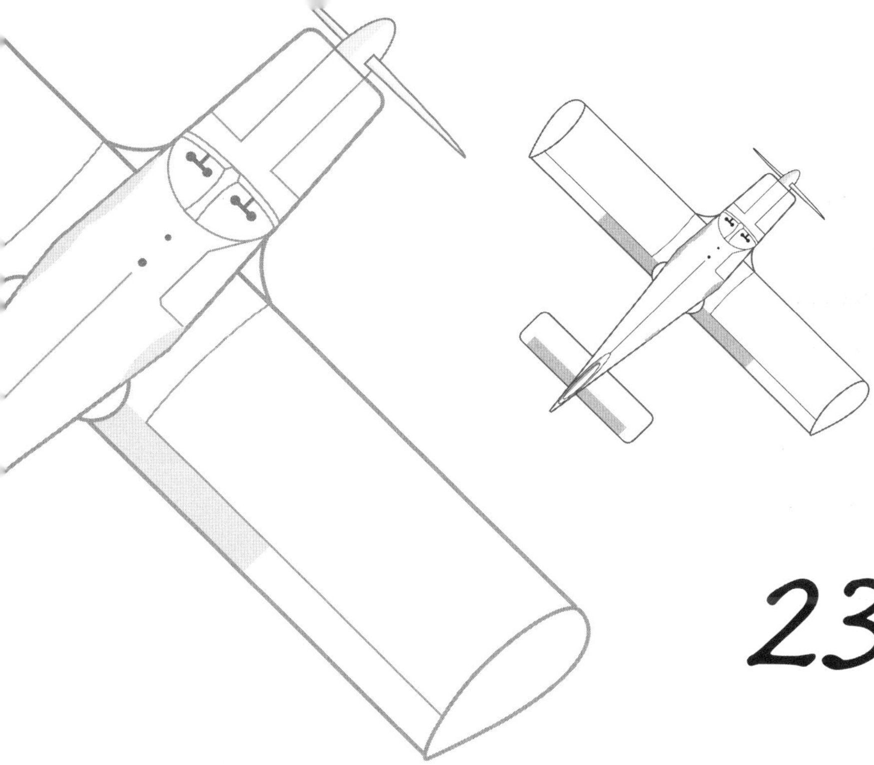

23 Prevenção de acidentes – segurança de voo

Sobre este tema, poder-se-iam escrever dezenas de livros, sem esgotar o assunto. Por que acontece o acidente? Quais os fatores que o condicionam e como evitá-los? Existem muitas respostas, conjecturas e análises, que vão desde a discussão sobre falhas mecânicas do equipamento até a análise dos diversos fatores que levam à falha humana, como desequilíbrio psicológico, falha orgânica (saúde), imperícia, negligência, falta de conhecimento e treinamento suficiente, desobediência aos regulamentos de tráfego aéreo ou incapacidade do piloto para julgar uma situação de perigo iminente.

À semelhança de outros acidentes, em relação a situações diferentes da aviação, a resposta parece sempre mais simples. Senão, vejamos:

Por que uma pessoa é atropelada quando atravessa uma rua?

Resposta: Falta de cuidado do pedestre e/ou motorista.

Por que colidem dois ou mais automóveis?

Resposta: Falta de cuidado de um ou mais motoristas. Nesse caso, alguém poderia retrucar: "– Bem, mas os carros bateram porque um deles estava sem freio". O que não viria a mudar nada, porque continuaria a ser falha humana, pois o motorista já deveria ter percebido que o freio estava fraco e não usou de precaução. Não procurou evitar o acidente, prevenindo-se contra ele, insistindo em trafegar com o automóvel mesmo assim.

Na aviação os fatores envolventes são mais complexos do que no solo; mas, em última análise, resumem-se no mesmo condicionamento: falta de cuidado – falta de precaução – falta de bom-senso, o que poderá, também, ser um problema de falta de equilíbrio emocional.

De certa forma, isso nos leva a compreender por que cerca de 80% dos acidentes aeronáuticos acontecem em consequência de falhas humanas (erro, imperícia, abuso, negligência, falta de conhecimentos, falta de treinamento, desrespeito aos regulamentos).

Um antigo ditado em aviação diz o seguinte: "Existem pilotos jovens e destemidos, assim como pilotos velhos. No entanto, não se conhece nenhum piloto velho e destemido". Os jovens destemidos, incautos, pretensiosos e falsos corajosos foram ficando pelo caminho, tendo seus nomes marcados em lápides e em breves notícias de tragédias aéreas publicadas nos jornais. É claro que você não quer virar notícia dessa forma, não é mesmo?

Nossa intenção não é assustá-lo, mas alertá-lo; não a respeito do avião essencialmente, mas para aquele diabinho que existe dentro de todos nós e que parece dizer:

– Vai em frente que é mole... – Não dá bola para estes papos... – Este avião faz qualquer manobra... – *Check* de pré-voo é só pra manicaca... – O céu é infinito, não precisa olhar para fora... – Pode entrar nas nuvens que você é capaz de pilotar o avião sem ver o horizonte... – Pode ir que a gasolina dá pra chegar justinho... – A pista é esburacada e curta, mas é claro que você pode pousar seu avião... – Estudar é só pra passar no exame... – Fazer revisão periódica no avião é jogar dinheiro fora... – Tenho um amigo mecânico que conserta qualquer avião, baratinho... – Pode botar quatro e o dobro de bagagem que este avião decola de qualquer jeito... – Drenar gasolina antes de cada voo é frescura... – Manual de operações? outra asneira... – Avião a gente voa sentindo as pressões no traseiro... – Pode subir bem alto e ir em frente, sem chamar o órgão de controle, aqui não tem movimento aéreo... – Dá uma rasante aí que a minha namorada está lá embaixo me olhando... – Pode voar baixinho aqui que não tem morro nenhum... – Bobagem aprender e estudar navegação estimada e orientação por bussola. É só apertar alguns botões no GPS e a gente chega lá...

Essas frases, que todo piloto ouve algum dia, de si mesmo ou proferidas por outros, podem ser definidas como: *famosas últimas palavras*. Se o diabinho que as disse começar a parecer-lhe um cara legal, lembre-se de que ele é o auxiliar direto da bruxa que derruba os aviões.

Ouve-se dizer, frequentemente, que avião é o meio de transporte mais seguro que existe. Acredito que realmente o seja, mas desde que respeitadas as suas limitações; a do homem (tripulação) e a do meio (fenômenos meteorológicos e operações do avião).

Você lerá alguns conselhos e normas sobre prevenção de acidentes com a consequente segurança de voo, a seguir, neste manual. Alguma coisa você já poderá entender agora; outros conceitos somente entenderá quando tiver mais experiência. Procure desenvolver em si uma mentalidade sadia e disciplinada de voar com segurança a vida toda e não uma maneira de tentar sobreviver a cada voo.

O avião até que é mais tolerante quanto às besteiras praticadas pelo piloto em relação a outros veículos de transporte. Todavia, em algumas situações, principalmente quando se acumulam fatores de erro, o avião é intolerante e impiedoso. Trate-o bem e com cuidado, para ter em suas mãos um ser metálico dócil e poderoso, que lhe confere o dom de voar. Não o respeite, nem às leis da atmosfera e nem aos regulamentos e normas de segurança, e ele o derrubará brutalmente no chão, como faria um cavalo bravo e mal montado.

23.1 Conceitos gerais de prevenção de acidentes e segurança de voo

23.1.1 Conheça a você mesmo

Na atividade aérea, mais do que em qualquer outra, você terá de saber autoanalisar-se, para avaliar sua capacidade técnica, sua perícia e relativa proficiência. Deve saber se está em perfeitas condições de saúde ou não, mesmo aprovado no exame médico de capacidade física. Saiba sentir seu estado emocional, que pode variar muito, de acordo com as circunstâncias da vida. Ao entrar no avião, você terá de estar fisicamente sadio e mentalmente desligado dos problemas estranhos à aviação. Sua preocupação será a aeronáutica e, antes de começar a voar, já terá de mentalizar o voo – sendo aviador comandante e nada mais! Se, por qualquer razão, não estiver em forma para assumir o comando do avião, seja honesto e disciplinado – Não voe!

23.1.2 Conheça o equipamento que vai pilotar

Esteja consciente de que já foi suficientemente treinado no tipo para controlar a máquina positiva, completa e corretamente. Estude o manual de operações do avião. A hora de consultar rapidamente o manual não será em voo, quando surgir uma emergência. Poderá não haver tempo para achar a página certa, para saber que atitude tomar quando alguma falha mecânica se apresentar, não é mesmo?

23.1.3 Deixe que os entendidos o ajudem

A cultura aeronáutica não se resume a estudar as poucas publicações para passar no exame teórico. Tudo que você aprender a respeito de aviões, espaço aéreo, pilotagem, mecânica, Meteorologia, regulamentos etc. irão, de forma direta ou indireta, torná-lo um piloto melhor e seu voo mais seguro. Aprenda coisas da mecânica com os mecânicos e leia. Aprenda mais Meteorologia com os meteorologistas e leia. *A Meteorologia é uma ciência viva e sempre presente na vida do piloto.* O ar que o rodeia condiciona o voo, mas também pode torná-lo impossível. Aprenda a entender e lidar com os fenômenos atmosféricos. Respeite-os! Não tenha receio em admitir que desconhece certas coisas. Seja humilde e aprenda sempre. Pergunte, mesmo achando que já sabe as respostas. Você sempre terá algo a aprender com outro piloto. Mesmo que os exemplos deste apenas sirvam para mostrar-lhe o que não deve ser feito. *Piloto bom, normalmente, é piloto experiente, e experiência somente se ganha estudando e voando!*

23.1.4 Conheça perfeitamente os regulamentos de tráfego aéreo

Mantenha-se atualizado, com as modificações nos regulamentos e as novas publicações sobre cartas de navegação, área terminal, áreas proibidas restritas e perigosas. Você já poderá voar com segurança e sem problemas, somente usando bom-senso e respeitando os regulamentos.

23.1.5 Faça as verificações de pré-voo rigorosamente

Lembre-se de que você não está apenas prevenindo-se de uma catástrofe, mas também precavendo-se contra incidentes e prejuízos materiais. Uma porca de parafuso que estava fixada no lugar durante o último voo poderá ter-se soltado e a falha detectada antes de você estar a alguns milhares de pés do solo.

23.1.6 Seja honesto consigo mesmo

Se executou um mau pouso, forçando as estruturas do avião, comunique o fato ao proprietário ou a seu próprio mecânico. Se abusou do motor, por qualquer motivo, comunique o fato. Essas precauções poderão evitar um acidente futuro, com você mesmo, ou outro piloto que nada teve a ver com o fato.

23.1.7 Sempre planeje o voo

Faça-o da forma mais completa possível, escolhendo várias *alternativas* viáveis: alternativas de pouso, alternativas de desvio de rota, alternativas de abastecimento. Evite meter-se numa situação irreversível, na qual todas as suas alternativas foram eliminadas.

23.1.8 Não force a situação ou abuse de sua capacidade

Muitos leigos de aviação, simples passageiros ou patrões, pensam que o piloto é um super-homem. Proprietários de aviões executivos, que não são pilotos, acham, muitas vezes, que o aviador empregado tem obrigação cega de obedecer às suas ordens, pousando onde bem determinem ou enfrentando qualquer tipo de tempo.

Independentemente das circunstâncias, das pressões morais, das coações emocionais ou econômicas, não tente voar quando souber que sua capacitação está abaixo do exigido, que o avião não está equipado ou em ordem ou que as condições meteorológicas não estejam favoráveis. É melhor esperar num escritório ou sala de tráfego ouvindo queixas e enfrentando cara feia do que estar no ar, envolvido numa situação de desespero, com um eventual desfecho de tragédia.

23.1.9 Não tenha acanhamento em ter receio

Talvez seja exagero o dito que: "... bom piloto é aquele que tem medo". No entanto, ninguém realmente honesto irá criticá-lo por ser excessivamente cauteloso. Voe somente quando estiver consciente das condições favoráveis e plenamente à vontade para fazê-lo. Sempre respeite sua intuição. Se algo no seu subconsciente parece lhe dizer para examinar novamente o avião, para pedir mais informações meteorológicas ou, simplesmente, para não fazer o voo, respeite essa sensação.

Muitas vezes recebemos mensagens subliminares em nosso subconsciente e que não são conscientemente perceptíveis. São como pequenos alarmes mentais que não devem ser desprezados.

23.1.10 Peça ajuda sempre que necessitar

Não fique envergonhado por reconhecer que foi conduzido, ou você mesmo levou, a uma situação que lhe parece crítica ou perigosa. Se chegou à conclusão de que está perdido e desorientado, enrascado com a situação meteorológica, com problemas técnicos nem qualquer dificuldade de outra natureza, não titubeie ou espere a situação agravar-se. Pegue o microfone e fale no rádio, pedindo ajuda e orientação. O tempo é de importância fundamental. Quanto antes a sua situação for conhecida, maiores chances existirão de que alguém possa ajudá-lo. Sempre haverá um piloto ou um operador de órgão de controle que possa ouvi-lo.

Esse conselho é muito importante para você, jovem aluno piloto ou piloto de pouca experiência. É preferível ouvir algumas gozações e risadinhas depois que estiver são e salvo no solo do que envolver-se estupidamente num acidente, por ter sentido acanhamento em reconhecer a situação e pedir socorro. Muitas opiniões e conselhos você ouvirá em relação à prevenção de acidentes aéreos e segurança de voo durante a sua vida de piloto. O que ficou dito neste capítulo sempre vai valer, embora seja elementar e essencial.

Quando você começar a voar por instrumentos, mais uma série de conceitos de segurança e prevenção ser-lhe-ão transmitidos e deverão ser respeitados. Também existem normas de segurança específicas para cada tipo ou especialidade de voo, que não cabem neste manual.

A preocupação do autor deste livro é de transmitir ao futuro piloto um conceito básico para desenvolver uma filosofia de prevenção de acidentes e voo seguro. Como nesse aspecto qualquer informação adicional é importante, transcrevemos um boletim sobre segurança de voo, publicado para alunos de escolas de Aviação Civil. Esse boletim é uma síntese sobre procedimentos de prevenção de acidentes, baseada em dados por nós compilados, por meio de pesquisas de opinião junto a pessoas categorizadas para tanto, como instrutores de voo, pilotos comerciais, pilotos da Força Aérea e controladores de voo.

23.2 Normas e procedimentos básicos de segurança para o aluno piloto e piloto privado VFR

Planeje seu voo *antes de decolar*

- Planeje a saída e subida para abandono de tráfego.
- Planeje e registre seu voo em rota para o destino e alternativas.
- Preencha e obedeça o plano de voo.
- Planeje sua entrada na área e chegada ao aeródromo de destino.
- Calcule, com a máxima precisão, seus tempos de voo e consumo de combustível.
- Leve em conta eventuais desvios da rota, por desorientação ou mau tempo. Tenha antes combustível em excesso do que em falta!

Ao navegar atenha-se sempre à sensação de "onde estou agora e para onde estou voando", ou seja, procure constantemente por disciplina e, por meio de treinamento, desenvolver a capacidade de localizar-se pelos meios básicos: contato com referências fixas no solo e bússola. Desenvolva a noção de tempo de voo e direção.

É claro que atualmente existem equipamentos eletrônicos que ajudam em muito a navegação aérea. Com o GPS (*Global Position System*), ou seja, sistema de posicionamento global por sinais de satélites você poderá dirigir seu avião precisamente para o destino sem grandes planejamentos e cálculos de navegação. Nem precisa ser navegador. Basta apenas saber apertar alguns botões e interpretar os sinais que aparecem na tela. Pronto! Você chegará lá no tempo indicado. E se o equipamento falhar? Difícil, mas acontece! Tenha em mente que todos os auxílios são válidos, mas podem falhar. Servem como valiosos complementos ao navegante.

Mas o conceito básico de direção magnética e tempo de voo para a referência ou destino nunca deve ser esquecido pelo bom aviador e navegador, o que não impede que seu planejamento seja auxiliado por radiofaróis e GPS. Qualquer instrumento pode facilitar a navegação. No entanto o bom navegador deve sempre ter meios básicos para localizar-se geograficamente.

Não decole *sem antes ter verificado estarem a bordo e facilmente acessíveis*

- Manual de operações do avião.
- Todo o material de navegação necessário para o voo:
  a) cartas seccionais VFR de onde for sobrevoar;
  b) régua, transferidor; compasso para cálculos inesperados;
  c) *Rotaer*;
  d) planejamento (fichas de navegação);
  e) documentos do avião e particulares, exigidos pelas autoridades.

Nunca confie em sua memória *ao preparar o avião*

Faça a inspeção pré-voo, pré-decolagem, pré-pouso e abandono da aeronave, pela lista de verificações específica dela (*check-list*).

Não confie as verificações a outra pessoa se você for comandar o avião. A responsabilidade é sua!

Verifique sempre *estar a área livre antes de girar o motor*

A pilotagem começa durante a rolagem (taxiamento). Conduza o avião na velocidade de rolagem padrão (1.000 RPM) com toda a atenção à frente e aos lados.

Não decole *sem antes haver verificado as condições meteorológicas de sua rota, destino e alternativas*

Mesmo que o aeródromo esteja aberto visual, verifique se as áreas próximas a ele poderão ser transpostas em condições visuais. Obtenha o máximo de informações meteorológicas possível na sala de tráfego.

Conheça perfeitamente *as características técnicas e aerodinâmicas (performance) do avião que vai pilotar*

Tenha mentalizado *os procedimentos de emergência*

Para:

- perda de potência na decolagem e subida;
- perda de potência em rota.

Mantenha-se dentro *das limitações de suas habilitações técnicas e do seu grau de treinamento*

Seja um piloto corajoso ao reconhecer quando *não deve* decolar ou, quando julgar necessário, retomar e pousar.

Nunca decole se tiver dúvidas quanto à:

- Sua capacidade de pilotar com segurança o tipo específico de aeronave.
- Sua possibilidade de manter-se em condições visuais.
- Seus conhecimentos sobre navegação para voo em rota.
- Não decole se suspeitar da existência de qualquer anormalidade ao fazer a inspeção pré-voo ou na leitura dos instrumentos, durante o *check* da cabeceira.

Durante o voo, *examine cuidadosamente a área a ser penetrada*

Principalmente áreas de treinamento, cruzamento de zonas de aeródromos ou no tráfego de saída e aproximação. Assim fazendo, você evitará colisões com aves e aviões.

Comunique sua entrada, *saída e tráfego*

Se na área na qual for penetrar ou abandonar, ou no aeródromo em que for pousar, não houver serviço de controle Rádio ou Torre, comunique sua entrada, saída e tráfego pela frequência livre (avião/avião). Informe-se sobre a frequência que é usada na região na qual vai operar.

No entanto, a comunicação avião/avião não deve ser usada para diálogos longos. A fonia deve ser executada na forma de mensagens claras, concisas e as mais breve possíveis.

Sempre *comunique sua entrada*

Para cruzamento ou tráfego de pouso em áreas ATZ, com o rádio ou torre, estando 5 minutos fora. Mesmo que não obtenha resposta, comunique sua posição e altitude mantida.

Tenha a bordo publicações ou anotações contendo todas as frequências rádio (VHF – NDB – VOR) disponíveis, que poderá utilizar, para cruzamento ou aproximação de zonas de aeródromos ou áreas terminais.

Obedeça sempre *às saídas e entradas de tráfego estipuladas para determinada área*

Obedeça sempre às saídas e entradas de tráfego estipuladas para determinada área (corredores visuais). Mantenha-se entre a altitude de segurança mínima sobre o terreno e máxima permitida na área.

Obedeça o regulamento *que estabelece as altitudes e níveis de voo*

No voo em rota, obedeça o regulamento que estabelece as altitudes e níveis de voo: 0° a 179° (ímpar + 500 ft); 180° a 359° (par + 500 ft).

Procure desenvolver *hábitos autodisciplinares*

- Não conversar durante o *check* de cabeceira, a decolagem e o pouso.
- Mantenha a mão direita junto aos manetes na corrida de decolagem, na decolagem e durante o pouso.
- Ler as verificações de antes da aterragem, afixadas no painel ou constantes na lista, antes da aterragem, afixadas no painel ou constantes na lista, antes da perna-base.

- Verificar, a cada cinco minutos, os instrumentos do motor do avião: pressão de óleo, temperatura de óleo, temperatura de cabeça de cilindro, ajuste de potência, RPM e demais indicadores.
- Não fumar nem permitir que fumem a bordo da aeronave durante as operações de pouso e decolagem.
- Não ingerir bebidas alcoólicas antes de voar. Uma norma padrão é abster-se 24 horas antes de pilotar.
- Não voar se estiver sob efeito de medicamentos que mascaram uma condição física deficiente e que possam diminuir sua coordenação psicomotora (analgésicos, antialérgicos, moderadores de apetite, comprimidos contra enjoo, sedativos).

Não opere a aeronave *fora das especificações do fabricante*

Se o avião não foi construído para manobras acrobáticas (inclusive parafusos), estas não devem ser realizadas, pois poderão ser induzidas cargas anormais, podendo afetar sua estrutura e danificá-lo seriamente.

Cuide com carinho dos aviões de instrução *do seu aeroclube*

Cada um deles é totalmente seu quando o estiver pilotando. Sua delicadeza ao manipular os comandos, manetes e rádios também concorre para sua própria segurança. Se notar qualquer falha nos mecanismos, reporte-a na ficha apropriada logo que retornar à base. Se, casualmente, for envolvido em circunstâncias que o obriguem a operar em pistas em mau estado ou ter sido obrigado a um pouso "placado", comunique o fato também. Falhas mecânicas poderão ter ocorrido sem que você as perceba. Comunicando qualquer operação anormal, o piloto permitirá uma revisão de urgência, salvaguardando a si mesmo e a seus colegas de problemas futuros advindos do fato.

Não pouse em aeródromos *sobre os quais não possua informações concretas e confiáveis quanto ao estado operacional*

Antes de viajar, consulte os últimos informes. Certas cartas de navegação aérea VFR podem não estar atualizadas. Nelas continuam constando aeródromos interditados e inexistentes há muito tempo, e muitas vezes erros em relação à altitude dos terrenos.

Não execute voos *a baixa altura (rasantes)*

Esse hábito sensacionalista e exibicionista mata mais pilotos do que você pode imaginar.

Mantenha-se em condições visuais

Desvie de formações meteorológicas que impeçam a obediência às regras de voo visual. *Se, acidentalmente, vir a ser envolvido e perder-se:*

- Permaneça numa altitude de segurança e mantenha-se calmo. Consulte a carta e fique, no mínimo, a 1.000 pés acima da mais alta elevação da área que estiver cruzando.

  A preocupação básica do piloto em comando deverá ser a de voar corretamente o avião, mantendo-o nivelado com os meios de que dispõe. Fixe a sua atenção e seu olhar aos instrumentos do painel, principalmente aos indicadores de altitude, altímetro e velocímetro. Evite movimentos bruscos e laterais com a cabeça e, *sobretudo, acredite nos indicadores de atitude!*

A comunicação via rádio de sua posição, condição e situação será meta secundária. Embora imprescindível, não deverá interferir na pilotagem segura e calma. Chame o órgão de controle mais próximo (preferivelmente o controle de terminal) e explique claramente sua situação, dando a posição e altitude.

Numa emergência, você sempre será orientado, ajudado e apoiado!

Estude sempre!

Aumentando sua cultura aeronáutica, seu desempenho na prática tenderá a melhorar. Atualize seus conhecimentos por meio de cursos, leituras e diálogos com pilotos mais experientes ou seus instrutores.

Tão logo possa, submeta-se a treinamentos de voo com referência a instrumentos. No entanto, somente penetre em condições de voo por instrumentos intencionalmente, quando:

- Seu avião estiver equipado e homologado IFR.
- Se você estiver licenciado, atualizado e realmente *treinado* para voo por instrumentos e em condições IMC.

23.3 Observação final

Voar é um prazer e um privilégio.

O voo realizado dentro dos padrões regulamentares, das normas de segurança e dos conhecimentos sobre o equipamento é perfeitamente seguro. Porém, a decisão final e a responsabilidade sempre cabem ao comandante – no caso, você!

Agradecemos a atenção de sua leitura, desejando-lhe uma existência de aviador com milhares de horas de voo felizes e pousos suaves.

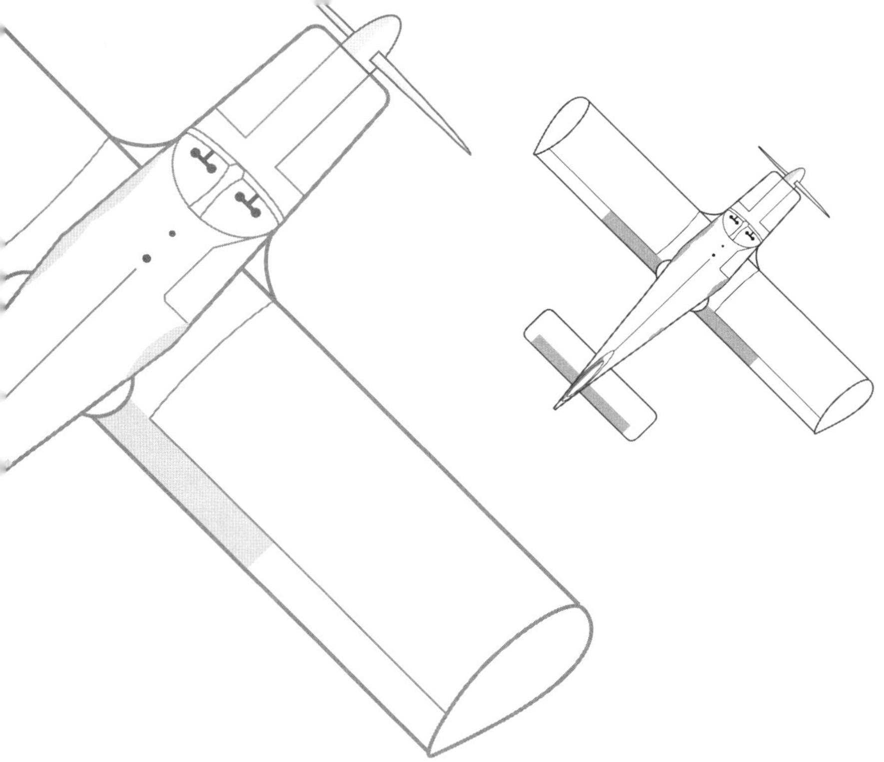

Referências

1. Albuquerque Filho, M. L. C. *ABC do voo seguro*. Brasília: O Popular, 1981.

2. Bottura, H. *Curso prático de voo por instrumentos*. São Paulo: Asa, 1980.

3. Boyne, W. *I Flying*. New Jersey: s/e, 1980.

4. Cardoso, A. M. *Regulamentos de tráfego aéreo*. 5. ed. 2007. Apostila.

5. Cardoso, W. L. *Sequência cronológica de treinamento* (manuscrito). São Paulo: Escola de Aviação Civil, Aeroclube de São Paulo, 1981.

6. Coronado Editores. *Manual de aviação (pré-voo)*. São Paulo, 1980.

7. Direction Generale D'aviation Civile. *Manuel du pilote d'avion*. Paris, 1981.

8. Ferreira, G. F. *Anotações de aulas (segurança de voo)*. DIPA A/4 e Aeroclube de São Paulo, 1981/1982.

9. Federal Aviation Administration – FAA. *Flight instructor's handbook*. 1964.

10. Federal Aviation Administration – *Flight training handbook*. 1980.

11. Homa, J. M. *Aerodinâmica e teoria de voo*. São Paulo: Asa, 1979.

12. Ministério da Aeronáutica. *Instruções do Ministério da Aeronáutica* (IMA 100) – *Regulamentos de Tráfego Aéreo*.

13. Jeppesen & Co. *Flight manual*. USA, 1974.

14. Kershner, W. K. *The private pilot flight manual*. USA, 1985.

15. Langewiesche, W. *Stick and rudder*: An Explanation of the Art of Flying. New York: McGraw-Hill, 1972.

16. Monteiro, M. A. *Síntese da navegação aérea*. São Paulo: Asa, 1982.

17. Roos, T. *Navegação visual e estimada*: piloto privado. 15. ed. Apostila.

Sobre o autor

Edgard O. C. Prochaska

Piloto privado – IFR. Diretor de Ensino da Escola de Aviação Civil do Aeroclube de São Paulo (1980-1984).

Vice-Presidente do Aeroclube de São Paulo (1982-1984).

Atual membro do Conselho Deliberativo do Aeroclube de São Paulo. Fundador e responsável pelo Museu do Aeroclube de São Paulo. Membro Honorário da Força Aérea Brasileira.

Sobre o Livro
Formato: 21 × 28 cm
Mancha: 15,5 × 23,4 cm
Papel: Offset 90 g
nº páginas: 240
5ª edição: 2011

Equipe de Realização
Assistência editorial
Nathalia Ferrarezi

Assessoria editorial
Maria Apparecida F. M. Bussolotti

Edição de Texto
Evandro Lisboa Freire (Preparação e copidesque)
Helaine Albuquerque e Fernanda Fonseca (Revisão)
Maria Angelica M. Prochaska (Composição e revisão)

Editoração Eletrônica
Renata Tavares (Capa, projeto gráfico e diagramação)
Ricardo Howards (Ilustrações)

Fotografia
Cmte. José A. Morelli (Fotografia de capa)

Impressão
Edelbra Indústria Gráfica